2023-2024
暢銷修訂版

關西親子遊

大阪 京都 神戶 奈良

大手牽小手，零經驗也能輕鬆上手自助行

國境解封後的日旅注意事項

在台灣放寬對疫情的出入境限制後，很多人出國的第一選擇都是到日本。在疫情之後的觀光旅遊政策都有一些變化。如果你以前已去日本玩過好幾次，而現在仍抱持著一樣「說走就走」的想法直衝日本，那可能會因為「一時大意沒有查」的結果，卡在某些出入關流程、或在日本當地發生一些問題。建議你花 3 分鐘快速看完以下重點，順便檢查一下是否自己都做好準備囉！

※ 出入境手續，可能會有變化。實際最新狀況請隨時到相關網站查詢。

- 檢查護照是否已過期、快過期

大部份的國人因為疫情關係，至少有兩年多不曾出國，也許就在這兩年你的護照剛好要過期了，如果有出國計畫，第一步就是打開護照看一下「效期截止日期」，因現在發發護照的人潮眾多，至少提前兩週去辦理比較保險，並且記得順便辦快速通關喔！

※ 若要換發護照但沒時間排隊，也可找旅行社代辦。

※ 若之前沒有護照，第一次申辦的人，可就近到任一個戶政事務所，現在臨櫃有提供「一站式服務」，新辦護照也可以受理。

外交部
領事事務局

戶政事務所
辦理護照說明

- 確認最新檢疫入境政策

日本於 2023 年 5 月 8 日起新冠肺炎降級，赴日觀光不需出示疫苗證明，並解除日本室內外口罩令，若有任何變動，請以最新規定為準。

外交部
前往日本須知

- 線上填寫 Visit Japan Web（VJW），加快入境日本

以前飛往日本，在機上都會發兩張紙本的單子，一張是入境卡（下飛機第一關檢查護照時要交）、一張是給海關用的（有無攜帶違禁品，拿行李出海關時要交）。現在日本已經採取線上化一起整合成「Visit Japan Web」，請務必提前幾天到此網站申請帳號並登錄完成，過程中需上傳護照，及填寫一些旅程相關資料，加上還要等候審查，如果是到了日本下飛機才填寫會來不及喔！

※ 若未線上填寫 VJW，也仍然可以用以前的紙本單子流程（在飛機上跟空服員索取），也可以線上跟紙本都填，入境時看哪個隊伍排隊時間較短就排那邊，擇一即可。

Visit Japan
Web

VJW 的
常見問題說明

- 出入境都儘早提前過安檢

不管從台灣出發、或從日本回台，建議都早點過安檢關卡，因為現在旅客爆增，機場人力不太足夠，安檢的關卡常大排長龍。如真的隊伍太長，而你已接近登機時間了，航班的空服員會在附近舉牌子（上面寫有班機號碼），只要舉手回應表明是該班機乘客，就可以帶你加速安檢通關。

- 自助結帳、自助點餐

為了減少直接接觸，許多餐廳新增了自助點餐與結帳系統，入座後可以自行操作座位上的平板電腦，或用個人手機直接掃店家提供的 QR code 點餐。一些商店、超市與便利商店也都增加了自助結帳機，通常搭載多國語言，可先在螢幕點選「中文」後自行刷條碼結帳。另外，即使是由店員負責結帳，許多店家也會在刷好商品條碼後，要求顧客自行將信用卡插入刷卡機結帳，或是將現金直接投入結帳機內。

- 日本有些餐廳改成現場登記制（記帳制）

疫情之後，日本很多餐廳吃飯都要預約，倒不一定要事先電話或網路預約，而是到了現場之後，在門口有本子要你登記想用餐的時間，所以有時看起來沒有在排隊，實際上本子裡已經排了滿滿的人。而且假設你登記 19:00，即使 18:30 有空位了也不能提早進去。不過每間餐廳的作法不同，請以現場狀況為準。

- 日本的消費變便宜還是變貴？

其實日本的物價及稅金一直在上升，但因日圓貶值的關係，消費的感覺並沒有變貴，甚至還更便宜。但因日本政府不時提供國旅補助，鼓勵日本人在國內旅遊消費，相對飯店住宿的漲幅就會比較明顯了。

- 在日本上網更方便的 e-SIM 卡

很多人到日本要手機上網，會另外買專用的 SIM 卡，但缺點是要拔卡換卡很麻煩。現在較新的手機都有支援 e-SIM 卡功能，就是一個虛擬的數位 SIM 卡，只供日本上網專用（一樣有分幾天、吃到飽等方案），像遠傳、台哥大都有自己的日本上網 e-SIM 卡；而 Klook、KKday 等網站也有販賣其它品牌，即賣即用，算是很方便的選擇，可自行上網搜尋相關資訊。

※ 使用 e-SIM 卡時，請將手機國內號碼的漫遊功能關閉，以免誤用台灣號碼漫遊連網。

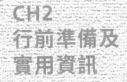

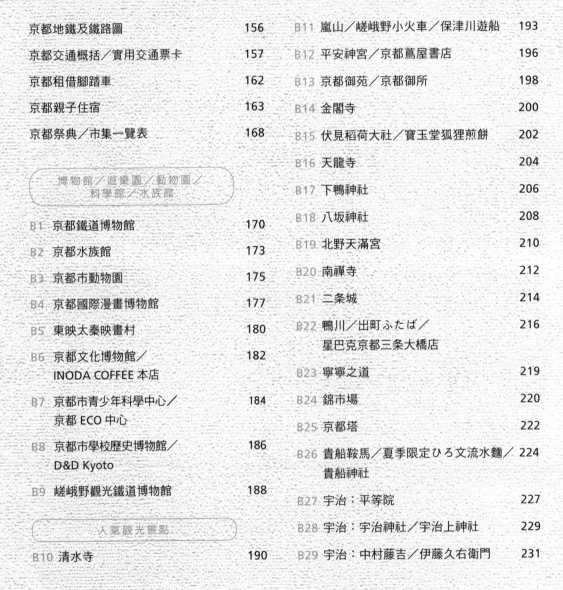

CH4
京都：
傳統童趣的親子景點

CH5
神戶：
國際化海港城市

來去公園走跳

歡樂購物行

遊樂園／動物園

博物館／科學館／水族館

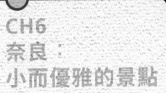

CH6
奈良：
小而優雅的景點

附錄：關西交通圖

帶孩子出遊體驗文化，留下美好成長回憶！

　　下定決心寫《關西親子遊》之前我掙扎了許久。去過京都幾次，也去過大阪，但這些關西旅遊經驗，都是單身時或者結婚後與先生還處於兩人世界時的體驗，等到有了孩子要帶小朋友出遊，要考量的點完全截然不同，簡直就是兩個不同世界。尤其京都必遊的寺廟行程，光是想到寺廟階梯之多、碎石路之長，又很難找到電梯，得要從樓梯出入通行的大阪地鐵，就讓我的親子關西行拚命地打退堂鼓，更何況，旅行關西比東京的複雜度還要高，它可是結合了四個城市的巨大挑戰啊！

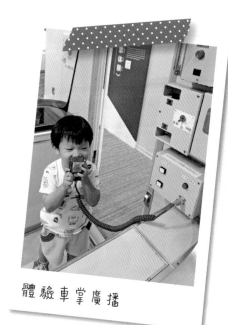

體驗車掌廣播

　　所幸出版《東京親子遊》之後，獲得了許多讀者迴響，讓我感到欣慰之餘，也漸漸體認到寫「親子遊」系列旅遊書的必要性。我的初衷是希望能寫出輕鬆好讀、整理清楚又好上手的親子旅遊導覽書，於是才會在《東京親子遊》裡放上官網跟交通資訊的 QR code，讓爸媽在忙著照顧小孩又要找路時，能輕鬆一掃 QR code 就立刻找到所需資訊。也因此意外地發現，《東京親子遊》除了讓推嬰兒車的爸媽覺得好用之外，就連需要推輪椅的家族旅遊也能派上用場。

享受悠閒的鴨川河畔時光

　　《東京親子遊》讓我收到許多爸媽們的感謝訊息，也因此決定放下心中對關西的「偏見」，勇敢地挑戰複雜的關西親子旅遊書。在整理行前資料，查找關西的親子景點時發現：天啊！關西的親子景點真的很多！尤其是大阪，豐富度絕對能跟東京比拚；京都的親子景點也有很多隱藏版，

這些都是一般的關西旅遊書完全不會收錄進去的。神戶、奈良相對來說雖然少了些，但也有不少很棒的親子旅遊景點，並非只有神戶麵包超人博物館而已。

不過關西地區幅員廣大，我在本書中也只能針對京阪神奈四大城市來作介紹，範圍會以市中心、方便搭乘大眾交通工具到達的親子景點為主，許多位於郊區適合一日或半日遊的景點，例如京都的琵琶湖、美山等地，或兵庫縣延伸到明石大橋或姬路城附近，以及和歌山縣、三重縣等地，在交通上較費時又複雜，帶著小朋友前往車程既遠又不易到達，考慮再三後只好忍痛割捨，無法一併做介紹。另外日本許多遊樂設施或機構，每年可能不定時調漲門票或相關規定，本書所附上的資訊都是出版時最新資訊，相關門票及優惠資訊都有可能變動，記得要規劃行程前，先掃一下書中所附的官網 QR code，來更新最新的票價跟規定訊息喔！

祝福大家都能有個美好愉快的旅程。

王晶盈

奈良東大寺找小鹿

貴船吃流水麵

Chapter 1

關西親子行程規劃
一次上手

使用本書輕鬆上手

關西旅遊的交通雖然複雜，只要依照本書的資訊就能輕鬆上手！在各個景點的交通資訊及指南頁面，只要利用手機裡的 QR code 掃描器 APP，輕鬆對著書中所附的 QR code，無論是官網、Google 地圖及地鐵站內哪裡有電梯等資訊，全都能一目瞭然，更方便查找！

景點中日文名稱

有些景點會加入，可同天排入的鄰近景點

景點特色詳盡介紹

掃地圖 QR code 找路好輕鬆

該景點分類指標是否適合雨天或晴天前往

地址、電話、開放時間等基本資訊

列出適合年齡、是否可推嬰兒車進入購票資訊

詳盡交通資訊，包括地鐵出入口、電梯資訊、地鐵車站內部圖，一掃 QR code 就知道，省去找車站電梯時間

官網用手機掃 QR code 立刻就能找出詳細資訊

列出詳盡的親子景點資訊

從大阪機場到京阪神奈交通指南

從國外到關西旅遊，通常經由大阪的關西國際機場（KIX）進出；如果你是從日本國內其他城市飛往關西，才有可能經由大阪北邊的大阪國際機場（ITM，又稱伊丹機場）進出。但對於外國旅客來說這種機會不大，在此主要介紹以關西國際機場（KIX）進出關西各個城市的交通方式。

關西區域圖

從大阪的關西國際機場（KIX）進出關西各個城市距離都不會很遠，到大阪市區只需要花約 30-60 分鐘（依照你要到達的大阪區域而定），往京都約為 75-90 分鐘，到奈良為 60-85 分鐘，到神戶可以直接搭快艇，只需 30 分鐘即可到達，若搭乘巴士或火車約為 65-85 分鐘。所以很多人前往關西旅遊，會選擇先進攻大阪，待個 1-2 天之後，再開始往關西其他城市旅行，回程在大阪再停留 1 天。也有些人習慣直接衝京都或其他城市，回程再於大阪停留 1-2 天。

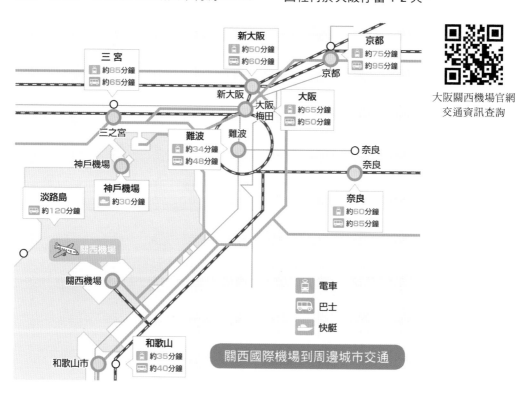

大阪關西機場官網
交通資訊查詢

三宮　約85分鐘　約65分鐘

新大阪　約50分鐘　約60分鐘

京都　約75分鐘　約95分鐘

大阪　約65分鐘　約50分鐘

難波　約34分鐘　約48分鐘

淡路島　約120分鐘

神戶機場　約30分鐘

奈良　約60分鐘　約85分鐘

和歌山　約35分鐘　約40分鐘

電車
巴士
快艇

關西國際機場到周邊城市交通

關西空港到大阪的交通方式

從關西國際機場到關西各大城市有許多大眾交通工具可以搭乘，種類相當多元，可以依照你希望前往的地區與費用，來決定要搭乘哪種交通工具。國鐵 JR 與私鐵路線非常多，第一次來關西的人難免會有不知道到底要搭哪種車的問題，請別擔心，以下表格都幫大家整理好囉！

到達城市	交通工具	希望到達區域	車種	時間
大阪	南海電鐵	南海難波、新今宮、天下茶屋 (可從難波站轉搭大阪市營地鐵)	**快速** 搭乘 Rapi:t（全車為指定席） 	34-39 分鐘 平日最早班次（關空到難波）5：45（假日 5：47） 最晚班次 23：55（假日 23：55） ※ 班次會變動，請至官網查詢
			搭乘非 Rapi:t 的機場急行車次 	44 分鐘左右 平日最早班次（關空到難波）5：45（假日 5：47） 最晚班次 23：55（平假日） ※ 班次會變動，請至官網查詢
	日本國鐵 JR	天王寺、新大阪（可搭往京都） （可從天王寺站轉搭大阪市營地鐵）	**快速** HARUKA 號はるか 	49 分鐘 平日最早班次（關空出發）6：30（假日 6：40） 最晚班次 22：16（平假日） ※ 班次會變動，請至官網查詢
		新今宮、JR 難波、大阪站以及 JR 大阪環狀線沿線 （可從大阪地鐵交接站轉乘）	JR 關空快速 	73 分鐘 平日最早班次（關空出發）5：50（假日 5：54） 最晚班次 23：32（平假日）

費用	優惠票券	網址 QR code
到南海難波、新今宮、天下茶屋的普通席單趟乘車券＋Rapi:t 特急券原價：成人￥1450 兒童￥730 （建議至官網預購 KANKU-WEBTOKU TICKET 成人￥1140，或至南海電鐵櫃台購買 Kanku Tokuwari Rapi:t Ticket 成人￥1290 會比較便宜，最划算的是在海外旅行社事先購買 Rapi:t Economy Ticket 成人￥1100）		南海電車 時刻表查詢
到南海難波、新今宮、天下茶屋 成人￥930 兒童￥470	划算 Osaka City Subway to Kansai int'l Airport：南海機場急行車票（非搭乘 Rapi:t）＋大阪地鐵票單趟成人￥1020 兒童￥510	
到新大阪站 成人乘車券￥2380 自由席或￥2910 指定席 ※ 到達各站票價不同，需查詢	划算 HARUKA 折扣券（限外國人及短期居留者購買） 若已經有 ICOCA 卡，單買 HARUKA 折扣券至新大阪套票單程￥1600（無兒童票）※ 可上網預約	JR 西日本 票價與時間查詢
到大阪站 成人票價￥1210 ※ 到達各站票價不同，需查詢	注意！從大阪市區搭乘 JR 關空快速到關西機場，僅能搭乘 1-4 號車廂，若搭乘 5-8 號車廂，則會開往和歌山	HARUKA 折扣券 因到達站不同 價格不同， 詳見 QR code

到達城市	交通工具	希望到達區域	車種	時間	費用	網址 QR code
大阪	機場巴士	新大阪、梅田、心齋橋、阿倍野Harukas（天王寺站）、難波（OCAT）、大阪環球影城、天保山等地	路線多元，票價也各有不同，有單程跟來回票價。	時刻表需見各巴士路線，實際搭車時間會受到交通狀況影響	例如單程票價至難波¥1100至大阪車站、梅田¥1600阿倍野Harukas¥1600（所有車票購買來回有折扣）※ 行李限定一人最多攜帶兩件大行李	機場巴士路線查詢
		深夜巴士至南海難波車站	23：17/00：17/01：17 三班從關空第二航廈發出23：30/00：30/01：30 三班從關空第一航廈發出		單程票價（來回有折扣）¥1600	搭乘深夜巴士至南海難波車站詳細時刻表
		深夜巴士至梅田／新大阪	每一小時各有一班從關空第一航廈發出		單程票價（來回有折扣）¥1600	搭乘深夜巴士至梅田／新大阪詳細時刻表

※ 所有班次與資訊皆有可能變動，出發前請先至官網確認最新班次與票價。
※ 套票資訊沒有全部列出，因為真的太多，以上只列出最划算最多人會使用的。
※ 6歲～12歲兒童搭乘日本大眾交通工具需購兒童票，12歲以上為成人票。

上述關西空港到大阪交通方式，可搭配以下二張機場路線圖，共分為南海電鐵、JR 關西機場路線圖及第 50 頁的大阪地鐵圖三張，或可參考本書附錄的關西交通圖搭配使用。

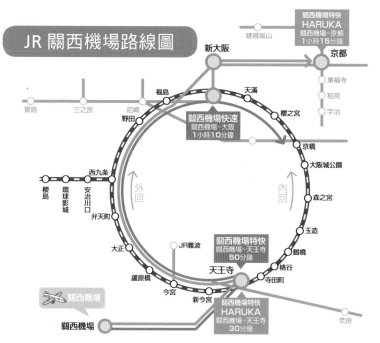

請注意，回程從大阪市區搭乘 JR 關空快速到關西機場，僅能搭乘 1-4 號車廂，若搭乘 5-8 號車廂，則會開往和歌山。

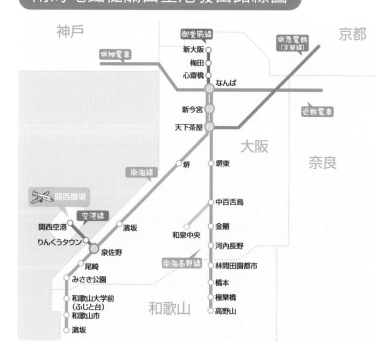

關西空港到京都的交通方式

到達城市	交通工具	希望到達區域	車種	時間	費用	優惠票券	網址 QR code
京都	日本國鐵 JR	京都站可延伸到嵯峨嵐山	HARUKA 號はるか（不建議搭 JR 其他車種，通常需要多次轉車）	至京都站約 80 分鐘	到京都站全票為成人自由席￥2900，指定席￥3430	划算 HARUKA 折扣券（限外國人及短期居留者購買）已經有 ICOCA 卡，單買 HARUKA 折扣券至京都單程￥1800，來回￥3600（無兒童票）※ 可上網預約	HARUKA 折扣券詳見
	機場巴士	京都站（某些班次可延伸到四條烏丸／三條京阪）	每個整點約有 2-3 班，但請務必注意班次時間跟下車地點是否能配合	至京都站約 90 分鐘	到京都市區成人票￥2600兒童票￥1300	來回有折扣	至京都機場巴士
	共乘小型巴士	京都各區可直送至飯店	Yasaka 關西機場共乘服務ヤサカ関空シャトル	依照路線而定，需事先預約約 2.5-3 小時	到京都市區成人￥4300（12歲以上），兒童￥2100（3-11 歲佔位），若兒童 2 歲以下不佔位（抱在大人腿上），則不收費用一人一件大行李免費，小件行李不收費大行李超出數量一件￥1000輪椅可免費載運（限使用輪椅本人搭乘）		Yasaka 英文網頁

關西空港到神戶的交通方式

到達城市	交通工具	希望到達區域	車種	時間	費用	優惠票券	網址 QR code
神戶	高速船	神戶機場	快速 神戶線（船）	30 分鐘 頭一班 6：20 末班 23：50	到神戶機場 成人￥1880、兒童￥940	划算 限外國人購買折扣 成人￥500 兒童￥250	高速船網頁
	日本國鐵 JR	神戶（可延伸到舞子）	HARUKA 號＋JR 神戶線（在新大阪換車）	64 分鐘	到 JR 三ノ宮站 成人乘車券￥2730 自由席或￥3260 指定席 ※ 到達各站票價不同，需查詢	划算 HARUKA 折扣券（限外國人及短期居留者購買） 持有 ICOCA 卡，單買 HARUKA，來回￥3400 單程￥1700（無兒童票） ※ 可上網預約	JR 西日本時刻查詢
		神戶市區	關空快速＋JR 神戶線	96 分鐘以上	到 JR 神戶站 成人￥1710		
	機場巴士	神戶三宮、尼崎、西宮、姬路	不需換車	65 分鐘	神戶三宮車資成人￥2000、兒童￥1000 其他路線價格各有不同	來回有優惠	班次表

神戶三宮站附近

關西空港到奈良的交通方式

到達城市	交通工具	希望到達區域	車種	時間	費用	優惠票券	網址 QR code
奈良	日本國鐵 JR	JR 奈良站（需在天王寺站轉車）	快速 HARUKA 號はるか＋JR 大和路線	79 分鐘	到 JR 奈良站成人乘車券￥2400 自由席或￥2930 指定席	HARUKA 折扣券（限外國人及短期居留者購買）持 ICOCA 卡單買 HARUKA 折扣券單程￥1600、來回￥3200（無兒童票）划算 ※ 可上網預約	HARUKA 折扣券請見
			關空快速＋JR 大和路線	91 分鐘	到 JR 奈良站成人乘車券￥1740		時刻查詢
	機場巴士	近鐵奈良站 JR 奈良站	不需換車	85 分鐘	成人車資￥2100 兒童車資￥1050	來回有優惠	班次表

要省錢！搞懂關西交通優惠票很重要

第一次去關西自助旅遊的人，最頭痛的應該就是關西複雜的交通方式跟優惠交通票券了，畢竟出門在外，總是希望能多省一些交通費用。不過到底要選購哪一種交通票券才好？這得要先排出行程→實際精算→才能選出最適合你的交通票券。我特別精挑細選一些好用又好康的交通優惠票券，相信一定可以滿足大部份人的需求，如果將所有交通票券列出，恐怕會看得更眼花繚亂。其中的交通票券兒童版本，都是指 6 歲以上未滿 12 歲的小學生，中學生以上則要直接購買成人票使用。

★ 關西交通 IC 卡：ICOCA

ICOCA 的功用跟東京的 SUICA、PASMO 卡一樣，皆為交通儲值卡、購物時能做小額付款的卡片，非常方便。關西還有另一種叫作 PiTaPa 的 IC 卡，遊客無法利用，因為需要有日本的身分證件及銀行帳戶才能辦理。若你已經有日本其他的 IC 卡，例如 SUICA、PASMO 或日本其他區域的交通卡，都可以在關西使用，不需要另外買一張 ICOCA 也能在關西通行無阻。

其實利用交通 IC 卡來應付複雜的關西交通路線最為方便，無論私鐵、JR、大阪地鐵、京都地鐵統統能用一卡包辦，也能很容易找到機器加值。購買方式只需要去 JR 西日本的售票機器直接購買。如要購買小學生使用的兒童版 ICOCA，得去 JR 西日本的綠色窗口填寫資料，並出示兒童本人護照才能購買。首次購買金額為￥2000，包含￥1500 儲值車資跟￥500 押金；若不想使用希望退卡時，請盡量將卡片中的餘額用光再至 JR 西日本綠色窗口退卡。

ICOCA 一般版本

ICOCA 的 Hello Kitty 特別版本很可愛

★ 大阪周遊卡

停留大阪 1-2 天參觀著名景點跟博物館非常好用

大阪周遊卡是結合參觀門票＋交通票券的好用優惠券。它分為一日券跟兩日券，一日券在交通票券上涵蓋了比較多的私鐵路線＋大阪地鐵，兩日券則以大阪地鐵為主，這兩種票券都無法搭 JR 系統電車。尤其兩種票券都包括了 35 項大阪景點設施免費入場，跟 25 項設施享有折扣入場，光是免費門票算下來，一天如果能跑三個以上免費入場設施，這張卡就很值回票價了。其中兩日券限定一定要連續使用兩天，所以請盡量安排越多行程越好。

2017 年 4 月起，大阪周遊卡將A3大阪樂高探索中心也納入免費設施內，非常划算。如果安排天保山行程（海遊館、大阪樂高、搭乘聖瑪麗亞號等），請務必多多利用大阪周遊卡。

大阪周遊卡沒有兒童版，多項設施多半 6 歲以下兒童不用付費或是門票減免，如果小孩已經超過 6 歲上小學，可以精算門票＋車資是否需要多加購一張大阪周遊卡來使用。也可於大阪地鐵售票機器購買「大阪一日乘車券」兒童版本（￥300）搭配使用。我非常推薦利用大阪周遊卡來安排大阪參觀行程，大阪周遊卡行程範例請見第 28 頁。

到大阪樂高入場時也能使用

大阪周遊卡

種類	一日券	兩日券
票價	￥2800	￥3600
免費／折扣設施	包含 51 項大阪景點設施免費入場，以及 88 項設施享有折扣入場	包含 51 項大阪景點設施免費入場，以及 88 項設施享有折扣入場
交通票券限制	除了 JR 以外，許多私鐵跟大阪地鐵都能搭乘	除了 JR 以外，可搭乘大阪地鐵，私鐵不能搭乘

※ 所有資訊皆為出版時資訊，請先至官網確認是否變動

大阪周遊卡一日券

大阪周遊卡二日券

大阪周遊卡官網（中文）

★ 大阪一日乘車券

1 日內無限制搭乘大阪地鐵、巴士，適合想把大阪跑透透的人使用

大阪一日乘車券		
版本	外國人版（需在特定場所出示護照購買）	成人¥600, 兒童¥300
	地鐵售票機發行成人版（平日）	¥800
	地鐵售票機發行成人版（週末假日）	¥600
	地鐵售票機發行兒童版	¥300
折扣設施	共有 29 個折扣設施 請至官網確認	
購買地點	外國人版需出示護照購買，於以下幾個地點有販售： KTIC 關西旅遊訊息服務中心（關空一航廈） 觀光情報廣場 Kanku-Machidokoro（關空二航廈）	

「大阪一日乘車券」有兩種版本，一種是專門讓外國觀光客購買的 OSAKA 1day pass 跟 OSAKA 2day pass 票券，另一種是在大阪地鐵一般售票機可買到的 ENJOY ECO CARD，日文為エンジョイエコカード，在 1 日內能夠無限次搭乘大阪地鐵跟巴士。這張卡也提供些許設施折扣，但優惠沒有大阪周遊卡來得多（不過票價也有差別）。會推薦這張大阪 1 日乘車券的主要原因是，它推出外國人專門可以購買的「OSAKA 1day pass」（大阪一日乘車券），價格為成人¥600、兒童¥300，OSAKA 2day pass 價格為¥1150，以上票券需要在特定販售中心購買。在大阪地鐵售票機裡購買的「ENJOY ECO CARD」平日價格為成人¥800，週末價格為¥600，兒童一律是¥300。大阪地鐵票價不便宜，建議如果一天搭超過三趟以上的就使用這張票券比較划算。目前除了 OSAKA 2day pass 沒有兒童版本之外，其他都有兒童版。

大阪一日乘車券

大阪一日乘車券
中文官網

★ JR 關西地區鐵路周遊券 / 關西廣域鐵路周遊券

適合想以 JR 電車在關西走透透的人使用

	關西地區鐵路周遊券	關西廣域鐵路周遊券
購買對象	僅限定外國人或持日本短期居留者購買	僅限定外國人或持日本短期居留者購買
版本	分為 1、2、3、4 日等不同使用天數版本。以及分為成人跟兒童版	僅有 5 日版。以及分為成人跟兒童版
價格	此為透過海外旅行社購買價格，透過 JR 西日本網站及現場購買較貴。	此為透過海外旅行社購買價格，透過 JR 西日本網站及現場購買較貴。

天數	成人	兒童
一日版	¥2400	¥1200
二日版	¥4600	¥2300
三日版	¥5600	¥2800
四日版	¥6800	¥3400

天數	成人	兒童
五日	¥10000	¥5000

使用規則	可以從開始使用日期一個月前購買。 網路預約時，受理預約的時間自開始使用日之 27 天前起至 2 天前為止。是以連續使用天數計算。用此券可搭關西機場 HARUKA 號的普通車廂非指定座席（普通車自由席），普通車指定席需要另加購超特急券。 新幹線有特別規定，請以官網為準。
官網及上網預定	

JR 關西地區鐵路周遊券 / 關西廣域鐵路周遊券是以搭乘 JR（日本國鐵）為主的交通票券，如果你旅遊天數短，又想要一天內跑不同的城市，就很適合用這張券。反之如果你 1 天內只待在 1 個城市，或來回搭乘次數也不夠多，其實就沒有必要買這張券。關西地區鐵路周遊券包含 JR 西日本巴士、京都市的京阪電車、京都地下鐵，關西廣域鐵路周遊券則是增加京都丹後鐵道、和歌山電鐵、山陰本線濱坂～鳥取、區域內的西日本 JR 巴士，讓這張交通套票運用更靈活。

關西地區鐵路周遊券分為 1 日、2 日、3 日、4 日版本，票價依天數而不同；也有分成人版本跟兒童版本兩種票價。請注意，透過海外旅行社事先購買更便宜。關西廣域鐵路周遊券只有販賣 5 日券，也能先在海外旅行社購買，比現場買便宜。

到底要選擇購買關西地區鐵路周遊券還是關西廣域鐵路周遊券？得要看你行程安排的地方為何，以及需要利用它搭乘的時間為幾天，這些都要事先精算，才能做出最省荷包的決定。

關西地區鐵路周遊券涵蓋區間

※ 另外包含京阪電車及京都地下鐵

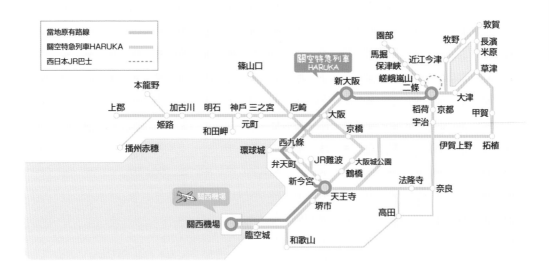

關西廣域鐵路周遊券涵蓋區間

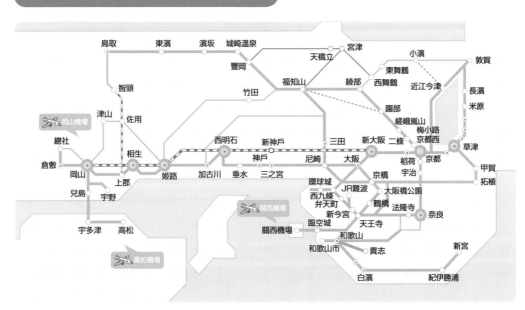

★ 關西周遊卡 KANSAI THRU PASS

短天數內遊關西好選擇，可不連續使用

關西周遊卡	
版本	分為 2 日券、3 日券。也分成大人跟兒童版本。 另有分春夏版 / 秋冬版本。（只是發行日期不同，注意使用日期是否在期限內即可，買到哪個版本沒有差別。）
票價	此為海外購買價格，在日本購買較貴。
折扣設施	共有 350 個設施折扣
購買地點	關空的關西旅遊訊息服務中心、南海電鐵關西機場站窗口，以及梅田、難波、心齋橋的關西旅遊訊息服務中心、京都站前公車綜合服務處、奈良觀光中心等地。
使用範圍	包括關西各個城市的私鐵及市營地下鐵、巴士。 關西機場發出的南海電車也能搭乘。 （若要搭特快 rapi:t 電車須另加費用） 無法搭乘 JR 西日本電車。

票價表格：

	成人	兒童
2 日券	¥4380	¥2190
3 日券	¥5400	¥2700

關西周遊卡官網（中文）
可查詢詳細區間資訊

　　如果你去關西大部份都是透過私鐵、市營地鐵跟巴士來當作移動的交通工具，那麼買關西周遊卡就能派上用場。不過關西周遊卡無法搭乘 JR 系統的電車，那到底要買 JR 發行的關西地區鐵路周遊券還是關西周遊卡，真的得看你的行程而定，請自行精算行程交通費用之後再決定。

　　它的好處就是可以在有效期間、不連續日期使用，彈性比較大，也可以搭南海電鐵從關空到大阪市區（南海 rapi:t 電車須另加費用）。

2 日券外觀

3 日券外觀

★ 其他各大私鐵交通票卡

端看行程需求搭配使用

關西交通讓人搞得一頭霧水的原因，就是因為除了 JR 之外，還有許多私鐵公司，而且名字都還滿像的，例如有阪急電鐵、阪神本線還有京阪電鐵等等。需不需要買一日券，真的都要精算後才能確認。如果你會搭同一間鐵道公司的路線來回不同城市，一天至少會搭 2 趟以上長程班車，就能夠精算一下是否需要買一日券。如果真的懶得算，建議還是拿 IC 交通卡刷過去就行了。

有些交通卡往來兩地就很建議購買，例如你想要搭京阪電鐵從大阪到京都，然後再轉往宇治，購買京阪電鐵大阪京都一日券或兩日券就很划算（我個人很愛用這張卡）。

票券名稱	交通公司	經由區域	票價		備註 /QR code
阪急全線乘車券	阪急電鐵	神戶 / 寶塚 / 京都 / 大阪梅田	1 日券　¥700 2 日券　¥1200 ※2 日券有效期間內可不連續使用 ※ 沒有兒童票		僅限外國人購買官網（中文）
阪神電車一日券（阪神全線乘車券）	阪神電鐵	大阪 / 甲子園 / 神戶三宮	1 日券 ¥500		僅限外國人購買官網（中文）
京阪電車觀光乘車券（大阪京都版）	京阪電車	大阪、京都、宇治	日本購買 1 日券　¥900 2 日券　¥1400 ※2 日券有效期間內可不連續使用 ※ 無兒童版		僅限外國人購買官網（中文）
京阪電車觀光乘車券（京都版）	京阪電車	京都、宇治	日本購買 1 日券　¥600 ※ 無兒童版		
近鐵周遊券 KINTETSU RAIL PASS	近鐵電車	大阪、京都、奈良＋奈良市巴士 1、2 日券可利用的乘車區間不同		成人　　　兒童 1 日券　¥1500　¥750 2 日券　¥2500　¥1250 ※2 日券需連續使用	

※ 其他為限定區域性的交通票卡，將在該區域時一併介紹。

關西不同季節必看景點

春季 2 月～5 月	夏季 6 月～8 月

大阪

春季 2 月～5 月

賞梅景點（2 月中～3 月）
- 大阪天滿宮
  初天神梅花祭 1 月 25 日左右
- 大阪城公園　　・荒山公園
- 萬博記念公園

櫻花前線

賞櫻景點（3 月下旬～4 月）
- 大阪城公園 櫻花百選 櫻花祭 夜櫻
- 大阪造幣局櫻花通道 櫻花百選 夜櫻
  時間：每年開放 4 月中旬一週左右
- 萬博記念公園 櫻花百選 櫻花祭 夜櫻

紫藤花景點（4 月下旬～5 月）
- 藤井寺

夏季 6 月～8 月

繡球花景點（6 月中～7 月）
- 枚方山田池公園　・府民の森ぬかた園地
- 萬博記念公園　　・大阪市立長居植物園
- 久安寺

夏季祭典（7 月）
- 天神祭（7/24-7/25）
  日本三大節慶活動之一，活動多元，在
  7/25 晚間的「奉納花火大會」則是整個活
  動的亮點！

花火節（7 月～8 月）
- なにわ淀川花火大会（8 月第二個週六）

京都

春季 2 月～5 月

賞梅景點（2 月中～3 月）
- 北野天滿宮 祭典
- 梅宮大社 祭典

祭典
- 葵祭，每年 5 月 15 日舉辦

賞櫻景點（3 月下旬～4 月中）
- 嵐山 櫻花百選 櫻花祭
- 仁和寺 櫻花百選
- 哲學之道
- 京都府立植物園 櫻花祭 夜櫻
- 三千院門跡
- 醍醐寺 櫻花百選 櫻花祭
- 京都御苑
- 平安神宮神苑 櫻花祭 夜櫻
- 清水寺 櫻花祭 夜櫻
- 二條城 夜櫻

葵祭

紫藤花景點（4 月下旬～5 月）
- 平等院
- 城南宮之藤

夏季 6 月～8 月

繡球花景點（6 月中～7 月）
- 三千院　　　・京都府立植物園
- 三室戶寺　　・藤森神社

花火節
龜岡平和祭保津川市民花火大會
（8 月第一個週日）

夏季祭典
- 祇園祭（7/1-7/30）
  分為前祭跟後祭。期間會有很多活動。
- 大文字五山送火（8 月 16 日晚間 8 點左右
  依序點燃）
  共分五座山頭點燃不同文字的篝火。

神戶

春季 2 月～5 月

賞梅景點（2 月～3 月）
- 須磨浦山上遊園 祭典
- 中山寺

賞櫻景點（3 月下旬～4 月中）
- 姬路城 櫻花百選 夜櫻
- 明石公園 櫻花百選
- 夙川公園 櫻花百選
- 須磨浦公園 夜櫻
- 有馬溫泉善福寺 夜櫻
- 神戶市立王子動物園 櫻花百選 夜櫻

紫藤花景點（4 月下旬～5 月）
- 白毫寺

夏季 6 月～8 月

繡球花景點（6 月中～7 月）
- 神戶市立森林植物園　・六甲高山植物園
- 須磨離宮公園　　　　・須磨浦山上遊園

夏季祭典（7 月～8 月）
- 有馬涼風川座敷
  有馬川親水公園夏天會舉行「涼風川座敷」。

花火節
- 神戶港海上花火大會
  每年 8 月第 1 個週六

奈良

春季 2 月～5 月

賞梅景點
- 奈良公園

賞櫻景點
- 奈良公園 櫻花百選
- 冰室神社 夜櫻
- 帶解寺
- 平城宮跡資料館

紫藤花景點
春日大社萬葉植物園

夏季 6 月～8 月

夏季祭典（7 月～8 月）
- 奈良燈花會 2017/8/5-8/14
  晚上 19:00～21:45 在奈
  良公園點上兩萬盞燈火。
- 奈良大文字送火
  8/15 晚上 8 點，會點燃「大」文字的篝火。

本書中關西共介紹四個城市：大阪、京都、奈良、神戶。各個城市都有其特殊的祭典跟節慶，除了櫻花、楓葉之外，還有夏日的花火跟冬日的聖誕燈飾，都是關西各個季節的旅遊重點喔！

秋季 9 月～ 11 月

冬季 12 月～ 1 月

賞楓景點（11 月中～ 12 月初）
- 箕面公園
- 大阪城公園
- 萬博記念公園

紅葉前線

聖誕燈景點（11 月～ 1 月）
- 大阪光之饗宴　　　• 海遊館
- 萬博記念公園　　　• 新梅田 CITY
- 大阪環球影城

關西聖誕燈飾

新年參拜
- 四天王寺 除夕敲鐘 元旦參拜
- 北御堂（津村別院）元旦參拜
- 太融寺 除夕敲鐘 元旦參拜
- 大阪天滿宮 元旦參拜　　　• 住吉大社 元旦參拜
- 梅田空中庭園元旦看日出，早上 5:00 開放
- 關西空港展望廳「Sky View」元旦看日出，早上 4:00 開放
- 大阪府咲洲廳舍展望台元旦看日出，早上 6:00 開放

賞楓景點（11 月中～ 12 月初）
- 東福寺　　　　　　• 清水寺 夜楓
- 嵐山　　　　　　　• 天龍寺
- 貴船神社　　　　　• 永觀堂 夜楓
- 醍醐寺 夜楓　　　　• 北野天滿宮
- 京都府立植物園　　• 梅小路公園

祭典
- 時代祭
  每年 10 月 22 日中午 12 點從京都御所前出發，約下午 2 點半遊行到達平安神宮。

聖誕燈景點（12 月～ 1 月）
- 京都車站　　　　　　• 京都 嵐山花灯路
- ROHM ILLUMINATION（位於右京區西院）

新年參拜
- 知恩院 除夕敲鐘 元旦參拜　　• 高台寺 除夕敲鐘 元旦參拜
- 北野天滿宮 元旦參拜

新年參拜
- 清水寺 除夕敲鐘 元旦參拜　　• 平等院 除夕敲鐘 元旦參拜
- 八坂神社 元旦參拜　　　　　• 下鴨神社 元旦參拜
- 野宮神社 元旦參拜

賞楓景點（11 月中～ 12 月初）
- 六甲山
- 神戶市立須磨離宮公園
- 神戶市立森林植物園
- 神戶布引香草園

聖誕燈景點（12 月～ 1 月）
- 神戶ルミナリエ（12 月初一週的時間）
- 位於舊外國人居留地及東遊園地
- 神戶市立須磨海浜水族園
- 神戶ハーバーランド umie

新年參拜
- 太山寺 除夕敲鐘 元旦參拜　　• 長田神社 元旦參拜
- 妙法寺（毘沙門山妙法寺）除夕敲鐘 元旦參拜
- 湊川神社 元旦參拜

賞楓景點（11 月中～ 12 月初）
- 奈良公園　　　　• 正曆寺

活動
- 切鹿角傳統（每年 10 月初）
  在春日大社境內「鹿苑」舉行，切除鹿角是為了要維護安全，是奈良特殊活動之一。

切鹿角活動官網

聖誕燈景點
- 奈良公園：奈良瑠璃繪（每年 2/8-2/14 舉行）

新年參拜
- 東大寺 除夕敲鐘 元旦參拜　　• 春日大社 元旦參拜
- 興福寺 除夕敲鐘 元旦參拜

關西親子旅遊行程大公開

一般遊客來到關西，通常會希望京阪神奈等四個城市都有機會造訪，不過多半只能玩到少部份景點。但是關西可以玩的景點真的太多太豐富了，就算是短天數多來幾次也能一直保有新鮮感，難怪關西的旅遊人數屢創新高！

一般來說，大家會以大阪為進出城市，時間多半留給重頭戲「京都」，以及可以找小鹿玩耍的「奈良」，反倒是大阪或神戶成了蜻蜓點水的旅遊之地。但其實大阪的親子旅遊景點真的又多又豐富，而且神戶也是一個對親子旅遊很友善的城市（人行道平坦，嬰兒車在這裡特別好推！）。
關西的行程，就讓我以不同城市的單日玩法來建議，行程排得比較豐富些，各位也能以自己的旅遊天數來自行刪減喔！

⊂ 大阪旅遊行程 ⊃

利用大阪周遊卡走透透

※ 大阪周遊卡相關免費或優惠設施每年度都會變動，以下為 2017.4 起的新版優惠設施，建議需先查詢官網確認。

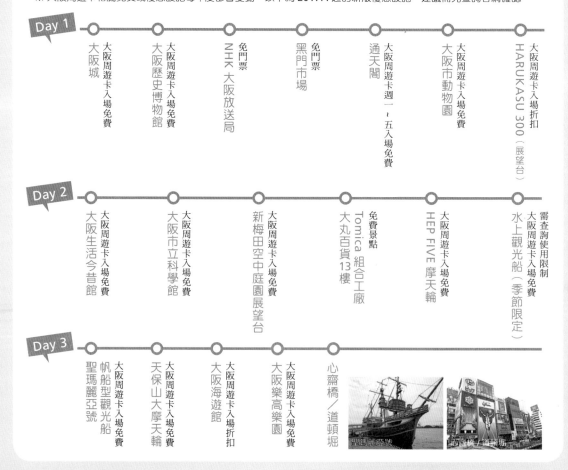

Day 1

大阪城
大阪周遊卡入場免費

大阪歷史博物館
大阪周遊卡入場免費

NHK 大阪放送局
免門票

黑門市場
免門票

通天閣
大阪周遊卡週一～五入場免費

大阪市動物園
大阪周遊卡入場免費

HARUKASU 300（展望台）
大阪周遊卡入場折扣

Day 2

大阪生活今昔館
大阪周遊卡入場免費

大阪市立科學館
大阪周遊卡入場免費

新梅田空中庭園展望台
大阪周遊卡入場免費

大丸百貨13樓
Tomica 組合工廠
免費景點

HEP FIVE 摩天輪
大阪周遊卡入場免費

水上觀光船（季節限定）
大阪周遊卡入場免費
需查詢使用限制

Day 3

聖瑪麗亞號
帆船型觀光船
大阪周遊卡入場免費

天保山大摩天輪
大阪周遊卡入場折扣

大阪海遊館
大阪周遊卡入場免費

大阪樂高樂園
大阪周遊卡入場免費

心齋橋／道頓堀

聖瑪麗亞號

心齋橋／道頓堀

⊂ 京都旅遊行程 ⊃

Day 1　嵯峨野小火車　→　天龍寺／竹林小徑　→　鐵道博物館／嵯峨野觀光　→　嵐山　→　東映太秦映畫村

嵯峨野小火車　竹林小徑

Day 2　清水寺　→　八坂神社／圓山公園　→　下鴨神社　→　京都府立植物園／京都府立陶板名畫之庭

Day 3　金閣寺　→　北野天滿宮　→　京都鐵道博物館　→　京都水族館　→　京都塔

⊂ 神戶旅遊行程 ⊃

Day 1　神戶布引香草園　→　北野異人館區　→　神戶麵包超人博物館　→　神戶港MOSAIC/UMIE／神戶港塔／神戶港

Day 2　神戶青少年科學館　→　UCC咖啡博物館　→　神戶動物王國　→　kid-o-kids 神戶　→　神戶三宮中心街

神戶麵包超人博物館　UCC咖啡博物館　神戶動物王國

⊂ 奈良旅遊行程 ⊃

Day 1　奈良町區域　→　奈良公園　→　東大寺　→　春日大社

奈良公園　春日大社

2023 年 /2024 年日本假期一手掌握

　　日本的國定假期不少，一旦遇到連續假期日本國內飯店住宿價格相對翻倍漲價。其中又以 5 月初的黃金週及元旦假期為最，另外還有暑假（關西的小學生大概都放 7 月中～ 8 月底），及 8 月中的日本盂蘭盆節（お盆），如果剛好遇到這段時間去日本，請務必要提早訂飯店，或者提早預訂不會隨著季節起舞漲價的連鎖商務飯店，例如東橫 inn。

　　在關西各地眾多飯店當中，京都飯店最為搶手且熱門，而且非常貴！關西是來自世界各地旅客的首選觀光地之一，前往時要同時參考中國的假期，建議避開熱門的 10 月 1 日長假時段。

關西遇到賞櫻時節遊客非常多

日本 2023 年假期（令和 5 年）

名稱	日期	名稱	日期
元旦	1/1（日）	海洋節	7/17（一）
成人節	1/9（一）	山之日＋お盆	8/11（五）
建國紀念日	2/11（六）	敬老日＋秋分節	9/19（一）、9/23（六）
天皇誕生日	2/23（四）	體育節	10/9（一）
春分節	3/21（二）	文化節	11/3（五）
昭和之日	4/29（六）	勞動感謝節	11/23（四）
黃金週 憲法紀念日 /綠之日 / 兒童節	含週末 5/3 ～ 5/7 共放 5 天 5/3（三）～ 5/5（五）		

日本 2024 年假期（令和 6 年）

名稱	日期	名稱	日期
元旦	1/1（一）	海洋節	7/15（一）
成人節	1/8（一）	山之日＋お盆	8/11（日）
建國紀念日	2/11（日）2/12 補休一天	敬老日	9/16（一）
天皇誕生日	2/23（五）	秋分節	9/22（日）
春分節	3/20（三）	體育節	10/14（一）
昭和之日	4/29（一）	文化節	11/4（一）
黃金週 憲法紀念日 /綠之日 / 兒童節	5/3 ～ 5/6 含週末共放 4 天 5/3（五）～ 5/5（日）	勞動感謝節	11/23（六）

2024 年日本假期還需要於 2023 年 2 月時至日本內閣府官網確認，有可能有所變動

Chapter 2
行前準備及實用資訊

步驟一　如何申辦小孩的護照

　　去日本真的很方便，只要備齊護照，連簽證都不需辦理，買好機票就能出發了。再加上現在從台灣飛日本的廉價航空選擇非常多，去日本旅遊成為許多爸媽帶小孩出國的首選。不過在預訂機票之前，還是先辦好孩子的護照比較妥當；小孩的護照僅有五年效期，護照申辦費用也比大人便宜，只需 900 台幣（滿 14 歲以上為新台幣 1300 元）。辦理孩子護照不難，只是第一次一定要帶本人去，而且要先拍好大頭照，之後到期後要再換護照就容易許多了。

| 出現其他人的手 | 嘴巴被手遮蔽 | 閉眼睛 | 表情不自然、哭泣 |

小孩拍攝大頭照需注意事項　　　　　　　　　　自己辦護照其實很簡單

親自帶小孩至外交部領事事務局辦理護照所需文件

一．戶口名簿正本，並附繳影本乙份或最近三個月內戶籍謄本正、影本乙份。（如果年滿 14 歲已經有身份證，攜帶身份證前往即可）

二．白底彩色照片兩張。

三．父或母或監護人之身分證正本及正、反面影本各乙份。

四．填寫好普通護照申請書。（請注意！孩子姓氏的英文拼法要跟父親的英文拼音相同，若從母姓的話要跟母親相同。）

五．未滿 14 歲費用為 900 元，滿 14 歲為 1300 元。

外交部領事事務
局辦理護照規定

　　如果真的不方便帶小孩親自去辦理第一本護照，也可以由直系血親代為至戶政事務所辦理「人別確認」，之後就能委託他人代為辦理。

　　一般辦理護照為 4 個工作天，如果很趕可以加價改成急件。製作完成後可以依收據上註明時間親自領件，或是在辦理當天至郵局代辦處，辦理「護照代領郵寄到府服務」。不過各地領事局相關業務郵局不同，請親洽各地領事局詢問。

　　另外，孩子年紀太小不會自己簽名沒關係，家長拿到小孩護照後，可以幫孩子在簽名欄簽名，一旁只要寫上「代」，表示家長代簽就可以了。

步驟二 日本入境相關規定及退稅資訊

目前持中華民國護照,只要赴日本90天內短期觀光,都能享有免觀光簽證優惠。之前入境日本是以紙本為主,目前則為紙本及Visit Japan Web網頁上申報兩種方式並行。紙本需填寫「外國人入境卡」及「攜帶品和分運行李申報單」,這兩張單子通常在飛機上空姐會發放或可索取;「外國人入境卡」請務必一個人填寫一張,「攜帶品和分運行李申報單」可以全家填一張,由其中一人為代表即可。

線上申報則要利用Visit Japan Web網頁,該網頁結合了「入境審查」、「海關申報」及「檢疫(快速通關)」功能。建議可以在台灣就先線上申報處理好,這樣入境會很方便。使用流程請至Visit Japan Web網頁,有繁體中文解說,簡單又方便。因目前日本入境及申報手續還有可能會變動,出發前請上JNTO日本官方網站確認最新簽證手續。

另外,越來越多旅人到日本會選擇住宿非飯店體系的民宿,請確實填寫地址、民宿老闆名字跟電話,也請備好相關訂房資料,

若海關人員需要查驗就能即時提供。若是預訂一般飯店,僅需填寫飯店名稱和電話,但最好也備好相關訂房資料以備查驗。

在機場入境檢查時,請出示Visit Japan Web網頁上填寫完畢的QR Code跟護照。若選擇以紙本通報,連同護照一起將「外國人入境卡」交給查驗人員,他們會請你拍照、按指紋。在提領托運行李後,過海關時,請出示Visit Japan Web網頁上填寫完畢的QR Code跟護照;若以紙本通報者,要將「攜帶品和分運行李申報單」連同護照一起交給海關人員。海關會查驗並詢問簡短的問題,有些海關也會要求你將行李打開抽查。當海關查驗完畢,將護照還給你後,就恭喜你入境日本啦!

新版外國人入境卡

「攜帶品和分運行李申報單」填寫方式(全家只需要填一張)

Visit Japan Web
網頁

Visit Japan Web
中文詳細解說 pdf

JNTO
日本旅遊資訊

日本購物退稅規定

　在日本購物、消費、飲食都需要外加 10% 的消費稅（2019 年 10 月起），消費標的通常會標示稅前價格（稅抜或本體價格），以及加了消費稅的價格（稅込）。針對居留不超過 6 個月的外國人，日本祭出免稅政策，希望刺激外國觀光客到日本消費，辦理退稅的手續也很簡便，門檻很容易達成，若是符合退稅資格，可在付款時辦理好手續直接付稅前價格即可。因此，前往日本的遊客一定要知道如何在日本辦理退稅的規定，對行程的花費也不無小補。

在日本購物需付消費稅

標示免稅店的店家才可退稅

如何在日本購物辦理退稅？

❶ 標示有 JAPAN. TAX-FREE SHOP 標誌的商店都能辦理退稅，換言之，如果沒有此標示的商店就無法退稅。通常適用於可以購物的商店，餐飲消費、飯店住宿費用則不在退稅範圍內。

❷ 如果於同一店家內購物超過 ¥5000 額度（未稅價格），就可以辦理退稅。現在許多便利商店也都能退稅喔！

可提供退稅服務的藥妝店

藥妝為消耗品，退稅後需密封

一般物品

適用免稅金額

於同一店家一天內購物合計金額
為 5,000 日元以上 (不含稅)

注意事項

須於入境日起算滿 6 個月前
攜出日本國

鞋・手提包

珠寶首飾・工藝品

高爾夫用品

家電

衣物

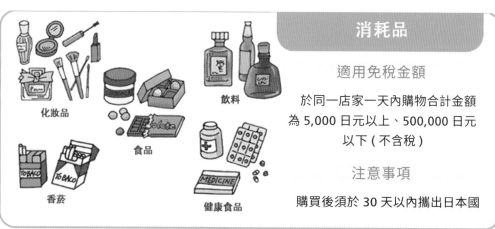

消耗品

適用免稅金額

於同一店家一天內購物合計金額
為 5,000 日元以上、500,000 日元
以下 (不含稅)

注意事項

購買後須於 30 天以內攜出日本國

化妝品

飲料

食品

香菸

健康食品

注意：一般物品與消耗品的購物金額可以合併計算。

　可退稅的商品分一般物品跟消耗品。一般物品屬於：衣服、包包、珠寶、家電等耐久材。這些商品購買後可以在日本使用，但必需要在 6 個月內攜出日本。消耗品屬於：藥妝、菸酒、食品等等，購買後辦好免稅手續，店員會幫你把貨品密封包起來，在離開日本之前都不能拆封使用。因此，如果怕會包得太大包難以收進行李箱，可以請店員分成兩袋包裝。

　另外要注意的是，免稅額度是以一般物品 + 消耗品需購買超過 ¥5000 才能辦理退稅。並且，之後要搭機離境日本時，如果免稅品有液體類，請記得務必放入托運行李裡。在經過關稅檢查時，請直接掃瞄護照頁即可。從 2023 年 4 月 1 日起，退稅將會整合到 Visit Japan Web 網站上，需要掃描 QR Code。

步驟三　自行訂機票及預訂機上嬰兒提籃

護照辦好之後，就能開始訂機票囉！從台灣飛日本的直航班機非常多，依照你的預算可以選擇傳統航空或廉價航空。雖然廉價航空促銷時票價優惠，但也並非容易買到真正便宜的票價，而且服務都需另外加價，因此建議也可以參考傳統航空的早鳥優惠票價，其實跟廉價航空價差不大，而且服務都包含在內。

傳統航空

台籍航空飛日本大阪的有華航、長榮跟星宇航空，外籍航空則有日本籍的 JAL（日本航空）、ANA（全日空），另外有些其他國籍的航空公司也有直飛大阪，例如國泰航空等等即是。

雖然傳統航空的票價比較貴，但如果小孩年紀比較小（未滿 2 歲），建議還是搭傳統航空比較舒適。再者，2 歲以下的小嬰兒可以用十分之一的票面價購票，其實還滿划算的，也能事先致電航空公司客服劃第一排位置，以便掛嬰兒掛籃（須符合各航空的身高、體重限制），對於爸媽帶小小孩搭乘飛機來說，有掛籃可免去整程抱在懷中的疲累。另外，搭傳統航空遇到需要泡牛奶等等突發狀況，機上的空姐也能提供協助。如攜帶嬰兒車，也能於掛行李時告知櫃台是否需要推到登機門前，到了登機門前將推車收起交給空

服員，下機時直接在到達艙門口領取即可。也可以直接將推車掛成托運行李，抵達目的地後於行李轉盤上領取即可。

嬰兒票購買很簡單，只要大人先開票付款後，再到該航空公司位於市區的服務櫃台開嬰兒票即可（價格最便宜）。如果透過旅行社購買機票，可以請旅行社一併開好，也可以提早到機場於該航空櫃台現場購買嬰兒票。（請注意！得去該航空位於機場的服務櫃台購買，而不是掛行李的報到櫃台購買喔！）

2 歲以上到 12 歲以下的小孩可購買兒童票，且需與一位成人旅客同行，兒童票價約為票面價 75%（需另加稅金，依各航空規定為準，有些折扣票大人與兒童票同價）。購買兒童票小孩會有自己的位置，也有跟大人一樣的行李公斤數可攜帶，以及自己的餐點（需先預訂兒童餐），推車規定同上。

❶ JAL 航空公司飛機 ❷ 大阪關西機場的華航登機口 ❸ 傳統航空公司機上娛樂不少 ❹ 若有嬰兒掛籃會比較方便 ❺ 也提供兒童餐點

廉價航空

目前從台灣飛大阪的廉價航空有台灣虎航、樂桃航空及酷航（目前停飛大阪，查詢復航消息請見官網）。台灣飛大阪的航線也是兵家必爭之地，對消費者來說無疑是一大福音。

能不能搶到廉價航空的便宜機票要看運氣。通常來說，若非促銷時段購買台灣到大阪的機票，成人票價大多落在含稅後5000～8000台幣不等（票價為浮動機制），疫情後票價更是比以前高昂許多。如果遇到賞櫻、賞楓以及連假熱門時段，機票就變得非常貴，跟傳統航空不相上下。相對來說，傳統航空因為在廉航的夾攻之下，也慢慢釋出比較便宜的票價，如果提早預訂的話有時也有划算票價可以搶。

廉價航空的嬰兒票價各家不同，超過2歲的兒童票跟大人同價；如果想幫嬰兒買個自己的位置，也跟大人票價相同（選位都需要另加費用）。雖然比傳統航空便宜個幾千塊，不過服務卻大幅縮水。特別要注意的是，建議在訂購大人機票時就一併將兒童機票訂好，如果孩子的護照還沒有辦好，屆時要分開訂購的話，就得打電話到該航空客服處理，有可能會被多收服務費等相關費用，有些廉航在訂票時就得輸入護照號碼，因此同行孩子的護照先辦好再來訂機票真的很重要。

廉價航空不提供嬰兒提籃、嬰兒/兒童餐（要購買餐點得另外加價，但沒有兒童/嬰兒餐選項），更別提送玩具尿布了，而且座位也比傳統航空小很多，如果是一個大人抱著一位嬰兒，空間其實還滿擠的。而且廉價航空要改票得要看當初所訂的票種規定，大部份是無法退票更改的。如果當初訂票時資料填錯，錯誤較少還有可能打電話透過客服加價更改，但很多情形是無法更改只能被迫放棄重買機票。廉價航空雖然有便宜的誘因，但隨後附加的服務費用，以及缺乏變更的靈活度，各種「不便性」也是你購票前需要先理解的。

❶ 廉航多半採用 A320 機型，位置不大 ❷ 台灣本土廉航：虎航

不過廉價航空一些基本服務還是有的，例如可以推嬰兒車到登機門前，但通常得到目的地的行李轉盤上領取，無法在下機艙門就能拿到。如果需要熱水泡牛奶，也可以跟空姐要，大部份廉航都會給，少部份則可能會拒絕或要求你加價買水後才會提供。比較建議的作法是自行帶保溫瓶，入關之後找熱水機裝熱水帶上飛機。廉價航空一般規定不能帶自己的餐飲上飛機，但因為飛機上沒有太多適合小朋友的食物，所以帶少量小餅乾或嬰兒食品給小朋友墊墊肚子，廉價航空公司多半還是會通融，不會有太大問題。

❶ 虎航加購餐點：雞肉飯　❷ 虎航加購餐點：三明治

從台灣飛大阪（關西機場）廉價航空列表與嬰兒票相關規定

＊因廉航航班及規定會做調整，要得知最新情形請上各航空公司網站確認

航空名稱	台灣虎航	酷航	樂桃航空
大阪航班	桃園⇆大阪 高雄⇆大阪	高雄⇆大阪 （此航線還未復航）	桃園⇆大阪 高雄⇆大阪
嬰兒票價	需搭配一位成人票購買 一位成人可買一張嬰兒票	需搭配一位成人票購買 一位成人可買一張嬰兒票	不須費用 需搭配一位成人票購買 一位成人可買一張嬰兒票
免費手提行李限制	嬰兒無免費行李限額 可免費托運嬰兒推車	嬰兒無免費行李限額 可免費托運嬰兒推車	嬰兒無免費行李限額 可免費托運嬰兒推車
不額外提供的服務	無嬰兒吊床、毯子、嬰兒餐、兒童餐	無嬰兒吊床、毯子、嬰兒餐、兒童餐	無嬰兒吊床、毯子、嬰兒餐、兒童餐
官網	台灣虎航	酷航	樂桃航空

※ 高雄出發航班是否復航，需以航空公司公告為準。

步驟四　選定適合親子住宿的關西地區飯店

❶ 大阪難波附近街景　❷ 京都住宿一定要提早規劃　❸ 神戶三宮 Villa Fontaine 旅館

關西住宿跟東京一樣，都是屬於地小人稠的都會型住宿空間。大阪的商務旅館住宿選擇多，價格比東京便宜些；京都因遊客太多，住宿不是很難訂到就是價格太貴，通常需要提早至少 3-4 個月就先預訂。如果希望在賞楓、賞櫻季節去京都，建議要提早 4 個月以上訂房比較好，時間越接近價格就越貴，甚至沒有太多選擇。神戶遊客相對較少，住宿多半集中在熱鬧的三宮地區，飯店也比較好訂；奈良則多半被遊客當成一日遊景點，很少在奈良下塌飯店。關西的旅宿各有特色，因為是熱門旅遊景點，所以務必請大家及早規劃預訂房間。

帶著嬰兒或小孩旅行，建議還是要尋找空間較大、交通便利的旅館。一般來說，日本旅館通常都能讓未上小學前（滿 6 歲前）的孩子免費入住（日文為「添い寝」，不需要加床或加棉被，少數飯店可以讓 12 歲以下的小孩免費入住，例如東橫 inn 系統飯店），但多半規定一張床只能帶一位未上小學前的孩子入住，所以如果人數是兩大一小就可以訂雙人房，但如果是兩大兩小，就必須要找雙床房房型。

如果人數再更多的話，就需要找三人房、四人房房型，但能容納較多人的房間相對較少，選擇不多，價格上也會比較貴。若旅館真的找不到符合你需求的房型，可以另外從民宿或 Airbnb 去尋找，但務必考量其風險。人數較多時，建議可以訂兩間房或多間房間，事先請飯店盡量幫忙安排在隔壁房間或同一樓層，這樣也是不錯的選擇。

日本旅館房型

※ 此處的人數單位，「小」是指未上小學的兒童，符合飯店免費入住的規定；超過規定年齡的小孩都算「大」

房型	說明
單人房 Single room シングル	單人住宿房型。這種房型的床寬從 110～140 公分都有，有的飯店會放置 140 公分寬的床型。 適合：一大一小入住
雙人房 Double ダブル 雙床房 twin room ツインルーム	床會分成一大床（床寬 140～160 公分都有）或兩小床（twin room ツインルーム，兩張床寬各 100～120 公分）。 適合：雙人房：兩大一小　　雙床房：兩大兩小
小型雙人房 Semi-Double セミダブル	這種算是日本專屬的特殊房型，其實就是比單人房稍大的房間，裡面放了雙人床。但房間太小（小於 15 平方公尺以內）或者床太小（小於 140cm 寬），帶孩子入住真的會非常擠。 適合：雙人房：兩大一小
三人房 Triple トリプル	提供三人住宿的房型。通常是一張雙人床配一張單人床的設備。 適合：三人房：三大兩小、三大一小、兩大三小
女性專用房間 Ladies room レディースルーム	有的飯店會規劃出女性專屬樓層，房間備品也特別替女性顧客準備比較好用的吹風機、捲髮器等等。不過該樓層限女性入住（小孩不限），所以大概只有媽媽自己帶小孩入住才能享受到。

女性樓層的備品相當貼心

　　關於日本旅館房型分類，在日文訂房網頁裡會寫得十分詳盡，舉凡床寬、房間坪數、帶幾歲孩童可免費住宿、是否可以加床等等規定都會清楚列出。由日本旅行社 JTB 直接設置的中文網站 e 路東瀛 / JAPANiCAN，是網站裡面資訊介紹非常詳細的其中一個，包括房間大小及床型資訊等等；其他中英文設有中文介面的訂房網，則不一定會寫得這麼詳細。而本書所推薦的關西親子住宿飯店，除了將飯店特色及所有房型標示出來，有關飯店規定幾歲以下兒童可免費住宿等資訊，也都會詳細列出。

　　如果需要詢問是否有嬰兒床，通常四、五星級飯店的大房間應該都可以事先跟客服預訂，而一般小型商務旅館則不會提供嬰兒床。如果還有其他需求，請務必寫英文或日文信去訂房網或旅館詢問清楚，因為每家旅館規定不同，得要詢問後才能確定！最後，訂好房間之後請記得列印紙本，check in 時才會有訂房憑證。另外，帶孩子旅行請務必預訂禁煙房，因為日本的吸煙房有時候入住還是會有煙味，但如果預訂禁煙房就能完全避免，這點要特別提醒大家注意。

步驟五　大包小包好累人，利用宅急便助你一臂之力

　　帶孩子出國，行李的重量總是少不了，再加上可能有一台嬰兒車隨行，對於爸媽而言，光是從機場搬運行李到飯店就已經相當辛苦，如果搭乘電車到市區，更有可能需要提行李上下月台。這時，如果能多多利用關西機場的宅配服務來幫忙運送行李，真的會輕鬆不少！

❶ 關西機場 JAL ABC ❷ Kansai Airport Baggage Servic

關西機場的宅配公司，主要有兩家可以宅配一般行李，以下為其相關資訊：

店名	營業時間	運輸公司	機場櫃台位置
JAL ABC	06:15 - 22:30（1F，寄行李） 06:30 - 22:30（4F，領行李）	大和運輸、福山通運、日本郵便	1 樓南側（寄送到市區） 4 樓南側（機場領取）
Kansai Airport Baggage Service（KABS）	06:30 - 22:30（1F，寄行李） 07:00 - 21:00（4F，領行李）	大和運輸、佐川急便、日本郵便	1 樓北側（寄送到市區） 4 樓北側（機場領取）

空港宅急便（機場寄送 / 收件）

　　另外，也可以從住宿地點將行李寄送到機場，可以請住宿飯店協助叫宅配業者前來收送；如果飯店業者沒有提供這項服務（我曾遇過少許飯店可以提供市區內點對點寄送宅配服務，但寄送到機場服務不提供協助），也可以到附近的便利商店或 YAMATO 運輸（ヤマト運輸）收件點、郵局（日本郵便「ゆうパック」）寄送。

　　不過，從關西市區寄送到機場若以 YAMATO 運輸寄送，需要 2 天前寄送（例如：5/1 上午寄送→ 5/3 搭乘下午班機 OK），而日本郵局則比較快速，若是上午寄送，隔天就能到達。但如果搭乘飛機時間是非常早的班機，可能要多預留一天比較保險，最好事先洽詢郵局櫃台再預抓時間寄送比較保險，另一方面也要注意搭機

時間是否方便於機場的取件點領取行李。從市區寄送行李到機場,需要加機場手續費,會比一般市區點對點寄送貴一些。

行李的費用通常都是用長+寬+高(公分)=多少尺寸(サイズ)來計算。例如長+寬+高=120公分,就是用120尺寸來計算費用。通常公斤數也會有限制,不過長度、重量超過了再加錢就好(太長或太重則無法寄送),詳細的規定需要看各家宅急便規定。

填入品名,多半為衣物。也可以填寫希望送達時間。

填入關西國際機場、第幾航廈、班機編號跟時間(幾月幾號,AM 或 PM 幾點)、姓名

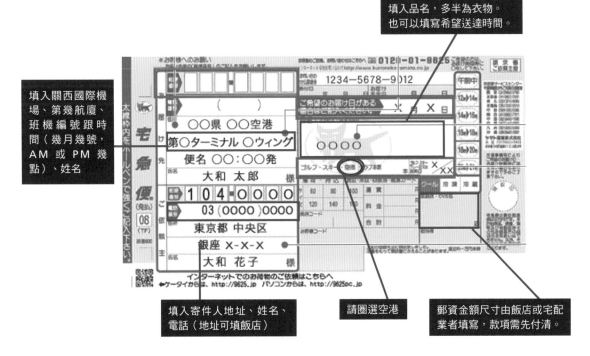

填入寄件人地址、姓名、電話(地址可填飯店)

請圈選空港

郵資金額尺寸由飯店或宅配業者填寫,款項需先付清。

請特別注意!由關西機場第二航廈(LCC航廈)進出的旅客,該航廈沒有宅急便收送據點,因此需要至一航廈辦理喔!(目前以搭乘樂桃航空至關西的遊客為主)

ヤマト運輸 (YAMATO 運輸)	ゆうパック(日本郵局)
ヤマト運輸一般宅急便 寄送費用查詢	ゆうパック一般宅急便 寄送費用查詢
ヤマト運輸宅急便追蹤	ゆうパック宅急便追蹤

從京都市區寄送飯店

　　如果到了京都車站，想要先將行李寄送到京都下塌飯店，可以利用京都車站的 Carry service（キャリー サービス）幫忙服務。地點位於京都車站地下 1 樓，寄送時間為早上 8 點到下午 2 點，付￥1000 就能在當日 5 點左右寄送到下塌飯店（飯店需為 Carry service 合作飯店，若不在名單上可能就無法寄送）。同樣的，也可以透過 Carry service 服務從飯店寄送行李到京都車站，只需要在早上 10 點前將行李交給飯店櫃台，付￥1000 就能於當日下午 2 點到晚上 8 點間，於京都車站 B1 的 Carry service（キャリー サービス）櫃台領取。

Crosta 官網

　　另外，位於京都塔 3 樓的 KTIC 關西觀光資訊服務中心，也有當天寄送服務（寄到京都市區飯店），費用為￥1000。

❶ 京都車站 B1 的 Carry service　❷ 京都塔 3 樓的 KTIC

🔍 **KTIC 京都**

地址　　京都府京都市下京区烏丸通七条下 東塩小路町 721-1 京都塔 3 樓
營業時間 10:00 ～ 18:00，12 月 30 日～ 1 月 3 日休息

步驟六　小孩生病怎麼辦？關西看診指南

帶孩子出門準備周全爸媽比較安心，除了大人的備用藥品之外，小孩的備用藥品也請務必攜帶。可以在出國一週前請小兒科醫生開旅遊備藥，除了發燒、感冒跟其他特殊用藥（氣喘等等），耳溫槍也記得攜帶。備藥裡因為可能有超出 100ml 的液體，記得先放在夾鏈袋裡收納到大行李箱內托運（除了在飛機上需要服用的藥物，請按照機艙內攜帶物品規定來整理帶上飛機）。旅遊醫療保險也不要省，在日本旅遊萬一需要看醫生或住院，費用會非常高，花點小錢買個安心真的很重要。

如果帶孩子到關西旅遊時，真的遇上不得不去看病的狀況該怎麼辦？建議可以請飯店櫃台服務人員協助處理。如果需要事先打電話預約診所／醫院看診，也可以請櫃台協助。因為日本的醫療並非像台灣這麼方便，很多醫院假日及晚上都不會開門，小兒科夜間急診也只有非常少數的醫院才有，再加上因為是外國人，日文無法溝通的情形下，有很多狀況會無法處理，建議還是尋找會中文的飯店櫃台協助。所以去日本旅遊，一旦遇到任何緊急狀況，住飯店有櫃台人員能夠協助還是比較有保障喔！

關西各地醫療資源查詢相關網頁及電話

• 大阪

可使用「大阪府醫療機關情報」來查詢醫療院所資料。選擇「外国語対応から探す」（使用外語看診的醫院），就能查詢出提供中文、英文或其他外文服務的醫療院所，再選取地區及看診科別，就能查出鄰近可提供外語協助的醫療場所。

另外，在「大阪府醫療機關情報」網站

也能查詢到假日、夜間有營業的醫療院所跟急診院所。也可以請飯店人員協助打給大阪市設立的救急醫療情報中心查詢。以下列出的電話為緊急需要叫救護車的狀況，沒有到十分緊急的情況請勿使用該服務。另提供台北駐大阪經濟文化辦事處聯絡電話，若遇急難事件需要協助可致電。

大阪府救急医療情報センター	救急安心センターおおさか
06-6693-1199 （365 天 24 小時）	#7119 06-6582-7119 （365 天 24 小時）
小兒救急電話相談	台北駐大阪經濟文化辦事處 （處理關西區域事務）
#8000 06-6765-3650 （晚上 8 點～早上 8 點）	急難救助行動電話，日本境內直撥：090-879-44568，090-270-68277（緊急情形） 上班時間致電：(81-6) 64438481 ～ 7 E-mail：teco-osa@juno.ocn.ne.jp 網址：www.taiwanembassy.org/jposa 受理領務時間：週一～五： 09：00～17：00

大阪府醫療機關
情報網址

大阪、神戶地區
可使用中文就醫
資訊

● 京都

可至「京都國際交流協會」的中文網頁，查詢使用外語看診醫療院所名單。該名單清楚的分門別類，並將可看診語言及時間條列出來，可直接下載中文 pdf 檔查詢。

提供京都小兒救急協助電話，有需求也可以打去諮詢。

小兒救急電話相談

#8000
075-661-5596（晚上 7 點～早上 8 點）
（週六下午 3 點～早上 8 點）

京都滋賀地區
可使用中文就醫資訊

● 神戶

查詢「兵庫県医療機関情報システム」這個網頁，點選左邊紅色第三項「医療機能で探す」，下一個網頁勾選「対応することができる外国語の種類」（外語看病醫院），然後再選看診科別（小兒科請選「小児領域」）；下一頁則是語種選擇，建議「北京語」（中文）跟「台灣語」（台語）都勾選，然後選擇更細項的科別，如果是一般小兒科就選「小児領域の一次診療」。下面黃色區域請選 OR，接下來是看診時段及區域選擇，就能查詢到你希望尋找的醫療診所了。

提供兵庫縣小兒救急協助電話，有需求也可以打去諮詢。

兵庫縣小兒救急電話相談

#8000
078-304-8899
（晚上 6 點～凌晨 0 點）
（週日、國定假日早上 9 點～凌晨 0 點）

兵庫県医療機関
情報システム網址

● 奈良

請至「奈良醫療情報」查詢，選擇「病院、診療所、藥局情報」那一欄，第一個「いろいろな條件」藍色的框框可以查詢用外國語看診的醫院。下一頁請勾選「対応言語から探す」跟科別，例如勾選「小児領域」，接著點選「次へ進む」到下一頁。再選擇「小児領域の一次診療」跟「北京語」（中文）跟「台灣語」（台語）。最下面請選擇 OR 條件，就能查詢到你要的資訊。

提供奈良小兒救急協助電話，有需求也可以打去諮詢。

奈良小兒救急電話相談

#8000

奈良醫療情報網站

步驟七　關西旅遊實用手機 APP

　　來關西旅遊，有很多非常實用的免費 app 可以下載，可以幫助查找地圖、交通指南、資料收尋，相當便利。以下幾款精選 app，推薦給準備來關西旅行的你。

類別	APP 名稱	下載連結 QR code
交通類	**Navitime** 查詢交通方式，如何搭車及轉換路線，準確度高，需輸入日文漢字站名。	
	乘換案內 查詢交通方式，如何搭車及轉換路線，準確度高，需輸入日文漢字站名。	
	日本路線圖 僅能查詢全日本地鐵交通方式，如何搭車及轉換路線。需先行下載該區域路線，就能離線查找地鐵、鐵路路線，非常方便。	
	市バスどす 僅有 android 系統程式，是一款簡明清楚的 app。下載後打開會先看到系統（公車路線）、設施（景點 - 需用日文第一個字分類查找）跟バス亭（巴士站），點系統進去，就能看到不同公車路線的資料，再點進去，就能顯示地圖。上面的地點有圖釘，能顯示時刻表等（僅日文版）。	
	かんたん京都バス検索 僅有 ios 系統，建議下載日本版本。這款能直接打景點名稱（漢字），可以直接找到附近的巴士站。	

類別	APP 名稱	下載連結 QR code
交通類	**京阪神奈交通** 繁體中文使用介面，這款 app 主要是以地圖資料為主（其中包括這四個城市的交通路線圖，和關西各種交通優惠券的使用路線圖），以及京阪神奈可使用的交通優惠券。如果要查京都的公車全圖，請點交通地圖參考→京都→京都巴士路線圖。	
天氣類	**tenki.jp 天気・地震など無料の天気予報アプリ** 由日本氣象協會所推出的 app，準確度高，能將一天中四個時段的降雨機率準確呈現，是旅遊預知氣象的好幫手。	
	お天気モニタ - 天気予報・気象情報をまとめてお届け 由民間所推出的 app，準確度高，也能將一天中四個時段的降雨機率準確呈現，界面簡單好用。	
比價類	**価格 .com** 日本賣場比價時的好幫手，可以查到許多電器、物品的價格比較，準確度高。	
實用類	**排隊攻略 - 日本環球影城** 這款 app 是日本所有樂園排隊等待時間查詢好幫手，而且是中文版本，包括大阪環球影城的排隊時間。但裡面所附的園區地圖不好用，建議還是入園後索取一張中文地圖。	

類別	APP 名稱	下載連結 QR code
 實 用 類	**ユニバーサル・スタジオ・ジャパン日本環球影城官方 app** （需轉換到日本 app 商店才能下載） 這款 app 是大阪環球影城的官方 app。僅限定日本 app 商店才能下載！包羅票種資訊、等待時間、地圖等等實用資訊，但為全日文版本。	
	Suica Reader 如果手機搭載 NFC 功能，就可以用這個 app 來查詢手上 icoca 卡跟其他交通票卡的餘額（只要是 IC 交通卡都能查詢餘額）。只要輕輕一碰，就能查到交通卡上所有明細喔，非常方便。	
	ロケスマ Locasma 到日本想找尋餐廳、咖啡店、藥妝店、百元店…等各式商店，利用 Locasma 就能 找到在附近的店家。（需搭配網路使用，需要定位）	
 QR code	**免費 QR Code 掃描器** 在免費下載的 app 上有好幾款 QR code 掃描器，可以選擇喜歡好用的 app 來搭配本書使用。	
 翻 譯 類	**LINE中日翻譯** **Line 中日翻譯官方帳號** 只要加入通訊軟體 LINE 的官方帳號「Line 中日翻譯」，就能以中文字輸入，對方會立刻幫你翻譯成日文。雖然有些語句不盡正確，但緊急時也能當作溝通的一個方法。	

Chapter 3

大阪
豐富多樣的親子景點

大阪交通概括 / 大阪市區實用交通票卡

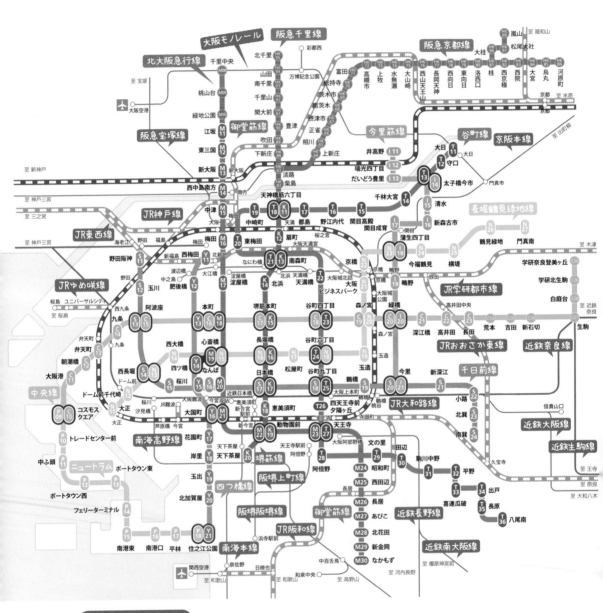

大阪市營地鐵圖

大阪市地鐵 / 大阪 JR 環狀線圖

① JR 大阪環狀線 ② 京都大阪聯絡電車 ③ 關西月台分為圓圈跟三角不同排隊線 ④ 時刻表會標示在哪裡排隊

在大阪市區旅遊，最常搭乘的不外乎大阪市營地鐵（共有 8 條線及 1 條新電車 New Tram），以及 JR 大阪環狀線。當你需要前往大阪郊區，或從大阪前往京都、奈良、神戶等城市，則可能會利用到其他地鐵線路，包括阪急電鐵、阪神本線、近鐵、京阪電車、南海電鐵跟大阪單軌電車（大阪モノレール）。

大阪交通會讓人感覺複雜的原因，是因為私鐵路線多元，而且名稱都很相近。但從下圖能很清楚的看出從大阪發出的聯外鐵路，就能略之一二。

正因為大阪及關西的交通路線複雜，推薦下載「日本路線圖」app（見第 46 頁），先在出發前將關西鐵路圖資料存在手機裡，到時直接離線查詢即可，快速又方便，也不需特別再去拿紙本交通地圖。

❶ 大阪 1 日乘車券　❷ 大阪有許多種優惠乘車券　❸ 電梯標示也很清楚　❹ 每個站幾乎都有電梯

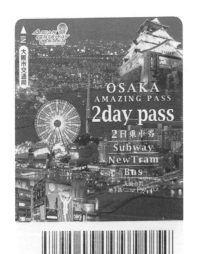

大阪周遊卡

關於大阪旅遊會用得到的優惠票券，在第 1 章介紹得很詳盡。我個人首推「大阪周遊卡」（見第 20 頁），這是一張包含大部份門票跟大阪地鐵車票的好用套票，如果你一天能跑多個景點，這張卡會省下很多錢。其中也有許多 6 歲以下兒童可以免費入場的設施，如果孩子超過 6 歲，或許可考慮再買一張大阪周遊卡搭配使用。如果大阪周遊卡的景點很多你都已經去過了，那麼即可利用「大阪一日乘車券」。「大阪一日乘車券」是讓你乘坐大阪市營地鐵＋公車一日的交通票券，6 歲以下兒童不需另行購票，6 歲到 12 歲兒童請購買「大阪一日乘車券兒童券」（￥300）。如果你需要去大阪近郊地區，例如甲子園、寶塚或其他城市，都有搭配交通套票可購買。

關西的地鐵系統發展比東京晚，大部份都有電梯，而且也很好找！除了極少數可能沒有之外，其他的車站都會有。電梯標示也都很清楚，請各位爸媽放心！

大阪親子住宿

大阪的飯店住宿選擇比東京還要多，而且價格也較為低廉。不過有些區域較混亂，雖然價格低廉，但帶孩子旅遊建議還是避開比較好，例如西成區（地鐵站為：新今宮、動物園前、狄之茶屋等站附近）。這區遊民比較多，夜間治安堪慮，但這區的便宜旅館林立，很多年輕旅客會為了省旅費住宿這裡，但如果是親子旅遊，我建議還是多花點錢住治安比較好又方便的區域。

請避開位於以下 7 個地鐵站附近的西成區住宿：
1. 新今宮站
2. 動物園站
3. 狄之茶屋
4. 金池
5. 金船
6. 新今宮站前
7. 惠美須町

東淀川區
淀川區
旭區
都島區
西淀川區
北區
鶴見區
福島區
城東區
此花區
西區
中央區
東成區
港區
浪速區 天王寺區
生野區
大正區
西成區
阿倍野區
東住吉區
住之江區
平野區
住吉區

❶ 梅田站附近交通路線複雜
❷ 天王寺站附近交通方便

一般遊客會習慣住天王寺站、阿倍野站、心齋橋站/難波站、梅田/大阪站附近。天王寺站附近要注意避開靠近上述的西成區，較偏東邊的阿倍野/天王寺地區比較熱鬧，治安也比較好。另外，住心齋橋/難波站附近真的很方便，有很多餐廳、藥妝、商店可購物逛街。但大阪地鐵「御堂筋線」上下班時間真的非常擁擠，就算其他時間也有不少人搭乘，雖然交通方便，但對於帶著孩子及推車旅行的爸媽而言，晚上若需搭「御堂筋線」回飯店，通常會遇上電車擠得滿滿的狀況，非常辛苦。而梅田/大阪站也是交通樞紐，雖然方便，但搭乘相當複雜，初次來到大阪的人，常常會在梅田站附近迷路，這點也必須要注意。

那麼來大阪到底要選哪一區飯店較好呢？我建議選擇有兩條以上的地鐵交會處例如：本町、日本橋、谷町四町目、谷町六町目、谷町九町目、天王寺等站都很不錯，不怕交通複雜可以衝鋒陷陣的爸媽，

其實心齋橋/難波站跟梅田/大阪站也可以納入考慮。但我個人比較偏好 JR 大阪環狀線跟大阪地鐵交會的站，雖然比較偏大阪外圈，但若要換乘 JR 大阪環狀線或地鐵都很方便，例如：鶴橋、森ノ宮、京橋站（如果要去京都很方便）、天王寺站等。

以下為大阪推薦親子住宿飯店，挑選的都是房間有 15 平方公尺以上的雙人、三人甚至是四人房，交通方便、離地鐵很近的飯店。請注意！日本飯店大部份規定一床最多只能一位大人跟一位幼兒入住免費（例如一張大雙人床只能入住兩大一小），若是兩大兩小，需直接訂雙床房。另外，東橫 inn 系統的房型，如果標示為「經濟」房型，都無法免費讓 12 歲以下兒童入住，若要帶孩子入住，請選擇沒有標示「經濟」的房型。在訂房時，一般房型都有可以選擇帶小孩免費入住的選項，如果沒有出現此選項，則代表這間房無法帶小孩免費入住。

大阪站 / 梅田站區域 / 新大阪站

交通方便，雖然梅田站附近交通複雜，但善用地下連通道下雨也不怕喔！

◆◆◆◆◆◆◆◆◆◆◆◆◆◆◆◆◆◆◆◆◆◆◆◆◆◆◆◆◆◆◆◆◆◆◆◆◆◆◆

中價：雙人房價為一晚一萬五～三萬日幣左右（約台幣 4000-8000 左右）

大阪第一飯店

大阪第一ホテル

| 單人房 | 雙人房 | 三人房 |

| 和室最多可到 5 人 |

| 嬰兒床（需預約） |

兒童免費：6 歲以下

大阪第一飯店的交通位置非常方便，從梅田 / 大阪站出來後，可從車站地下 B2 樓層連通道直通飯店；若出了大阪站從地面走到飯店，也只需要 3 分鐘的路程，看到一個明顯的圓柱形建築物就是了。check out 時間為中午 12 點，非常方便。

單人房約為 16 平米以上，需要更大的房間可訂雙人房。6 歲以下免費入住，嬰兒床需預約。機場利木津巴士直達。

・地　　址：〒 530-0001 大阪府大阪市北區梅田 1-9-20
・電　　話：06-6341-4411
・地鐵站：JR「大阪駅」、阪急・阪神電鐵、御堂筋線「梅田駅」請從中央口出來。

 官網　　 訂房　　 地圖

雷姆新大阪飯店

レム新大阪

| 單人房 | 雙人房 |

兒童免費：12 歲以下

雷姆新大阪飯店為新大阪站共構飯店，位於 12-17 樓，交通非常方便，搭車到新大阪站，從車站內走到新大阪阪急ビル北口方向，搭乘電梯到 12 樓 check in 即可。飯店新又明亮，雙人房型（雙床房）約為 20 平方公尺以上房間，12 歲以下免費入住。如果需要以大阪為據點來回京都 / 神戶，住這邊很方便。

・地　　址：〒 532-0003 大阪府大阪市淀川區宮原 1 丁目 1 番 1-1
・電　　話：06-6398-4123
・地鐵站：JR「新大阪駅」，到了新大阪駅，從中央口刷票出去，右轉後，會看到「新大阪阪急ビル」跟「remm」，往該方向走去，進去後就能搭乘電梯到 12 樓 check in。

 官網　　 訂房　　 地圖

大阪希爾頓飯店

ヒルトン大阪

雙人房　三人房

和室最多可到 4 人

嬰兒床（需預約）

兒童免費：6 歲以下

大阪希爾頓位於大阪第一飯店附近，房間為 30 平方公尺以上大房，簡約雅緻但價格較高。6 歲以下免費入住，提供嬰兒床，需事先預約。

・地　　址：〒 530-0001 大阪府大阪市北區梅田 1 丁目 8-8
・電　　話：06-6347-7111
・地鐵站：JR「大阪駅」、阪急・阪神電鐵、御堂筋線「梅田駅」
　　　　　從櫻橋口出來，若從地下通道請往 C30 出口。

　官網　　　　訂房　　　　地圖

大阪新阪急飯店

大阪新阪急ホテル

單人房　雙人房　三人房

和室最多可到 4 人

嬰兒床（需預約，只提供到 3 個月大嬰兒使用）

兒童免費：6 歲以下

鄰近交通樞紐，雙人房型較大的從 17 平方公尺起跳。6 歲以下免費入住，check out 時間為中午 12 點。6 歲以下兒童早餐免費。嬰兒床僅提供給 0 ～ 3 個月大的嬰兒使用，需先預約。兒童浴袍跟拖鞋請洽櫃台（免費）。

・地　　址：〒 530-8310 大阪府大阪市北區芝田 1-1-35
・電　　話：06-6372-5101
・地鐵站：JR「大阪駅」、阪急・阪神電鐵、御堂筋線「梅田駅」，地下連通道往 3-10 出口出來就是飯店。

　官網　　　　訂房　　　　地圖

> 平價：雙人房價為一晚一萬五日幣以下（約台幣 4000 以下）

東橫 INN 新大阪站東口

單人房　雙人房　雙床房

四人房　無障礙房

兒童免費：12 歲以下

這間東橫 inn 雖然從新大阪站走過去路程要 10 分鐘，但房型完整，東橫 inn 系列中難得有四人房的旅館（豪華雙床房），12 歲以下免費入住，如果人多又想要省錢的話，或許可以考慮這邊。但新大阪站附近比較不這麼熱鬧。

・地　　址：〒 533-0031 大阪府大阪市東淀川區西淡路 2-8-5
・電　　話：06-6160-1045
・地鐵站：JR「新大阪駅」。從東口電梯出來後，順著火車站方向，左轉西淡路就會看到東橫 inn 招牌。

　官網（於官網訂房即可）　　　　地圖

大阪環球影城附近住宿

如果你想要一早開園就衝第一，就得住位於大阪環球影城門口的飯店

京阪環球大廈飯店

ホテル京阪
ユニバーサル・タワー

雙人房	三人房	四人房

嬰兒床需詢問

兒童免費：6 歲以下

位於大阪環球影城入口附近，房型為 21 平方公尺起跳的雙床房間，適合兩大兩小入住。31 樓有天然溫泉大浴場，館內 4 樓有兒童遊戲室。6 歲以下免費入住。可於飯店內購入 USJ 園券。

‧地　　址：〒 554-0024 大阪府大阪市此花區島屋 6-2-45
‧電　　話：06-6465-1001
‧地鐵站：JR 夢咲線「環球影城駅」（ユニバーサルシティ駅）下車，走到接近入口處就能找到。

 官網　　 訂房　　 地圖

日本環球影城前酒店

The Park Front Hotel at Universal Studios Japan

雙人房	三人房	四人房

和室最多可到 4 人

嬰兒床、床圍需預約

兒童免費：6 歲以下

離環球影城入口非常近，房間坪數 30 平方公尺以上，6 歲以下免費入住。設有特別替小孩蓋章 check in 的門房，能從一開始就替孩子帶來夢幻感（此服務僅限帶小孩入住的家庭）。另外也會提供兒童用牙刷，事先預約也會提供兒童浴袍。

‧地　　址：〒 554-0024 大阪府大阪市此花區島屋 6-2-52
‧電　　話：06-6460-0109
‧地鐵站：JR 夢咲線「環球影城駅」（ユニバーサルシティ駅）下車，走到環球影城入口處附近就能找到。

 官網　　 訂房　　 地圖

近鐵環球影城酒店

ホテル近鉄ユニバーサル・シティ

雙人房	三人房

四人房～六人房

芝麻街主題房

嬰兒床需預約

兒童免費：6 歲以下

房間為 21 平方公尺以上房間，離環球影城入口很近，設施新穎，設有芝麻街主題房間，但價格比較昂貴，6 歲以下免費入住。飯店 1 樓就有巴士直達關西空港。於飯店內可購買環球影城門票及快速通關券。

‧地　　址：〒 554-0024 大阪市此花區島屋 6-2-68
‧電　　話：06-6465-6000
‧地鐵站：JR 夢咲線「環球影城駅」（ユニバーサルシティ駅）下車，走到接近入口處就能找到。

 官網　　 訂房　　 地圖

心齋橋 / 難波（なんば）/ 天王寺 / 阿倍野

這裡是大阪的商業旅遊區，交通方便，飯店林立

中價：雙人房價為一晚一萬五～三萬日幣左右（約台幣 4000-8000 左右）

大阪萬豪都飯店

大阪マリオット都ホテル

`單人房` `雙人房` `三人房`
`嬰兒床、床圍需預約`

兒童免費：12 歲以下

地理位置絕佳，該飯店就位於阿倍野 HARUKAS 同一棟樓裡，飯店景觀非常好，價格高昂。房間很大，從 38 平方公尺起跳，12 歲以下免費入住，交通方便，從 JR 天王寺駅過來從地下通道就能到達。在此入住免費贈送 HARUKAS 300 展望台入場券，可以購買大阪環球影城票券。

- 地　　址：〒 545-0052 大阪市阿倍野區阿倍野筋 1-1-43
- 電　　話：06-6628-6111
- 地鐵站：JR「天王寺駅」從地下通道就能直達阿倍野 HARUKAS。

 官網　　 訂房　　 地圖

大阪十字飯店

Cross Hotel

クロスホテル大阪

`單人房` `雙人房` `三人房`
`嬰兒床需預約`

兒童免費：6 歲以下

交通地點方便、房間坪數為 24 平方公尺以上，每間房間的浴室都很大，受到許多旅客喜愛。6 歲以下免費入住，雙人床為 160 公分大床（依房型而定）。離心齋橋、道頓堀都很近，很適合逛街購物。

- 地　　址：〒 542-0085 大阪府大阪市中央區心齋橋筋 2-5-15
- 電　　話：06-6213-8281
- 地鐵站：大阪地下鐵「なんば駅」15-B 出口電梯出來走路 3 分鐘。

 官網　　 訂房　　 地圖

Hotel Mystay

心齋橋

ホテルマイステイズ心斎橋

`單人房` `雙人房` `三人房`

兒童免費：6 歲以下

地點非常好，位於心齋橋駅附近。有些雙人房型較小，可以選擇較大的雙人房房型或三人房型。房間為 16 平方公尺以上，6 歲以下免費入住，不提供早餐。大門口有一小段階梯，推嬰兒車的爸媽會比較辛苦一些。

- 地　　址：〒 542-0086 大阪府大阪市中央區西心齋橋 1-9-30
- 電　　話：06-6282-9021
- 地鐵站：大阪地下鐵「心斎橋駅」7 號出口（有電梯）走路 1 分鐘就到。
　　　　　大阪地下鐵「四ツ橋駅」4 號出口（4-a 有電梯）走路 3 分鐘。

 官網　　 訂房　　 地圖

日航大阪飯店
ホテル日航大阪

`單人房` `雙人房` `三人房`
`嬰兒床、床圍需預約`

兒童免費：6 歲以下

地理位置絕佳，面對大丸百貨。房間坪數為 18 ～ 42 平方公尺，6 歲以下免費入住。飯店有機場巴士停靠站，可以直接搭到關西機場。

- 地　　址：〒 542-0086 大阪市中央區西心齋橋 1-3-3
- 電　　話：06-6244-1111
- 地鐵站：大阪地下鐵「心斎橋駅」地下聯絡通道 8 號出口附近，可以直接從日航大阪飯店的 B2 搭電梯回飯店。

 官網　　 訂房　　 地圖

平價：雙人房價為一晚一萬五日幣以下（約台幣 4000 以下）

大阪阿倍野 trusty 飯店
ホテルトラスティ大阪阿倍野

`單人房` `雙人房` `三人房`

兒童免費：6 歲以下

交通便利，可以從 JR 天王寺站地下通道直接到達。有面積較大的雙人房，從 16 平方公尺起，6 歲以下免費入住。

- 地　　址：〒 545-0052 大阪府大阪市阿倍野區阿倍野筋 1-5-10-300
- 電　　話：06-6530-0011
- 地鐵站：JR「天王寺駅」跟近鐵「阿部野橋駅」直接就可到達

 官網　　 訂房　　 地圖

東橫 INN
大阪心齋橋西

`單人房` `雙人房` `雙床房`

兒童免費：12 歲以下

東橫 inn 的好處就是價格平實，週六也不會加價太多。12 歲以下免費入住，一床只能一個大人帶一位小孩，所以如果有兩大兩小，一定要訂雙床房。這家東橫 inn 距離地鐵站滿近，離心齋橋也不遠，算是很熱門的東橫 inn。

- 地　　址：〒 550-0014 大阪府大阪市西區北堀江 1-9-22
- 電　　話：06-6536-1045
- 地鐵站：地下鐵四橋線「四橋駅」4 號出口（樓梯）步行 1 分鐘，或利用 4 號出口附近的電梯到地面上，再走到飯店。
  地下鉄鐵堂筋線「心齋橋駅」7 號出口電梯走路約 8 分。

 官網（於官網訂房即可）　　 地圖

大阪其他地區：京橋 / 谷町四丁目

京阪京橋格蘭德飯店
ホテル京阪京橋グランデ

單人房　雙人房　三人房

四人房　嬰兒床需預約

兒童免費：6 歲以下

這間飯店就在京阪電車的「京橋駅」樓上，如果想以大阪為據點，搭京阪電鐵往來京都的話，建議住這裡。交通方便，也能搭乘 JR 大阪環狀線及大阪地鐵長堀鶴見綠地線。房間為 17 平方公尺以上。6 歲以下免費入住。離大阪城也很近。

· 地　　址：〒 534-0024 大阪市都島區東野田町 2 丁目 1-38
· 電　　話：06-6353-0321
· 地鐵站：京阪電車的「京橋駅」裡面有電梯直接通往飯店。
　　　　　　JR 跟大阪地鐵長堀鶴見綠地線「京橋駅」走路約 3 分。

 官網　　 訂房　　 地圖

東橫 INN
大阪谷四交差点

單人房　雙人房　雙床房

兒童免費：12 歲以下

這間東橫 inn 離「谷町四丁目駅」非常近，離大阪城也很近。算是交通方便的東橫 inn。12 歲以下免費入住，早餐免費。

· 地　　址：〒 540-0012　大阪府大阪市中央區谷町 4-11-1
· 電　　話：06-6946-1045
· 地鐵站：地鐵谷町線或中央線「谷町四丁目駅」8 號出口前（有電梯）
　　　　　　地下鐵御堂筋線「梅田駅」走路約 8 分

 官網（於官網訂房即可）　　 地圖

A1 日本環球影城
ユニバーサル・スタジオ・ジャパン

地圖 QR code

戶外景點

大阪的日本環球影城，是許多人來關西必定造訪的樂園。東京迪士尼、大阪環球影城，這兩大樂園勢力分別於關東關西鼎立；2001 年日本環球影城開設之後，人氣急速上升，直到 2014 年設立哈利波特魔法世界之後，更推升日本環球影城的來園人數。

在我走訪了東京迪士尼、迪士尼海洋跟日本環球影城之後，很明顯的感覺到日本環球影城的設施比較刺激（類似迪士尼海洋的年齡分眾），對於幼兒來說較不適合。雖然園內有適合小小孩的環球奇境，但大部份設施還是適合身高 92 公分以上的孩子。在電影跟卡通人物的推波助瀾之下，日本環球影城似乎要排隊更久，所以善用來園人數預測網頁挑選入園日期非常重要，如果顯示「混雜」或者「大混」，表示人數很多（不過我曾在來園人數預測日期為「大空」的日子入場，還是要排很久）。如果預算比較充裕的人，也可以利用快速通關券、購買提前入園門票或環球特快入場券或超級任天堂世界™ 區域入場保證券，就能節省排隊時間。

❶ 2001 年開幕的日本環球影城 ❷ 一定要跟環球合照的景點 ❸ 一定要來看最夯的小小兵遊行
❹ 一起遊行同樂吧！

帶小孩去日本環球影城最好要先做功課，列出想要看的表演、小孩能玩的遊樂設施，事先排好比較好。帶著小孩的爸媽跟年輕人要玩的類別絕對不同，全都玩到可能有難度，熱門遊樂設施選一、兩項就好，其他就開心的看秀，再挑選不用排太久的設施去玩就行。至於要不要加買特快入場券或提前入園門票見仁見智，我個人覺得帶著孩子狀況多，真的沒辦法像大人那樣可以拚命往前衝；例如：哈利波特禁忌之旅、飛天翼龍、蜘蛛俠驚魂歷險記等設施，這些設施都是有身高限制 122 公分以上才能搭乘。但如果真的很想要去超級任天堂世界玩，就推薦一定要買區域保證入場券，不然也沒辦法進去。來園人數較少時入園比較重要，如果來園人數少，一些熱門園區或許也不用排太久就能進去（或者等傍晚時再過去就行）。

來園人數預測網頁

可以事先在官網下載園區地圖，玩起來更方便！

中文地圖下載

日本環球影城共分為幾個大區：

哈利波特魔法世界

① 哈利波特魔法世界
② 走入小說場景裡
③ 霍格華茲城堡
④ 奶油啤酒好滋味

哈利波特魔法世界為熱門區域，如果入場人數多，此區入園就會管制，這時必須去出票機抽取入園券（位於哈利波特入口附近）。但如果入場人數不多，或接近傍晚時分，哈利波特魔法世界不需抽整理券就能直接進入。裡面主要遊樂設施有兩個：哈利波特禁忌之旅（身高限制 122 公分以上）及鷹馬的飛行（身高限制 92 公分以上），其他都是餐廳跟商店，還有現場表演青蛙合唱團、魔法三強錦標賽，以及霍格華茲特急火車可以一起拍照。

哈利波特迷來此一定會非常興奮，因為哈利波特魔法世界完全重現哈利波特場景，屋頂積雪的三根掃帚餐廳、霍格華茲特急火車，讓人完全融入其中。也別忘了品嚐奶油啤酒的味道喔！甜甜的不含酒精非常好喝！

環球奇境

這區是小小孩專屬的區域，卡通人物主要為芝麻街、史努比、Hello Kitty 等等。裡面有不少室內跟室外遊樂設施，少部份限制身高為 92 公分以上才能搭乘，例如：飛天史努比、莫比的氣球之旅等等，其他則有許多小小孩也能玩的設施。室內區裡也有許多可以自由參加遊玩的遊具，大部份不需要排隊，小小孩在這區會玩得很盡興。

在環球奇境裡有幾項設施設有「預約乘坐券」，例如：飛天史努比、史努比雲霄飛車大競賽、艾蒙的 GO-GO 滑板、莫比的氣球之旅及艾蒙的泡泡遨遊，可以事先到該設施旁邊預約乘坐，時間到了再回來排隊，可以省去很多時間。另外如果看到該設施有「輪流乘坐」的標示，也代表如果需要輪流顧小孩的爸媽（其中一位小孩因身高限制無法乘坐），爸媽可以一起只排一次隊，兩人再分批去搭乘設施。

有這種預約乘坐符號就能抽券

可以下載日本環球影城官方 app 事先抽快速通關券，可以減少排隊時間喔！

Apple store　　　Android

超級任天堂世界跟其他遊樂設施（侏儸紀公園區、舊金山區、紐約區等）

超級任天堂世界於 2021 年開幕後，成為想去日本環球影城遊客的首選遊樂設施。不過要進入超級任天堂世界，一定要有「區域入場保證券」、「區域入場號碼券／抽籤券」才能進入，建議在購買門票時就可以搭配一起購買。區域內就如同進入超級任天堂的立體世界一樣，讓瑪利歐迷為之瘋狂。有瑪利歐賽車、耀西冒險，還可以搭配能量手環來挑戰。而超級任天堂世界也會不斷擴充，之後還會增設「大金剛」主題園區，園區內會一直增設新設施，要前往時請務必先上官網確認最新消息。

另外，其他遊樂設施還有非常熱門的飛天翼龍、蜘蛛俠驚魂歷險記、侏儸紀公園－乘船遊、大白鯊等設施，身高幾乎都限制在 122 公分以上，有的甚至需要 132 公分以上。這些設施都比較刺激，建議年紀較大的孩子去乘坐。

❶ 適合小小孩的環球奇境 ❷ 伯特和恩尼的奇幻大海 ❸ 艾蒙泡泡遨遊 ❹ 環球奇境三大卡通主角 ❺ 俯衝而下非常刺激 ❻ 放開心胸歡樂玩

日本環球影城園區也一直會有期間限定設施，例如特殊的夏季慶典、跟《航海王》配合的夏季活動、哆啦 A 夢劇場版活動跟萬聖節活動。請務必在出發前再查詢官網目前是否有特別的期間限定活動或設施喔！

街頭秀＆舞台秀

　　環球影城裡有不少舞台秀、街頭秀跟遊行，小小兵遊行最受大人小孩歡迎，也千萬不要錯過期間限定的遊行表演。舉行時間多半在下午時分（依照當天時刻表而定）；水世界的表演秀也很精彩，呈現水上戰鬥及特技表演，沒有任何身高限制都能觀賞；另外位於好萊塢區的芝麻街 4D 電影魔術、史瑞克 4D 歷險記，也都結合電影卡通人物，孩子們也很喜歡。

　　除此之外，環球影城還會不定時推出期間限定特別表演，這些都要上網查詢才行。街頭秀跟遊行每天都有不同的時刻表，需要事先上網察看當天時間。

事先查詢園區開放時間跟表演時刻表請見此，請點選要入園的日期即可

小小兵樂園

　　在環球影城大受歡迎的小小兵也有自己的遊樂區了。小小兵樂園位於舊金山區附近，其中的小小兵瘋狂乘車遊（單獨乘坐身高限制需 122 公分以上，大人同行小孩需身高 102 公分以上），是以小小兵電影場景為主要設計，潛入神偷格魯的住宅兼研究室為背景，搭乘格魯發明的座艙，沿著研究室進行一場驚險刺激的冒險之旅。其他還有小小兵主題商店、玩具店、點心製造工廠等等，喜愛小小兵的人請勿錯過！

❶ 小小兵遊行 ❷ 小小兵周邊商品別錯過 ❸ 小小兵餐車好可愛 ❹ 來個小小兵饅頭 ❺ 小小兵爆米花桶也是人氣商品

🔍 日本環球影城

地址　〒 554-0031 大阪府大阪市此花區桜島二丁目 1-33

電話　0570-20-0606

營業時間　週間 9：00 ～ 19：00、週末 9：00 ～ 21：00

　　　　（需以網站公告為準，每日稍有不同）

休館日　無

官網

 哺乳室　 尿布檯　 幼兒遊戲室　 嬰兒車租借　 遊戲區禁止飲食　 餐飲區　 投幣式儲物櫃

 停車場　 紀念品商店　 9:00-19:00 9:00-21:00　 無休

年齡　　3 歲～成人（比較適合較大孩子遊玩），需大人陪同入場

參觀時間　一整天

嬰兒車　可租借

飲食　　有餐廳

停車場　有

入場費

	一日券（含稅價）
大人票 12 歲以上	￥8600 ～ 9800
4 ～ 11 歲	￥5600 ～ 6200
65 歲以上	￥7700 ～ 8600
0 ～ 3 歲	免費

※ 以上為網路預售票價，票價會隨著不同日期浮動，請以官網為準。

若想在台灣事先購買入場券＋區域入園保證券、提前入場券、快速通關券，可上 KLOOK、KKday、東南、雄獅、可樂旅遊等日本環球影城官方授權網站購買喔！

大人小孩都能玩得很過癮

🚆 交通指南

JR 夢咲線（ゆめ咲線）搭到「ユニバーサルシティ駅」下車，徒步到達。

A2 大阪兒童樂園 Kids Plaza Osaka

キッズプラザ大阪

鄰近景點： A8 大丸百貨 13 樓 Tomica 組合工場
A12 大阪生活今昔館

地圖 QR code

雨天ok!

　　大阪兒童樂園 Kids Plaza Osaka 是兒童的樂園，到處都充滿孩子的歡笑聲，也能充分展現大阪人對於科學教育的愛好，在園區裡處處可見「從玩樂中學習」的精神。這裡適合各種年齡的孩子前來，連小嬰兒都有專屬區域，不過大部份設施適合 2 歲以上的兒童來探索。

　　大阪兒童樂園於 1997 年 7 月開設，共有五層樓，遊樂設施集中在 3 ～ 5 樓之間，目前委由關西電視台放送株式會社經營，因此這棟大樓也是關西電視台的本部所在地。這棟樓緊鄰扇町公園，如果小孩在樂園裡玩累了，也能到扇町公園走走（裡面也有大型遊具）。

　　入場後，別錯過 1 樓大廳馬戲團的可愛裝置，之後再沿著指示搭乘電梯直奔 5 樓，從 5 樓慢慢玩到 3 樓。5 樓是以科學、文化、社會、自然為主的區域，所有的遊樂設施都是結合這些知識而設計出來的，非常好玩！

　　像是科學的部份會有力學、電學等知識融合其中，例如讓小孩跑步來測量速度、利用水力來玩運送遊戲，利用滾球、齒輪來學習力學，結合非常多樣有趣的遊戲器材。在文化社會部份，則是用遊戲的方式將世界各國的生活狀態介紹給孩子，有些區域有各國當地服裝裝扮體驗，也有很多是搭配遊戲來認識這個世界。

❶ 共有五層樓的大阪兒童樂園　❷ 大阪的孩子也常常來這邊玩耍　❸ 1 樓大廳馬戲團裝置　❹ 用科學原理來玩耍

大阪兒童樂園中央的彩色塔樓，是由奧地利藝術家佛登斯列・漢德瓦薩（Friedensreich Hundertwasser）所設計，裡面建構出曲折迂迴的「兒童街道」，對孩子來說這裡是想像天堂，練體力的好地方，可由彩色塔樓從5樓直下4樓，也是大阪兒童樂園的主要特色之處。「兒童街道」雖然很好玩，但常常一個轉彎孩子可能不知道跑到哪裡去，請家長要特別看顧好。

4樓的遊樂樓層則是屬於職業體驗、煮飯區、繪本區還有幼兒區等等。其中的兒童

超商很有趣，小孩可以自己去商店裡選購食材（木頭玩具），然後由孩子自行扮演超商店員，幫忙刷條碼結帳，最後再看看自己的購物費用為何（使用完畢請將食材歸位）。職業體驗區能讓孩子們體驗當警察、郵差、消防員、廚師等職業，郵差得要負責送信到各種商店信箱裡，小小警察也有制服可以穿！3樓則規劃出電腦互動區、創作工坊等區域，每天會舉辦不少活動，有興趣的人可以上官網查詢。

❶ 宛如迷宮般的中央塔樓 ❷ 利用水力邊玩邊學 ❸ 各式職業體驗 ❹ 模擬上超市買菜 ❺ 當餐廳老闆

🔍 大阪兒童樂園 Kids Plaza Osaka

地址	〒 530-0025 大阪市北區扇町 2-1-7
電話	06-6311-6601
營業時間	週二～週五 9：30 ～ 17：00，週末假日 9：30 ～ 19：00
休館日	每月第 2、3 個週一，若週一剛好遇到日本國定假日，則隔天補休 12 月 28 日～ 1 月 2 日休館及 8 月第四個週一 另外有不定時休館，請上官網查詢

官網

 哺乳室　 尿布檯　 幼兒遊戲室　 嬰兒車租借　 遊戲區禁止飲食　 餐飲區　 投幣式儲物櫃

 停車場　 紀念品商店　 二～五 9:30~17:00　 12月28日～1月2日

年齡	全年齡（較適合 2 歲以上孩子遊玩，設有嬰兒區），需有大人陪同入場
參觀時間	2 小時～半天
嬰兒車	可租借，可推進去
飲食	沒有餐廳，展區禁止飲食 可自行帶食物至 4 樓多用途大廳食用
停車場	有

能體驗世界各國不同文化

入場費

	費用
成人（高中生以上）	￥1400
小學生、國中生	￥800
兒童（3 歲～未上小學）	￥500
3 歲以下	免費

🚊 交通指南

地下鐵堺筋線「扇町駅」2 號出口（往 2a、2b 出口有電梯）

JR 環狀線「天滿駅」走路 3 分

扇町
車站內部圖

A3 大阪樂高樂園探索中心
Legoland discovery center
レゴランド・ディスカバリー・センター大阪

地圖 QR code

雨天ok!

鄰近景點： A10 大阪海遊館 / 天保山摩天輪 / 聖瑪麗亞號搭遊船

來大阪怎能不帶孩子去天保山區域呢？光是天保山就有海遊館、大阪樂高探索中心、聖瑪麗亞號帆船、大摩天輪等設施，在裡面盡情地玩樂一整天也不為過！而大阪樂高樂園探索中心，則是丹麥樂高集團來日本設立的第二間室內遊樂園，於 2015 年成立，設施還很新穎！雖然 2017 年 4 月在名古屋也開設了大型樂高樂園，但是小而美的大阪樂高樂園探索中心相對票價比較便宜。2017 年 4 月起，持新版大阪周遊卡也能免費入場（有使用限制，請見票價處說明），很值得帶孩子來玩！

大阪樂高樂園探索中心位於天保山 Market Place 購物中心 3 樓，有許多用樂高積木搭建起來的遊樂設施，其中包括 4D 戲院、LEGO 賽車、射擊遊戲、LEGO 教學、生日派對室、忍者訓練中心、DUPLO 農場等等區域，裡面也設有咖啡廳、哺乳室等區域，設施非常完善。

❶ 2015 年開設的大阪樂高 ❷ 天保山入口處就有樂高長頸鹿 ❸ 樂高世界充滿童趣 ❹ 孩子在大阪樂高能盡情玩耍 ❺ 孩子玩樂高創造出各種可能

一進入大阪樂高，會先進入影片播放區（此處禁止攝影），經過這一關卡後，樂高的大門就為你開啟！大阪樂高內部呈現馬蹄狀，所有設施都在同一樓層裡。可先到 City Play Zone 去爬上爬下，這裡是只有孩子專屬的空間（需脫鞋進入），大人可以在外頭等待。接下來可以到迷你樂園參觀用一百萬個迷你樂高打造出來的大阪街景，天保山區域、通天閣、大阪車站等地都栩栩如生！別忘了等到它變成夜景還會施放煙火呢！

孩子最愛的 LEGO 賽車區，能夠自己用迷你樂高組裝賽車，然後拿到旁邊的賽道去試車。DUPLO 農場、奧利維亞的家，是無論男女生小朋友都很愛的樂高 DIY 區域，有溜滑梯、卡拉 OK 歡唱室、自由自在組裝樂高，盡情發揮孩子想像力。

當然，也別錯過樂高的 4D 戲院，從四面八方體驗樂高的電影世界。射擊遊戲區域能讓孩子搭車進行一趟冒險之旅。忍者體驗區反而較少樂高遊戲，而是以訓練忍者的技巧來設計遊戲，不過這裡也是孩子很喜歡的一區！館內也設有樂高教室，定期舉辦教學活動，可以現場自由報名。館內餐廳提供輕食，在中央的餐廳區可以飲食，其他餐飲在天保山 Market Place 購物中心裡有不少選擇。

❶ 迷你樂園重現大阪街景　❷ 也能欣賞到模擬夜間煙火喔　❸ 4D 樂高電影非常有趣　❹ LEGO 賽車區自己動手做賽車　❺ 奧利維亞的家風格可愛　❻ DUPLO 農場有個小溜滑梯　❼ 孩子玩到不亦樂乎

🔍 大阪樂高樂園探索中心

地址	〒552-0022 大阪市港區海岸通 1-1-10 天保山 market place 3F
電話	0800-100-5346
營業時間	週一～週五 10：00～19：00，週末假日 10：00～20：00
休館日	每個月休館日不定時，請見官網（營業時間可能稍微有所調整）

官網

 哺乳室 尿布檯 遊戲區禁止飲食 投幣式儲物櫃 停車場 餐飲區 紀念品商店 10:00-19:00 10:00-20:00 不定休

年齡	3 歲～10 歲（適合年齡較小的孩子遊玩），需大人陪同入場
參觀時間	3 小時
嬰兒車	嬰兒車可推進去，有嬰兒車放置區
飲食	有餐廳，遊樂區禁止飲食
停車場	有
入場費	有多種票款，可以預先購買會有不少折扣

持大阪周遊卡可免費入場 （一張可讓一人免費入場，若遇滿額或包場不得入場）		官網預先購票	
3 歲以上	￥2800	3 歲～成人 1 位票價	￥2200
0～2 歲	免費		

※ 於官網上購票可以直接用信用卡刷卡付款，之後會收到確認 email，直接出示 email 裡的訂購號碼於入場處換票即可（不一定要列印）。

🚋 交通指南

大阪市地下鐵中央線「大阪港駅」下車走路 5 分鐘，沿路標示都很清楚

大阪港駅 車站內部圖

A4 KidZania 甲子園兒童職業體驗設施

キッザニア甲子園

雨天ok!

鄰近景點：A31 阪神甲子園球場／甲子園歷史館
A35 Lalaport 甲子園

地圖 QR code

位於兵庫縣西宮市的 KidZania 甲子園，為國際連鎖的兒童職業體驗設施，目前在日本連同東京甲子園共有兩間分店。兩間分店都是提供各式豐富的職業體驗場所，讓孩子在體驗、角色扮演及遊樂的過程中，邊學習到各行各業的專業，又能玩得很開心。這種結合寓教於樂的遊樂園方式，讓 KidZania 在日本一直非常受到爸媽及孩子喜愛。

KidZania 甲子園位於甲子園球場正對面的 LaLaport 甲子園購物中心（ららぽーと甲子園），距離大阪市區從梅田站搭乘阪神電鐵車程約 25 分鐘。到了「甲子園駅」再走一下，就會到達甲子園球場跟 LaLaport 甲子園購物中心，交通非常方便，很建議來這區可以安排孩子在 KidZania 甲子園玩上半天，然後在購物中心裡用餐購物，之後再去 A31 阪神甲子園球場／甲子園歷史館參觀。如果剛好遇到甲子園球場有賽事，也能購票觀賞。

KidZania 甲子園裡面共有約 100 多種職業體驗，基本上一次是玩不完的。它分成兩個入場場次，第一回入場 9：00 ～ 15：00、第二回入場 16：00 ～ 21：00，兩場之間會清場，第一回比第二回入場價稍貴些。因為 KidZania 甲子園很熱門，常有日本的小學跟幼稚園學生來玩，所以建議可先行上網預約入場門票。

❶ 有趣又好玩的職業體驗樂園 ❷ 園內有約 100 多種體驗設施 ❸ 孩子們都能親自當消防員喔／圖片提供：KidZania 甲子園 ❹ 位於 LaLaport 甲子園購物中心

❶ 每週三為英語體驗日／圖片提供：KidZania 甲子園 ❷ 家長需在設施外頭等待 ❸ 設施會註明是否能英語溝通 ❹ 於場內使用的 kidZos 紙鈔／圖片提供：KidZania 甲子園 ❺ 許多設施都能以英語溝通 ❻ KidZania 工作卡／圖片提供：KidZania 甲子園

雖然 KidZania 甲子園主要以日語來溝通，但許多設施的工作人員都能用英語溝通，每週三也有英語日，能以全英語溝通。如果孩子英日語都聽不懂也沒關係，其實小孩自己會找到辦法，家長們請放心地讓孩子去闖一闖吧！帶孩子來 KidZania 體驗，家長無法一起進入各個設施，得在外頭等待，主要是為了培養孩子的獨立精神。這裡設有家長休息區，可以等孩子玩夠了再來會合也可以。

進入 KidZania 甲子園後辦完入場手續，會先領到 50 元 kidZos（キッゾ）、館場地圖跟工作卡（JOB スケジュールカード）。有些職業體驗是屬於要付費的「消費者職業」，這時就必須拿你的 kidZos 紙鈔付費參加；而有些職業體驗是屬於可以賺錢的「生產者職業」，只要工作完畢就能拿到 kidZos 紙鈔當作酬勞。這些 kidZos 紙鈔也可以存起來下次入館再使用，不會有期效限制。孩子持工作卡到希望體驗的職業地點，將工作卡交給現場工作人員，工作人員會看目前預約狀況，請孩子在現場等待入場，或是預約好時間再請孩子回來體驗。不過請注意！不能一人重複預約體驗兩次喔！

KidZania 甲子園裡共有約 100 種職業，分為餐飲類、車輛相關、製造業、服務業、機械、運動相關、傳播／研究、顧客服務、娛樂業、流行設計業等十大類職業體驗類別，建議在出發前先跟孩子一起研究他希望體驗的職業，到時會比較清楚知道要先預約哪些職業。比較熱門的是餐飲業，例如跟森永乳業配合的牛奶製品屋（ミルクハウス），可以讓孩子自己製作跟牛奶相關的食品，而且牛奶製品屋裡也設有一個貼心的幼兒遊戲區！另外像是食品開發中心（食品開発センター）、做麵包、蛋糕的地方都很受歡迎。除此之外，孩子還能來這裡一圓機長夢跟空姐夢，航空產業區也是非常有人氣的體驗區。

小孩所熟知的黑貓宅急便，在這邊也能體驗宅配運送員的工作過程。當然警察局、消防署、醫院、銀行員、飛機機場、空服員各種職業都有設置。喜愛表演的孩子還能參加劇場表演、舞台走秀，整點時在 KidZania 城的時鐘前表演！

建議先上 KidZania 網站跟孩子討論想體驗的工作，事先挑選 6 ～ 7 樣工作即可。

❶ 牛奶製品屋職業體驗 ❷ 食品相關的工作很熱門 ❸ 園內也有幼兒遊戲區！ ❹ 體驗當個宅配人員吧！ ❺ 小小機長們好帥氣 ❻ 非常逼真的機長室 ❼ 座艙區栩栩如真 ❽ 當個電台 DJ 也不錯 ❾ 也能體驗醫護人員的辛勞 ❿ 電車司機也是熱門選項 ⓫ 修車廠設施能親自體驗／圖片提供：KidZania 甲子園

KidZania 甲子園兒童職業體驗設施

官網

地址	〒 663-8178 兵庫縣西宮市甲子園八番町 1-100
電話	0570-06-4343（客服電話時間 10：00 ～ 18：00）
營業時間	第一回入場 9:00 ～ 15：00、第二回入場 16：00 ～ 21：00

 哺乳室　 尿布檯　 幼兒遊戲室　 投幣式儲物櫃　 停車場　 餐廳　 紀念品商店　 9:00-15:00 16:00-21:00　 無休

年齡	3 歲～ 15 歲，需大人陪同入場，0 ～ 2 歲孩童無法體驗但可陪同入場
參觀時間	半天，分不同場次
嬰兒車	有放置場（在 3 樓，請洽服務人員）
飲食	有餐廳，工作區禁止飲食
停車場	有（在 LaLaport 甲子園購物中心裡）

入場費（一般預約金額）

	平日	週末 / 假日	連休日（黃金週等）
3 歲～ 6 歲	第一場￥3800 第二場￥3200	第一場￥4800 第二場￥3800	第一場￥6100 第二場￥4400
小學生	第一場￥4300 第二場￥3500	第一場￥5300 第二場￥4300	第一場￥6600 第二場￥4900
國中生	第一場￥4300 第二場￥3500	第一場￥5300 第二場￥4300	第一場￥6600 第二場￥4900
大人	￥2300 ～ 2800		
60 歲以上	￥1200 ～ 1700		
0 ～ 2 歲	免費		

※ 還有許多配套折扣方案，請見日文官方網站。以上入場費需另加消費稅。

🚇 交通指南

甲子園駅
車站內部圖

從大阪「梅田駅」搭乘阪神電車在「甲子園駅」下車，東改札口出站後
步行至 LaLaport 甲子園購物中心裡。

A5 Big Bang 大阪府立大型兒童館

大阪府立大型児童館ビッグバン

鄰近景點： A18 腳踏車博物館　A29 大泉綠地

地圖 QR code

雨天ok!

在大阪南部的堺市地區，有個漫畫迷、宇宙迷跟兒童該來朝聖及玩耍的地方：Big Bang 大阪府立大型兒童館，因為它不僅是個兒童遊戲館場，更因為這裡的名譽館長

為《銀河鐵道 999》的漫畫家松本零士，讓這裡變得更為特別。Big Bang 大阪府立大型兒童館外觀看起來就像艘宇宙飛船，降落在大阪南部的堺市購物商場旁。

❶ 好像宇宙飛船的 Big Bang ❷ 孩子玩樂的好去處

如何從泉ヶ丘駅走到 Big Bang

雖然從大阪來此交通是遠了點，得搭乘大阪地鐵御堂筋線往南到最後一站「なかもず駅」，出站後稍微走一點路換搭泉北高速鐵道的「中百舌鳥駅」，再搭兩站就到達「泉ヶ丘駅」，從「泉ヶ丘駅」出站後

往泉北高島屋方向走，再經過 Panjo 購物中心，就會到達 Big Bang 大阪府立大型兒童館。不過好處是這裡飲食好找，購物也很方便，還能讓小孩去 Big Bang 發洩精力，算是一舉三得的好去處。

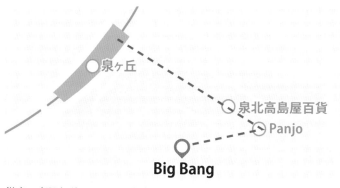

泉ヶ丘

泉北高島屋百貨

Panjo

Big Bang

從泉ヶ丘駅走到 Big Bang 路線圖

❶ Big Bang 吉祥物鱷魚君 ❷ 松本零士所創造的角色 ❸ 大廳電梯很有宇宙冒險感 ❹ 電腦互動區 ❺ 幼兒專屬遊戲空間 ❻ 孩子的冒險空間 ❼ 以鱷魚為主的遊樂區域 ❽ 孩子消耗體力的好地方

　　Big Bang 大阪府立大型兒童館一進門就可看到松本零士設計的幾個角色；鱷魚君（ワニタン）是這裡的吉祥物，還有貝阿魯船長（ベアル）跟梅羅飛行員（メロウ），都是松本零士在《來自宇宙的訪問者——貝阿魯和梅羅的雄偉遊記》裡所創作的角色。電梯則是火箭艙門造型，感覺搭了這個電梯，就能出發去宇宙探險！

　　Big Bang 主要設施有四層樓跟遊具塔樓，主要遊樂設施集中在 2 樓～4 樓，孩子還有體力的話，還可以去遊具塔樓爬上爬下。我覺得這裡真的很適合體力充沛的小孩，尤其是小男生，真的可以消耗許多精力。

　　2 樓主要是體驗工房跟電腦互動區，這裡也有幼兒遊戲區，讓幼兒有安全的遊樂空間。3 樓則是非常消耗體力的區域，其中

一區以鱷魚為主題，設計出讓孩子能在其中探險的冒險叢林，也可以像泰山一樣，拉著繩子盪過去。此處利用鱷魚做成一個大型綜合遊具，同時也呼應遠古時期曾經在大阪地區生活過的待兼鱷（目前已經絕滅），因而讓松本零士創作出 Big Bang 的吉祥物鱷魚。

　　如果孩子還有體力，可以繼續往 4 樓探險。4 樓有玩具太空飛船、復古街景能體驗復古童玩，以及利用科學為主軸的遊樂設施。可以帶孩子經由通道到遊具塔樓從 4 樓爬到 8 樓，因為在攀爬的過程孩子必須獨立完成（爸媽能在旁觀看），所以建議想要玩遊具塔樓的孩子，年齡可能至少要 4 歲以上才適合喔！

Big Bang 大阪府立大型兒童館

地址	〒 590-0115 大阪府堺市南區茶山台 1 丁 9 番 1 号
電話	072-294-0999
營業時間	10：00 ～ 17：00（最後入館時間 16：30）
休館日	每週一、12 月 28 日～ 1 月 1 日跟 1 月、9 月有不定期休館（請見官網）

官網

 哺乳室 尿布檯 幼兒遊戲室 展區禁止飲食 餐飲區 投幣式儲物櫃

 停車場 紀念品商店 10:00-17:00   每週一 12/28~1/1

年齡	全年齡，需大人陪同入場
參觀時間	2 小時～半天
嬰兒車	嬰兒車可推進去，若嬰兒車想停放樓下，請洽櫃台
飲食	有餐廳，展區禁止飲食，3 樓有休息室可飲食
停車場	有
儲物櫃	在 3 樓

入場費

	費用
大人	￥1000
中學生	￥800
小學生	￥800
3 歲～小學生	￥600
未滿 3 歲	免費

從泉ヶ丘下車後走連通道

到了 Panjo 會看到一個連通道入口

從這裡出來後就能看到 Big Bang

🚃 交通指南

搭大阪地鐵御堂筋線到「なかもず駅」換乘泉北高速鐵道（需出站換車），搭到「泉ヶ丘駅」下車出站後往右轉，朝「いずみがおか廣場」方向走去，經過高島屋 /Panjo 購物中心，就會找到一個連通道直達 Big bang，約 10 分鐘。

泉ヶ丘駅
車站內部圖

A6 天王寺動物園

鄰近景點：**A7** 天王寺公園 -Playville **A23** 通天閣
A26 阿倍野 HARUKAS 300 展望台
A38 阿倍野 Q's Mall

地圖 QR code

戶外景點

　　帶孩子來大阪，多半會把天王寺動物園排入行程裡。位於天王寺公園區域裡的動物園不僅是孩子喜愛的動物園，持大阪周遊卡入場也能免費呢！（一張周遊卡可讓一位大人免費入場，小孩國小～國中需付兒童票價，國小以下免費入場。）這裡不僅方便到達，而且也能將天王寺公園區域周邊的景點安排在同一天：通天閣、天王寺公園、天王寺公園裡的 Playville、阿倍野 HARUKAS 300 展望台跟阿倍野區逛街，在這區就足夠消磨一整天時間。

　　天王寺動物園算是日本歷史悠久的動物園，在 1915 年就已開園，但人氣一直保持不墜，居於日本人氣動物園第三名。園中飼養了 230 種 900 多頭動物，佔地廣大共有 11 公頃，也因為園區較大，所以一些動物的飼養空間也很大，例如納茲比國家公園區（NZABI NATIONAL PARK）專門展示非洲動物，在裡頭能看到獅子、老虎跟長頸鹿等非洲動物。

1

2

3

4

5

6

7

❶ 大阪天王寺動物園 ❷ 園內動物種類繁多 ❸ 孩子在此都能玩得很開心 ❹ 觀看動物的距離安全又舒適
❺ 納茲比國家公園區 ❻ 老虎籠舍重新整修過 ❼ 許多人會帶孩子來逛

天王寺動物園裡也設有爬蟲類生態館、熱帶雨林區、鳥類區等等，展示動物種類豐富，來這邊保證能讓孩子跑跑跳跳消耗精力至少 3 個小時以上。

❶ 非洲動物區佔地寬廣　❷ 可觀賞餵食動物的狀況

🔍 天王寺動物園

地址	〒 543-0063 大阪市天王寺區茶臼山町 1-108
電話	06-6771-8401
營業時間	9：30 〜 17：00（最後入館時間 16：00）
休館日	每週一，12/29 〜 1/1

官網

哺乳室　尿布檯　嬰兒車租借　遊戲區禁止飲食　餐飲區　紀念品商店　9:30~17:00　每週一

年齡	皆適合，小孩需大人陪同入場
參觀時間	3 小時
嬰兒車	可租借，一次 300 日幣（佔地較廣，建議推嬰兒車）
飲食	有餐廳

入場費

持大阪周遊卡使用當日入場免費	
高中生以上	￥500
小學生〜國中生	￥200
小學生以下	免費

寓教於樂的天王寺動物園

🚋 交通指南

搭乘大阪市地鐵堺筋線至「動物園前駅」走路 5 分鐘。1 號出口最近（無電梯，僅有樓梯），5 號出口有電梯。

動物園前駅
車站內部圖

A7 天王寺公園 -Playville
プレイヴィル

地圖 QR code

雨天ok!

鄰近景點：A6 天王寺動物園　A23 通天閣
A26 阿倍野 HARUKAS 300 展望台
A38 阿倍野 Q's Mall

　　大阪的天王寺公園，靠近通天閣、動物園的區域為比較舊的天王寺公園區，但靠近阿倍野跟天王寺站那一區，已搖身一變為時尚又休閒的區域。2015 年在天王寺公園靠近天王寺那個區域，另闢了一個稱為 TEN-SHIBA（てんしば）的複合式公園區，結合寬廣綠地、舒適的餐廳跟店鋪，還有販售幼兒用品的 BørneLund 所開設的兒童遊樂園 Playville，讓這區的天王寺公園適合家庭帶孩子一起來玩耍。整個天王寺公園區基本

可以玩上一整天，我建議白天先去通天閣跟動物園，下午傍晚慢慢順遊過來，到 TEN-SHIBA 跟阿倍野區待到晚上也很適合。

　　之前在《東京親子遊》一書中介紹過 BørneLund 所開設的 KID-O-KID，是屬於室內遊樂空間，在關東地區店鋪很多。大阪跟神戶也有 KID-O-KID，但是 BørneLund 底下的 Playville，則是在 2015 年為了特別進駐 TEN-SHIBA 所設計的兒童遊樂園地。

❶ 天王寺公園新整修的 TEN-SHIBA　❷ 裡面有許多餐廳跟商店　❸ playville 結合戶外與室內遊戲區
❹ 天王寺公園的 playville　❺ 場地寬廣遊具很多　❻ 有不少益智類遊具

這裡結合寬闊的室內遊戲區、創作區跟戶外遊戲區，每項遊樂設施都非常適合小孩遊玩，而且價格很親民。票價是一個大人加一個小孩入場玩一整天只要 1500 日幣！如果玩累了想出去吃個飯，只要憑當天入場手環就可以再進場，這在其他以小時計費的 KID-O-KID 遊樂設施可是很少見的高 CP 值唷！

這裡真的非常非常好玩，而且遊樂器材包羅萬象，除了一般室內遊樂園常見的玩具、積木、體能區，可以讓孩子盡情活動放電，也設有專門給 2 歲以下的幼兒區，讓小寶寶們能不被橫衝直撞的大孩子打擾，安靜玩耍。

❶ 幼兒體能區 ❷ 創作區讓孩子動手做 ❸ 開心玩泥巴 ❹ 盡情繪畫 ❺ 野外烹飪遊戲爐灶
❻ 大型戶外遊具 ❼ 可以玩得很瘋的沙坑

我特別喜歡的就是創作區。在這裡小孩能光明正大的玩泥巴，亂捏亂揉都很自由，也能在大大的圖畫紙上盡情作畫。還會定時舉辦教學課程，中間還有一個可以躲貓貓的故事屋，讓小朋友可以在這裡聽故事玩耍。

還不只如此呢！Playville 最特別之處就是它的室外遊戲空間。寬廣的沙坑，同時有七、八個孩子一起玩也很自在。旁邊還

備有小雨鞋，讓孩子更能盡情的玩耍。室外還有溜滑梯、盪鞦韆、辦家家酒的小木屋、野外營炊辦家家酒區等等，來這邊孩子大概都會玩上至少 3 個小時，這也是我把 Playville 景點擺在下午的原因。早上可以先帶孩子去天王寺動物園、通天閣，中午稍作休息後有體力再來玩 Playville，一路玩到關門打烊，非常值回票價。

🔍 天王寺公園 -Playville

官網

地址　〒 543-0063 大阪府大阪市天王寺區茶臼山町 5 番 55 號
　　　天王寺公園「てんしば」內
電話　06-6777-9889
營業時間　9：00 ～ 19：00（最後入館時間 18：30）
　　　　　11 月～ 2 月營業時間為 9：00 ～ 18：00（最後入館時間 17：30）
休館日　不定時休館，請查詢官網

哺乳室　尿布檯　幼兒遊戲室　遊戲區禁止飲食　嬰兒車停放區　餐飲區

投幣式儲物櫃　停車場　9:00~19:00 9:00~18:00　不定休

年齡　　　0 歲～ 12 歲，需大人陪同入場
參觀時間　2 小時～半天
嬰兒車　　有放置場（嬰兒車不能推進去）
停車場　　有（於天王寺公園設有地下停車場）
入場費

場外設有嬰兒車放置區

	費用
一大一小一日套票	平日 ¥1800/ 假日 ¥2300
追加人數成人 1 人	600

※ 小孩無論年紀多小都要買票。

🚋 交通指南

地下鐵御堂筋線・谷町線「天王寺駅」
JR「天王寺駅」從公園口出來過街即可看到 TEN-SHIBA
近鐵「大阪阿部野橋駅」
阪堺上町線「天王寺駅前駅」

天王寺駅
車站內部圖

A8 大丸百貨 13 樓 Tomica 組合工場

トミカ組み立て工場

鄰近景點： A2 大阪兒童樂園 Kids Plaza Osaka
A25 梅田藍天大廈展望台

地圖 QR code

雨天ok!

多美小汽車（Tomica）在許多孩子心目中都佔有重要的地位，尤其是家有男孩的爸媽，幾乎沒有人不知道 Tomica 小汽車。而 Tomica 小汽車的專賣店在關西地區只有一間，位於大阪梅田大丸百貨 13 樓裡。如果家裡有熱愛 Tomica 小汽車的孩子，爸媽可以考慮來這邊盡情選購 Tomica 系列產品。

雖然帶孩子來這裡，爸媽的荷包可能會大失血，但大阪的 Tomica 專賣店有一個很特別的地方，就是裡面設有 Tomica 組合工場。全日本的 Tomica 專賣店裡設有組合工廠的只有東京駅一番街店鋪跟大阪大丸梅田店，說什麼也要帶孩子來體驗一下。

Tomica 組合工場就是讓孩子可以自己選擇喜愛的 Tomica 小汽車顏色跟零件，然後由 Tomica 店員帶領之下一步一步將車子組裝起來。也可以讓愛車的孩子們知道原來

Tomica 小汽車是這樣組裝而來的。每次體驗組裝一台車費用為 600 日幣（未稅），而且每十天就會推出不同的組裝車款，所以就算是來好幾次也能組裝到不同的車子。在現場還有 Tomica 小汽車試玩區，裡面展示了六、七種 Tomica 小汽車的場景，能讓孩子開心盡情玩耍。同一樓層裡還有口袋怪獸專區，也能一起逛逛。

❶ Tomica 小汽車受到孩子喜愛 ❷ 位於大阪梅田大丸百貨 13 樓 ❸ 來這邊小心荷包大失血 ❹ 很特別的 Tomica 小汽車組合工場

❶ 挑選喜愛的車款，每十天都有不同的車款變化 ❷ 店員引導孩子一起組裝
❸ 最後用機器鎖上螺絲 ❹ 從窗口能看得很清楚

🔍 大丸百貨 13 樓 Tomica 組合工場

地址　　　〒 530-8202 大阪市北區梅田 3-1-1 大丸梅田店 13 樓
電話　　　06-4796-6255
營業時間　10：00 ～ 20：00
休館日　　1 月 1 日，依照大丸百貨休館日

官網

哺乳室　尿布檯　嬰兒車停放區　遊戲區禁止飲食　投幣式儲物櫃　停車場　餐飲區　紀念品商店

10:00-20:00　1/1

年齡　　　2 歲～ 12 歲
參觀時間　2 小時
哺乳室　　大丸百貨 10 樓
嬰兒車　　大丸百貨服務台可租借
飲食　　　大丸百貨裡設有餐廳（美食區在 14 樓）
停車場　　有
入場費　　無（製作小車為一輛 600 日幣一台）

關西唯一 Tomica 直營店鋪

🚌 交通指南

JR「大阪駅」/ 大阪地鐵御堂筋線「梅田駅」/ 阪急「梅田駅」/ 阪神「梅田駅」

從 JR、大阪地鐵、阪神都有地下連通道可到大丸百貨

A9 枚方公園
ひらかたパーク

鄰近景點：A20 京阪電車博物館 SANZEN-HIROBA
A37 KUZUHA MALL 樟葉購物中心／枚方蔦屋書店

戶外景點

地圖 QR code

枚方公園位在大阪郊區的枚方市裡，從大阪梅田搭車過去大約 40 分鐘車程，轉京阪本線到「枚方公園駅」下車後，走路約 10 分鐘左右可到達。枚方公園在大阪環球影城開幕前，是大阪市民很常去的遊樂園，但在環球影城開幕後相形失色，不過枚方公園仍盡力創造特色，找來 V6 的岡田准一擔當園長角色，也因此吸引不少人前來。

這裡非常有歷史意義，是日本最早開設的遊樂園，裡面也有許多小小孩能玩的遊樂設施。1996 年進行大型整修後，目前由京阪電鐵營運，同時也推出京阪電鐵跟枚方公園的優惠套票。

枚方公園為中型遊樂園，裡面最有代表性的設施為 skywalker 七彩摩天輪，從遠處就能看到，也有不少情侶來此約會。園內總共有 43 項遊樂設施，讓人覺得刺激的雲霄飛車、大墜落麥特歐（類似大怒神的設施）、鬼屋、旋轉木馬等等一應俱全，也有適合小小孩乘坐的遊樂專區，不過這裡的設施還是有些歷史感，雖然沒有這麼新穎，但在節慶假日還是能看到許多日本人來此玩樂。

園內也很注重不同季節的應景裝飾，我造訪時正值萬聖節，到處都能看到美麗的南瓜裝飾。夏天會開設游泳池跟水樂園，冬天則有滑冰場和玩雪區，在聖誕節前後時段也會有炫麗的聖誕燈飾可以欣賞，園內還設有小型動物園可以跟小動物親近玩耍。

枚方公園於 2013 年找來枚方市出身的 V6 岡田准一當代言人，化身為枚方公園園長，名叫「超ひらパー兄さん」，常常以搞笑跟爆走行為，刺激年輕人來園人數，官網可以看目前園長的最新搞怪計畫！

❶ 大阪人喜愛的枚方公園 ❷ 有不少刺激遊樂設施 ❸ 七彩摩天輪是地標
❹ 會依不同季節佈置 ❺ 枚方公園園長搞笑為特色 ❻ 有許多遊樂設施
❼ 大人小孩都愛玩

枚方公園

地址	〒573-0054 大阪府枚方市枚方公園町 1-1
電話	072-8443475
營業時間	週間 10：00～17：00、週末 10：00～18：00
休館日	一般為週二，但不定時休館，請查詢官網

官網

 哺乳室　 尿布檯　 嬰兒車租借　 餐飲區　 投幣式儲物櫃　 停車場　 10:00~17:00 10:00~18:00　 週二

年齡	2 歲～大人，許多遊樂設施嬰兒也可以跟大人一起參加
參觀時間	3 小時～半天
嬰兒車	有，租借費用為 500 日幣，需另付押金 1500 日幣
飲食	有餐廳，園內有好幾家連鎖餐廳及美食區：麥當勞、蘋果樹蛋包飯等等
停車場	有
入場費	

入園券現場購入

	入園券	入園券＋遊樂設施全包券
成人（國中生以上）	￥1600	￥4600
小學生	￥900	￥3900
2 歲～未上小學	￥900	￥2600
0 歲～2 歲	免費	另付（依規定）

可以只購買入園券，想要參加的遊樂設施再另外用現金付費即可，付費價格約為 ￥300～￥800 不等。但如果要玩超過 6 樣設施以上，購買入園券＋遊樂設施全包券比較划算。

※ 購買枚方公園門票時，請出示當日使用的京阪電鐵一日或兩日券以及京阪電鐵交通券所附的景點優惠券 coupon（需撕下使用），門票才能享有折扣。但若只出示交通券則無折扣，請特別注意。

交通指南

從大阪或京都市區換乘京阪電車到「枚方公園駅」下車後，再走路約 10 分鐘左右可到達。

出站後靠右邊商店區直走，然後右轉至大阪王將餐廳附近，再沿著大馬路直走（一直靠右邊走），就能看到枚方公園了。

A10 大阪海遊館／天保山摩天輪／聖瑪麗亞號搭遊船

海遊館、天保山大観覧車、サンタマリア

鄰近景點： A3 大阪樂高樂園探索中心

地圖 QR code　　有室內也有室外景觀

雨天ok!　戶外景點

位於大阪港區的天保山港灣村區域，為 1990 年規劃完成的一個複合式遊樂區。這裡佔地廣大，遊樂設施很多，非常適合家庭前來遊玩，通常可以花上半天到一天時間停留，這裡也是大阪人假日會來的景點。

在天保山這區有許多適合全家大小的遊樂設施，其中包括：

・大阪海遊館：大阪最受歡迎的水族館
・天保山摩天輪（天保山大観覧車）：曾是全世界最大的摩天輪
・大阪樂高探索中心：位於天保山市場街，請見 A3 大阪樂高探索中心介紹（第 68 頁）。
・聖瑪麗亞號：可搭乘復古的帆船探索港灣
・天保山市場街：購物中心及餐廳

如果搭配大阪周遊卡的優惠方案，就能以划算的金額，在天保山全家人玩上一整天！

❶ 天保山市場街及摩天輪　❷ 孩子喜愛的大阪海遊館　❸ 聖瑪麗亞號復古帆船　❹ 天保山地標：樂高長頸鹿
❺ 佔地廣闊的大阪海遊館　❻ 能從各個角度觀賞

大阪海遊館

大阪海遊館是以再現大自然環境為概念，將「環太平洋火山帶」和「環太平洋生命帶」的海中生物為主軸，設計共 15 個以上的大水槽。每個水槽都代表環太平洋的特定區域，其中最大的水槽為 5400 立方公尺，在這個大水槽裡可觀賞到世界上最大的魚類：鯨鯊，非常壯觀！

整個大阪海遊館內部為螺旋狀設計，15 個水槽依動線在你面前逐一展開。到了海遊館裡，要先搭手扶梯到最高的 8 樓，再一層層沿著螺旋狀斜坡邊觀賞邊走下來。一般來說，攜帶嬰兒車的遊客在搭手扶梯上樓時，會請你將嬰兒車收起把小孩抱著，或者跟大人一起站著搭上去；館內也有電梯，但多半是開放給輪椅使用者，若真的需要用到電梯請洽服務人員。

在館內還設有三個能跟動物親近的區域，其中包括「北極」的圓頂型水槽，裡面有可愛的環斑海豹在等著你喔！「福克蘭群島」則是跳岩企鵝展示的區域，可以近距離的看到跳岩企鵝棲息的樣貌。「馬爾地夫群島」則展示鯊魚和魟魚，其中魟魚池可以讓大家親手摸摸牠來體驗。

❶ 螺旋狀的觀賞走道　❹ 海遊館代表魚類：鯨鯊　❸ 能親手觸摸　❹ 與跳岩企鵝親近

大阪海遊館裡面沒有海豚秀或是海洋生物表演，但可以帶孩子去看餵食海洋動物的情形，每個時段都有不同的海洋動物餵食秀，入館後可以留意一下當日的公告，或是事先上網查好想去看的動物餵食秀時間跟地點。

海洋動物餵食秀時間表，以館方當日公告為準

天保山摩天輪

一到了天保山港灣村區域,遠遠就能看到巨大的天保山摩天輪轟立在天保山市場街旁,非常壯觀!摩天輪直徑達 100 公尺、高達 112.5 公尺,搭著它繞行一圈需要 15 分鐘,天氣好時能看到大阪港區周遭的美麗景色。搭配大阪周遊卡可免費搭乘,但請記得小孩 3 歲需要買票入場。在夜晚時分,摩天輪的照明燈會預報隔天天氣,紅色表示晴天、綠色表示多雲、藍色表示雨天,若夜間來天保山,也別忘了欣賞這個美麗的景色。

聖瑪麗亞號

聖瑪麗亞號也是來天保山不可錯過的搭船體驗。這艘船是模仿哥倫布發現新大陸時所駕駛的聖母瑪麗亞號,以原船 2 倍尺寸來打造的觀光帆船。聖瑪麗亞號會沿著大阪港繞行一圈,分白天跟夜間航線,航程時間為 45 分鐘(白天航程),看你想體驗哪種乘船經驗可自行選擇。每個小時有一班船,建議利用大阪周遊卡來搭船。持大阪周遊卡的人不需要至票口換票,直接持周遊卡到乘船處給工作人員看即可。若當天天氣狀況不適合航行,聖瑪麗亞號會取消行程,要特別留意這一點!

❶ 巨大的天保山摩天輪　❷ 帆船充滿復古風情　❸ 每次航程約 45 分鐘　❹ 可眺望大阪港風光!

大阪海遊館 / 天保山摩天輪 / 聖瑪麗亞號

地址　〒 552-0022 大阪府大阪市港區海岸通 1-1-10（大阪海遊館）

電話　海遊館：06-6576-5501、天保山摩天輪：06-6576-6222、聖瑪麗亞號：0570-04-5551

營業時間　海遊館：10：00 ～ 20：00，休館日：無（會臨時休館，請見網站公告）、天保山摩天輪：10：00 ～ 22：00（會依日期稍有調整），休館日：無（每年一、二月份會有臨時休息日）、聖瑪麗亞號：日間船班（每整點一班）11：00 ～ 17：00、夜間船班（需預約）19：00 出發（會依天候臨時休息，請見現場公告）

海遊館

天保山摩天輪

聖瑪麗亞號

哺乳室　尿布檯　展區禁止飲食　投幣式儲物櫃　停車場　餐飲區　紀念品商店

年齡　適合全年齡　參觀時間　半天～一整天

嬰兒車　都可推進去

飲食　海遊館、天保山市場街都有餐廳，海遊館展區禁止飲食，除了嬰兒食品之外

停車場　有

海遊館	費用
60 歲以上	￥2200
高中生以上	￥2400
小學生～國中生	￥1200
4 歲以上小孩	￥600
3 歲以下	免費

天保山摩天輪	費用
3 歲以上	￥800
0 ～ 2 歲	免費
大阪周遊卡入場免費（一卡一人免費）	
官網可列印門票折價券	

聖瑪麗亞號	日間費用	夜間費用
大人（國中生起）	￥1600	￥2100
小學生	￥800	￥1050
未上小學兒童	免費	
大阪周遊卡入場免費（一卡一人免費）		

※ 海遊館內不能使用三腳架拍照。

搭配折扣票卡買票更省錢

交通指南

大阪地下鐵「大阪港駅」1 號出口，出入都有電梯。

也可以至天保山摩天輪官網下載優惠券使用，此優惠券一定要列印，一張可供 4 人使用

A11 大阪市立科學館

大阪市立科学館

鄰近景點：A19 大阪科學技術館

地圖 QR code

雨天ok!

大阪一直給人創新、活躍的商業氣息。其實這種大阪獨特的活力，來自於大阪人對於科學研究的喜愛，以及對新事物的包容度與接受度。位於大阪中之島的大阪市立科學館，是一處我非常推薦帶孩子去的親子遊樂場所。這裡以科學為主軸，將冷冰冰的科學知識轉換成新奇有趣的遊樂設施，大人小孩都會覺得很好玩！在遊樂時也能學到知識，帶孩子來過大阪市立科學館後，真的會佩服日本人對於科學教育的用心程度。

大阪市立科學館的前身為大阪市立電器科學館，關西電力投注大筆資金改造後，於 1989 年重新開館改名為大阪市立科學館。整個展場包括地下一樓總共有五層，每個樓層分別為宇宙、化學、科學、電器場域，在 B1 則有一個天文館，每天會放映不同的影片，能在圓頂天幕中欣賞星空影片真的很令人感動！

❶ 這裡很適合全家人來
❷ 來大阪市立科學館探索科學 ❸ 館藏豐富又好玩

　　雖然各樓層都有不同主題，但 2 樓是專門設計給孩子們的科學遊樂園區，孩子們一到 2 樓就很難走開了。B1 天文館非常熱門，如果想欣賞天文館影片，建議先去買好入場券再帶孩子到 2 樓大玩特玩，以免想看時沒有名額錯失良機。

❶ 各個樓層都有不同主題　❷ 從科學中玩出興趣　❸ 2 樓也設有幼兒區　❹ 小孩們都玩得不亦樂乎　❺ 每項設施都有科學原理　❻ B1 天文館非常熱門　❼ 圓頂天幕中即將上演美麗星空

　　2 樓為特別設計給孩子玩的天地，這裡適合各個年齡層的孩子，就連小寶寶都有爬行積木區可以玩耍，不過大部份的科學遊戲裝置還是適合 2 歲以上的孩子遊玩，大一點的孩子能玩的項目更多。

　　在 3 樓的展場，每天會有 2 ～ 4 場的科學秀。這種科學秀需要現場報名，不需要額外費用，主題也都會不同。雖然全程以日語來表演，但看神奇的科學變化是完全沒有語言隔閡的。如果家有好奇小孩、對科學天文有興趣的孩子，一定要帶來大阪市立科學館一探究竟！

官網

🔍 大阪市立科學館

地址　　〒 530-0005 大阪市北區中之島 4-2-1

電話　　06-6444-5656

營業時間　9：30 ～ 17：00（最後入館時間 16：30）

休館日　週一休館，但有時不定時休館，請查詢官網

 哺乳室　 尿布檯　 幼兒遊戲室　 展區禁止飲食　 餐飲區　 停車場　 9:30~17:00　 每週一

年齡　　　2 歲以上，需大人陪同入場

參觀時間　3 小時以上

嬰兒車　　有放置場，B1 嬰兒車能推進去

飲食　　　有餐廳，位於 1 樓，展區禁止飲食

停車場　　無

入場費

	展區	B1 天文館費用
大人	￥400	￥600
大學生、高中生	￥300	￥450
3 歲～國中生	免費	￥300
3 歲以下	免費	免費
大阪周遊卡入場免費（一卡一人免費）		

大人小孩都很愛

🚃 交通指南

大阪地鐵四つ橋線「肥後橋駅」3 號出口最近（3-4 號出口中間有電梯）、御堂筋線「淀屋橋駅」7 號出口最近（1 號出口有手扶梯）

JR 大阪環狀線、JR 東西線「福島駅」、阪神電車「福島駅」、京阪電鐵中之島線「渡邊橋駅」

肥後橋駅車站內部圖

AI2 大阪生活今昔館

大阪くらしの今昔館

鄰近景點： A2 大阪兒童樂園 Kids Plaza Osaka

地圖 QR code

雨天ok!

想帶孩子體驗比較古老的江戶時代日本風情，推薦來大阪生活今昔館逛逛。大阪生活今昔館位於天神橋筋六丁目附近，大阪市立住まい情報中心的 8 到 10 樓，從地鐵天神橋筋六丁目可直通前往大阪生活今昔館的電梯。大阪生活今昔館是以大阪城市居住的歷史及文化為主，設計出讓遊客穿梭其中，實際感覺江戶氛圍的場景。週末時會不定時舉辦許多活動。

9 樓有一大片區域為「江戶時代的大阪」展示區，這裡重現木造的町家、大阪江戶時代的商店街等等建築細節。在這區也能預約穿浴衣服務，一個人只要 500 日幣（沒有小孩的浴衣，只有大人的浴衣），可以穿 30 分鐘走在江戶大阪展示區，很適合拍照當成紀念。

❶ 來此體驗懷舊氣氛 ❷ 仿造町家建築區域 ❸ 昭和時代模型區 ❹ 走在町家裡很有氣氛 ❺ 每戶都完整重現 ❻ 感受江戶氣息 ❼ 這裡可體驗浴衣

8樓是專屬於近代大阪的居住場景展示區，包括了明治、大正、昭和時期的大阪市街，還有當時大阪人會使用的家電家具等，很有復古懷舊風情。這裡也展示不少人偶跟建築物模型，讓參觀者能想像當時的大阪市街風情。

館內以手扶梯為主要通道，從8樓入場後需先寄放大包包（如果是大型的包包一律要寄放），嬰兒車能在入場後寄放在櫃台，館內參觀會請小朋友自己下來走或由大人抱著。這點要請各位爸媽特別注意配合。

❶ 8樓近代大阪展示區 ❷ 有許多互動模型 ❸ 也能讓孩子體驗童玩 ❹ 重現近代大阪實景

🔍 大阪生活今昔館

地址	〒530-0041 大阪府大阪市北區天神橋6-4-20
電話	06-6242-1170
營業時間	10：00～17：00（最後入館時間16：30）
休館日	每週二，12月29日~1月2日休館，另有不定時休館，請查詢官網

官網

哺乳室　尿布檯　展區禁止飲食　嬰兒車租借　投幣式儲物櫃　停車場　紀念品商店　10:00~17:00　週二 12/29~1/2

年齡	2歲以上，需大人陪同入場
參觀時間	2小時～半天
嬰兒車	有放置場，也有免費租借
飲食	無，展區禁止飲食
停車場	有

入場費

	費用（含稅價）
成人	￥600
高中生、大學生	￥300
國中生以下	免費
大阪周遊卡入場免費（一卡一人免費）	

走出地鐵往3號出口走去即可找到電梯上8樓

🚃 交通指南

大阪地下鐵谷町線、堺筋線、阪急線「天神橋筋六丁目駅」往3號出口的住まい情報中心方向前進，搭乘電梯上8樓參觀。
JR大阪環狀線「天滿駅」下車

天神橋筋六丁目駅車站內部圖

AI3 大阪歷史博物館

鄰近景點： A14 NHK 大阪放送局
A22 大阪城 / 大阪城公園

地圖 QR code

雨天ok!

　　位於大阪城附近，旁邊就是大阪 NHK 放送局，大阪歷史博物館位於一旁的高聳大樓裡。當初帶孩子去大阪歷史博物館，原以為這裡只是展示文物的地方，像許多歷史博物館一樣，但實際走訪過後才發現，原來歷史文物也能設計成這麼好玩！如果先瞭解大阪歷史博物館的歷史背景，會玩得更盡興。

　　西元七世紀時的日本飛鳥時代，日本孝德天皇在大阪仿唐朝建築蓋了難波宮（當時稱為「難波長柄豐崎宮」），便從首都飛鳥（奈良附近）遷都到大阪難波宮。後來孝德天皇病死，首都又從難波宮遷回飛鳥。遭廢棄的難波宮經歷火災全毀，多年

後於奈良時代，當時的聖武天皇又重新在難波宮遺址上修建新的難波宮，744 年（天平 16 年）從恭仁京遷都到難波宮，後來沒多久又從難波宮遷走。784 年，桓武天皇為了要遷都長岡京，索性把難波宮建材拆掉拿去蓋京都近郊的長岡京，於是難波宮就這樣被拆得乾乾淨淨，也被世人漸漸遺忘，直到 1950 年才由考古學家開始挖掘遺跡，慢慢挖掘出現今難波宮遺跡。後於 1985 年開始計畫蓋一座結合難波宮遺跡的歷史博物館，直到 2001 年大阪歷史博物館才落成，而大阪歷史博物館也代表了難波宮一波三折的滄桑歷史。

❶ 大阪歷史博物館 ❷ 鄰近大阪 NHK 放送局 ❸ 史料豐富的博物館 ❹ 館外的難波宮遺跡

　　雖然難波宮的歷史一波三折，但大阪歷史博物館可是非常用心規劃，重現難波宮跟大阪各個時期歷史文物。到了博物館之後，請搭電梯直上 10 樓，從 10 樓開始逛下來。10 樓首先是重現當時難波宮太極殿的恢弘氣勢，並有難波宮遺跡的介紹與文物展示收藏。

　　9 樓是江戶時代的大阪，能體驗到大阪江戶時代的繁華歷史。這裡不全然是生硬的文物介紹，還有展示大阪本願寺的模型，跟大阪當時繁榮的商業氣息。在這裡，每個層樓的角落都可以集章，也可以帶著孩子一起來收集。

　　8 樓則是考古教室，在這裡能透過各種小遊戲，瞭解考古學家如何拼湊出難波宮的遺跡。可以帶著孩子來挑戰難波城拼圖（困難度頗高）、尋找地層拼圖跟將陶瓶的碎片拼回去，有許多類似益智遊戲的關卡可以帶著孩子一起動手。

❶ 10 樓重現難波宮場景　❷ 9 樓江戶時代大阪　❸ 船運興盛的大阪　❹ 8 樓考古教室　❺ 孩子能動手玩考古遊戲　❻ 能從拼圖中學考古

7 樓重現現代大阪的街景跟庶民生活。在這裡可以帶孩子一起逛大阪的市集模型跟街景，如果想要親眼看看難波宮的遺跡，可以報名參加當日的導覽行程，每天共有 11：00、12：00、13：00、14：00、15：00、16：00 等場次（需依現場公告為準）。

❶ 做得栩栩如生 ❷ 重現當時繁華大阪市街

🔍 大阪歷史博物館

地址	〒 540-0008 大阪市中央區大手前 4 丁目 1-32
電話	06-6946-5728
營業時間	9：30 ～ 17：00（最後入館時間 16：30）
休館日	每週二、年底時 12 月 28 日～ 1 月 4 日

官網

 哺乳室　 尿布檯　 餐飲區　 投幣式儲物櫃　 停車場　 紀念品商店　 9:30-17:00　 週二

年齡	3 歲以上（比較適合較大的孩子），需大人陪同入場
參觀時間	2 小時～半天
嬰兒車	可推進去
飲食	1 樓有餐廳，展區禁止飲食（1 樓餐廳還滿好吃的）
停車場	有

入場費

	入場費 (含稅價)
成人	￥600
高中生、大學生	￥400
國中生～ 0 歲	免費
大阪周遊卡入場免費（一卡一人免費）	

在每層樓各個角落都能集章

請務必來挑戰難波宮拼圖

🚃 交通指南

大阪地下鐵谷町線、中央線「谷町四丁目駅」2 號、9 號出口最近（樓梯），1-A 跟 10 號出口附近有電梯。

谷町四丁目駅
車站內部圖

AI4 NHK 大阪放送局

鄰近景點： A13 大阪歷史博物館
　　　　　 A22 大阪城／大阪城公園

地圖 QR code

雨天ok！

　　NHK 大阪電視台位於大阪歷史博物館旁，之前曾在《東京親子遊》書中介紹位於東京的 NHK STUDIO PARK，為 NHK 電視台所設的博物館。在 NHK 大阪電視台裡面，也設有一個小型的 BK 廣場（BK プラザ），從大阪 NHK1 樓旁就能直接進去，裡面設置了兒童遊樂的免費遊戲區，大人小孩都能一起來玩耍，建議跟大阪歷史博物館安排在同一天參觀。

　　大阪 NHK 的 BK 廣場共分 1 樓跟 9 樓區域，1 樓則是設置了些兒童辦家家酒、互動式遊戲區域。這裡的卡通人物以 NHK 的 Domo 君為主，以 NHK 兒童電視節目的卡通主角來設計出兒童遊戲空間。其中包括懷舊遊具、辦家家酒等遊戲，很適合小小孩玩，大人則可以體驗 4K 電視及電視播報投影的樂趣。空間區域雖然不大，但小小孩還滿買帳的，比較大的小孩可能玩不太久。

　　從旁邊的電梯直上 9 樓，有另外一區 BK 廣場可以參觀。這裡主要是介紹 NHK 目前正在播放的連續劇，也有一小塊可供小孩玩耍的空間，不過大部份都是 NHK 電視台節目的介紹。請注意，這裡有一區是不能拍照的，請遵守參觀指示喔！

❶ 免費參觀的 BK 廣場　❷ 裡面的設施比較適合小小孩　❸ 兒童遊戲區很有手作感
❹ 也有 4K 電視展示區　❺ 大家都能體驗的電視攝影棚

❶ 9 樓展區配合當季 NHK 連續劇　❷ 9 樓也有個小小兒童空間　❸ 展出連續劇裡相關場景

🔍 NHK 大阪放送局

地址	〒 540-8501 大阪市中央區大手前 4 丁目 1 番 20 号
電話	06-6941-0431
營業時間	10：00 ～ 18：00（最後入館時間 17：30）
休館日	每週二，12 月 29 日～ 1 月 3 日休館

官網

幼兒遊戲室	遊戲區禁止飲食	停車場	紀念品商店	10:00~18:00	每週二 12/29~1/3

年齡	0 歲～ 5 歲（比較適合較小孩子遊玩），需大人陪同入場
參觀時間	2 小時
哺乳室	無
尿布檯	無
嬰兒車	嬰兒車可推進去
飲食	無，展區禁止飲食
停車場	有
入場費	免費

大阪 NHK 放送局

🚆 交通指南

大阪地下鐵谷町線、中央線「谷町四丁目駅」2 號、9 號出口最近（樓梯），
1-A 跟 10 號出口附近有電梯。

谷町四丁目駅
車站內部圖

AI5 日清即食麵發明紀念館
インスタントラーメン発明記念館

地圖 QR code

雨天ok!

　舉世聞名的日清泡麵公司，在東京及大阪分別設立了一間紀念館。日清食品創辦人安藤百福為台灣嘉義人，原名為吳百福，後來至日本開設公司，歸化成日籍，改名為安藤百福。後來安藤百福創辦日清食品公司，陸續發明許多家喻戶曉的泡麵品項，也帶動全世界的泡麵風潮。

　1999 年，日清食品於安藤百福居住的大阪池田市創立日清即食麵發明紀念館，也是日清食品第一間以泡麵為主的博物館，2006 年才在橫濱開了另一間杯麵博物館（詳見《東京親子遊》書中介紹），兩間紀念博物館都是在安藤百福在世時設立，而安藤百福也在 2007 年於大阪池田市過世，享壽 97 歲。

　位於大阪池田市的日清即食麵發明紀念館，可說是日清泡麵發明的發源地，因為當初安藤百福先生就是在大阪池田市的自家院子中建了小房間研究泡麵，才開始推出雞湯泡麵（チキンラーメン）產品。

　大阪池田市的日清即食麵發明紀念館位於大阪的北邊，這裡只能從梅田站換乘阪急寶塚線搭到池田站再步行到達，從梅田搭車來此的車程大約 20 分左右。這裡跟東京的杯麵博物館不同，雖然面積比較小，但是入場免費，想參加製作杯麵或雞湯泡麵才需另外付費。

　進入發明紀念館內會分成兩條動線，一條為製作杯麵，另一條為參觀動線。參觀展區會先看到展示著「安藤百福與即食麵故事」的牆面，能清楚瞭解日清泡麵發明的歷史年表，以及日清杯麵的內部構造，還可以看到當時日清泡麵特別替太空人製作可以帶到太空艙內享用的泡麵。

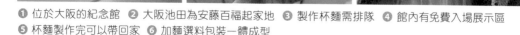

❶ 位於大阪的紀念館 ❷ 大阪池田為安藤百福起家地 ❸ 製作杯麵需排隊 ❹ 館內有免費入場展示區
❺ 杯麵製作完可以帶回家 ❻ 加麵選料包裝一體成型

　　不過來到日清即食麵發明紀念館一定要動手做才好玩！館內可以製作杯麵或雞湯泡麵，自己動手製作杯麵不需要先行預約，只需要排隊付費￥300領杯子後就行，可自己選杯麵口味跟配料及動手畫杯子，大人小孩都很愛，最後也會幫你用真空包裝包起來喔！製作雞湯泡麵則需要先行上網預約，而且規定年紀小學以上的人才能參加（包括成人），費用為￥300（國中生以上￥500）。

　　日清即食麵發明紀念館很適合全家大小一起來玩，不過假日時人潮比較多，想現場製作杯麵可能會排比較久，建議安排平日前來會比較省去排隊時間。

客製化的杯麵

 日清即食麵發明紀念館

地址	〒563-0041 大阪府池田市滿壽美町 8-25
電話	072-752-3484
營業時間	9：30 ～ 16：30（最後入館時間 15：30）
休館日	每週二、年底～元旦假期休館

官網

 哺乳室　 尿布檯　 餐飲區　 展區禁止飲食　 停車場　 紀念品商店

09:30-16:30　　每週二

製作雞湯泡麵需預約

年齡	2 歲以上，需大人陪同入場
參觀時間	3 小時～半天
嬰兒車	嬰兒車可推進去
飲食	有飲食區（非餐廳）不能攜帶外食，展區禁止飲食
停車場	有
入場費	免費，製作杯麵（不需預約）及雞湯泡麵（需預約）另行付費

🚃 交通指南

於梅田駅搭乘阪急宝塚線到「池田駅」下車再走 5 分鐘

A16 Duskin 博物館與 Mister Dount 博物館

ダスキンミュージアム／ミスドミュージアム

鄰近景點：A30 服部綠地／日本民家集落博物館

地圖 QR code

雨天ok！

　Mister Donut 最早是美國甜甜圈公司，後來由日本的清潔用品公司樂清（Duskin）於 1917 年引進日本，改良口味之後大受歡迎，之後才代理進入台灣。在日本一直遲遲沒有 Mister Donut 博物館，2015 年 10 月時才由 Duskin 公司在位於大阪吹田市的本社創立了 Mister Dount 博物館跟 Duskin 博物館，分別位於 1 樓跟 2 樓。這個景點還很新，目前知道的人也不多，如果想瞭解 Duskin 或 Mister Dount 歷史背景的人，或者想動手做做看 Mister Dount 甜甜圈的人，推薦來此參觀。

　博物館位於大阪北區，得搭大阪地鐵御堂筋線到江坂駅下車，再走 10 分鐘才能到達，一到了 Duskin 本社就能看到這兩間博物館的旗子。Duskin 博物館位於 2 樓，Mister Dount 博物館位於 1 樓，兩個博物館皆為免費入場，因地理位置較遠，平日來參觀人潮不多。想先上 2 樓參觀 Duskin 博物館，或是先到 1 樓參觀 Mister Dount 博物館都可以，無論何種動線，最後都推薦在江坂本社的 Mister Dount 餐廳吃份甜甜圈或餐點飽餐一頓。

　位於 2 樓的 Duskin 博物館（おそうじ館），主要展示 Duskin 系列產品及歷史背景，裡面還蒐羅了日本從古至今的清潔文化，這對於日本文化來說非常重要，因為日本人很注重清潔整理。Duskin 博物館佔地面積不大，不過對於清潔打掃有興趣的人有機會可以來此好好研究一下。

　位於 1 樓的 Mister Dount 博物館分成兩個區域，前半部為歷史展示區，後半部則為 Mister Dount 製作工廠（需預約體驗）。整體展區不大，但因為台灣人對於 Mister Dount 都很熟悉，所以逛起來也樂趣無窮。

❶ 獨一無二的 Mister Donut 博物館　❷ Mister Donut 被日本發揚光大　❸ 場地不是很大卻包羅萬象
❹ 從日本古代掃除器具開始展示　❺ Mister Dount 相關文物　❻ 體驗親手製作甜甜圈

接下來就能看到 Mister Dount 歷史牆，其中日本 Mister Dount 推出的各式食玩都被完整保存下來，讓收集者非常心動！藉由這面歷史牆也才知道可愛的波堤獅，是為了慶祝 Mister Donut 35 週年才被設計出來的呢！

如果想要體驗製作 Mister Dount 甜甜圈，請務必事先上網預約，每天總共有兩場，分別為早上 10：15 跟下午 14：00。

體驗製作非常熱門，60 天前會開放預約，很快就被預約滿了！體驗製作需要小學以上才能參加，每次參加費用為 600 日幣。

博物館都參觀完了之後，當然要吃點甜甜圈做為圓滿的結尾啦！這裡有間可愛的 Mister Dount 餐廳，裡面除了賣甜甜圈之外，還有冰淇淋、飲料跟義大利麵等等，參觀完一定要來這邊品嚐一下 Mister Dount 的好滋味！

 很壯觀的歷史牆 參觀完一定要來吃個甜甜圈

想體驗製作甜甜圈請至此網頁預約（日文），製作課程十分熱門搶手！

🔍 Duskin 博物館與 Mister Dount 博物館

地址	〒564-0054 大阪府吹田市芳野町 5-32
電話	06-6821-5000
營業時間	10：00 ～ 16：00（最後入館時間 15：30）
休館日	每週一、年底～元旦假期休館

官網

展區禁止飲食	餐飲區	10:00~16:00	週一

年齡	2 歲以上，需大人陪同入場
參觀時間	2 小時
嬰兒車	嬰兒車可推進去
飲食	有餐廳，展區禁止飲食
入場費	免費

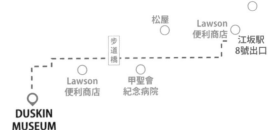

Mister Dount 博物館交通示意圖

🚇 交通指南

大阪地鐵御堂筋線「江坂駅」下車再走路 10 分鐘

A17 EXPOCITY-NIFREL 水族館

ニフレル

鄰近景點：A28 萬博記念公園　　A34 EXPOCITY 複合式商場

地圖 QR code

雨天ok！

NIFREL 水族館是位於 EXPOCITY 裡的新型態水族館，實際上造訪 NIFREL 水族館之後發現這裡真的很不一樣，以不同視角來觀察水中生物，更重要的是能親自感受動物，無論大人或小孩都會對這種新型態的水族館留下非常深刻有趣的印象。

NIFREL 水族館是由大阪海遊館所設計，當時因應 EXPOCITY 開幕，因此規劃未來水族館走向，而設計出這種「充滿感性」的感覺博物館。NIFREL 不是動物園、也不是美術館，而是能讓人與水中生物親近、更與科技結合的體感水族館。裡面所包括的水生生物和陸上生物共約 150 種，總數為 2000 隻左右，能讓人近距離觀賞或藉由觸摸來認識動物，非常新穎又好玩。

整個水族館區分為水中生物跟陸上生物兩大區域，其中以「接觸」為主題，設計出七個「人與動物相處」的藝術區。水族館 1 樓區域，會先看到「接觸顏色區」，

以圓型水族箱，搭配不同顏色來引導出水中生物原本的鮮麗色彩，無論大人或小孩的視角，都可以細心的被關注。

接下來則是「接觸姿態區」跟「接觸技能區」，展現水中生物悠游姿態，還有展示出隱藏在沙中、變化成與周圍相同顏色的水中生物，以及能讓人實際觸碰水中生物的展示區域，能更進一步瞭解水中生物的習性。

❶ 很有未來感的 NIFREL 水族館
❷ 這裡就位於 EXPOCITY 入口處
❸ 用五感來探索水中生物

1

2

3

往 2 樓繼續參觀，會到達大球體的 wonder moment 區域。這裡以水／地球／宇宙／光之雨等主題演出投影秀，非常夢幻！依照參觀方向前進，來到「接觸水邊區域」，以水陸兩地棲息的動物為主，其中也能看到較大型的生物，例如鱷魚、白老虎跟河馬等等，其中白老虎是 NIFREL 水族館的高人氣動物。

到達跟陸地生物面對面的「接觸行為區」，有環尾狐猴、水豚、河狸、水獺、黑腳企鵝等動物，幾乎完全沒有圍籬地在你身旁走來走去。這種參觀動物園的經驗可說非常稀少，在此區也會有工作人員引導，同時確保參觀者跟動物兩方的安全。

最後一區則是以「接觸相連區」來結尾，以藝術投影讓參觀者有全新的感受。NIFREL 水族館真的是座很特別的水族館，不但概念新穎，又引進許多全新技術，將水族館／動物園帶到另一個境界，非常推薦帶孩子一起來參觀喔！

4

5

6

7

❶ 能感受被魚兒親吻的感覺 ❷ 很適合大人小孩觀賞 ❸ 配合燈光與裝置藝術 ❹ 地球投影秀區 ❺ 接觸水邊區域展示 ❻ 陸地生物展示區 ❼ 這裡的動物有些沒有圍欄

❶ 可以近距離看到企鵝 ❷ 館內紀念品很豐富

🔍 EXPOCITY-NIFREL 水族館

地址	〒 565-0826 大阪府吹田市千里万博公園 2-1 EXPOCITY 內
電話	0570-022-060
營業時間	10：00 ～ 20：00（最晚入館 19：00）
休館日	無休，有不定時休館，請查詢官網

官網

哺乳室　尿布檯　參觀區禁止飲食　投幣式儲物櫃　停車場　餐飲區　紀念品商店　10:00-20:00　無休

年齡	2 歲以上
參觀時間	3 小時
嬰兒車	嬰兒車可以推進去
飲食	有餐廳，展區禁止飲食
停車場	有

這裡的人氣代表動物為白老虎

入場費

	費用
16 歲以上	￥2000
國中生～小學生	￥1000
3 歲以上	￥600
3 歲以下	免費

※ 館內不能使用自拍棒

🚃 交通指南

大阪地鐵御堂筋線轉搭大阪モノレール至「万博記念公園駅」下車，走路約 2 分鐘

A18 腳踏車博物館

自転車博物館 サイクルセンター

鄰近景點： A5 Big Bang 大阪府立大型兒童館
A29 大泉綠地

 地圖 QR code

 雨天ok!

　大阪的堺市是腳踏車零件生產的重鎮，腳踏車零件大廠 Shimano 公司便是在大阪堺市起家，專門生產腳踏車跟釣魚用具零件。許多腳踏車都會使用 Shimano 所生產的零件來製作。為了要推廣腳踏車文化，Shimano 公司也於 1992 年位於堺市的大仙公園裡開設了腳踏車博物館，裡面收藏了 300 多輛各式腳踏車。

　2017 年，更在距離現址 700 公尺處的大仙公園預定用地上頭，建蓋一間全新的腳踏車博物館，比目前的腳踏車博物館大上 2.4 倍，於 2018 年 7 月落成。之後停放在原腳踏車博物館的館藏移至新博物館裡，並增加許多館藏，增添更多可看性！

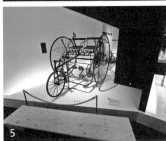

　腳踏車博物館尚未搬遷前就已經非常有看頭！整座博物館有三層樓，裡面共收藏 300 輛各式腳踏車，從古董腳踏車到現代腳踏車都有。正門接待處由 2 樓進入，一進去就能直接先參觀 2 樓的腳踏車歷史區，裡面蒐羅了各式古董腳踏車，從 1818 年最早期的木製腳踏車開始，到前輪比後輪大很多的高輪腳踏車，以及多人乘坐的協力車及三輪車等等，琳瑯滿目蒐羅齊全。

❶ Shimano 設立的博物館 ❷ 明仁天皇於皇太子時期騎過的腳踏車 ❸ 館內收藏 300 多輛腳踏車 ❹ 原館址位於堺市圖書館對面 ❺ 館內蒐羅稀有古董腳踏車 ❻ 高腳腳踏車

❶ 3 樓有競賽公路車展示　❷ 各類現代腳踏車　❸ 車庫內收納了 250 輛腳踏車

3 樓是以近代腳踏車蒐集為主，其中包括競賽公路車、越野車等等，還有一區為腳踏車構造展，對此有興趣的人可以來此參觀。

1 樓為圖書館藏區跟腳踏車車庫，其中收藏的腳踏車共有 250 輛左右，搬到新的博物館後，這些腳踏車更多了許多機會亮相。除了展覽區域之外，腳踏車博物館在週末時會不定期舉辦兒童腳踏車教學活動，也有腳踏車散步活動等等，相關活動請見官網，需事先報名。

🔍 腳踏車博物館

地址	〒 590-0801 大阪府堺市堺區大仙中町 18 番 2 号
電話	072-243-3196
營業時間	10：00 ～ 16：30（最後入館時間 16：00）
休館日	每週一、國定假日當天開館、隔天休館，年底～元旦假期休館

官網

年齡	3 歲以上，需大人陪同入場	參觀時間	2 小時
嬰兒車	嬰兒車可推進去，館內有電梯	飲食	無餐廳，展區禁止飲食
停車場	有		

入場費

	費用
成人	￥500
高中、大學生	￥200
小學生	免費
未上小學兒童	免費

展區禁止飲食　停車場　10:00-16:30　週一

這裡適合對腳踏車有興趣的孩子

交通指南

JR 阪和線於「もず（百舌鳥）駅」步行 13 分鐘可到達

A19 大阪科學技術館

大阪科学技術館

鄰近景點： A11 大阪市立科學館

地圖 QR code

雨天ok!

大阪科學技術館為一間小型的科學技術展示館，於 1963 年開館，至今也已經有 50 幾年了。這裡集結 30 家日本企業的科學技術展覽，許多設施適合全家大小一起玩，再加上位於靭公園旁，距離前面介紹的 A11 大阪市立科學館也不遠，再加上參觀免費，每逢假日總吸引不少家庭帶孩子來玩。

大阪科學技術館規模不大，展區只有兩層樓，其中的展覽皆為與日常生活相關科學技術，因此又暱稱為「我們身邊的科技館」。整個展區共分為五大主題，包括：新材料探索、愉快的生活、守護地球、資訊與影像、能源。總共有 30 間企業提供展覽內容，會定期更換，其中不乏知名的企業，例如：關西電力、三菱電機、大林組、東芝、日立等等，都會用簡單易懂的方式將該企業的先進科技，讓參觀者邊玩邊認識科學技術。

❶ 歷史悠久的大阪科學技術館 ❷ 集結日本企業科學技術展覽 ❸ 讓孩子體驗腳踏車發電

關西電力利用踩腳踏車發電的互動遊戲，讓參觀者知道電的由來與流通；日立造船也以互動裝置，讓孩子邊遊戲邊體驗科技與生活的關連；宇宙航空研究開發機構，也清楚展示了目前日本火箭及宇宙相關發展技術；東芝則以水素材為主題，設立解說區域。還有許多家企業各自提供豐富的展示區域，只不過解說都以日文為主，部份展區為靜態解說，不熟悉日文的人會比較難以理解。假日不定時舉辦科學工作坊，剛好有遇上又有興趣的人可以現場報名。

　　建議參觀行程可以將大阪科學技術館跟大阪市立科學館安排在一起，大阪科學技術館的時間不需要花太多，主要將時間擺在大阪市立科學館上頭。

❶ 瞭解核能發電的原理 ❷ 展示區很多元有靜態也有互動 ❸ 水力資源的相關遊戲

🔍 大阪科學技術館

地址	〒 550-0004 大阪市西區靱本町 1 丁目 8-4
電話	06-6441-0915
營業時間	平日 10：00 ～ 17：00（假日會提早到 16：30 閉館）
休館日	不定時休館，請查詢官網

官網

哺乳室　尿布檯　展區禁止飲食　10:00-17:00　不定休

小型科學技術展示館

年齡	3 歲以上（比較適合較大的孩子遊玩），需大人陪同入場
參觀時間	1.5 小時
嬰兒車	嬰兒車可推進去
飲食	展區禁止飲食，鄰近餐廳很多
入場費	免費

🚃 交通指南

大阪地下鐵四つ橋線、御堂筋線「本町駅」 28 號出口（有電梯）
走路約 3 分鐘

本町駅
車站內部圖

A20 京阪電車博物館
SANZEN-HIROBA

鄰近景點： A9 枚方公園
A37 KUZUHA MALL 樟葉購物中心 / 枚方蔦屋書店

地圖 QR code

雨天ok!

位於 A37 KUZUHA MALL 樟葉購物中心裡，有個面積不大卻小巧可愛的電車博物館，叫做 SANZEN-HIROBA，為京阪電車博物館。雖然迷你，但各項設施不少。其中展示了京阪 3505 號車，還有一些跟京阪電車有關的文物，是在逛樟葉購物中心時，能帶你家的小小電車迷去逛逛的好去處。

KUZUHA MALL 樟葉購物中心佔地非常大，是一座複合式購物中心，位於南館 1 樓的購物餐廳區，有一區專屬於京阪電車博物館的展示區。雖然這裡的展區無法跟 B1 京都鐵道博物館、東京的大宮鐵道博物

館大小相比，卻是面面俱到，其中包括有京阪 8000 系跟 2600 系電車的模擬駕駛座，可以讓孩子試試看操作電車的感覺。如果對京阪電車歷史有興趣的人，這邊也展示了不少相關文物。

這裡也展示了一區小小電車模型城市，每次都吸引許多小孩駐足觀賞。將京都周遭地景融入模型裡，看著模型時而白天時而變化成夜景，孩子光是在這個櫥窗前就能消磨很多時光。現場還展示了京阪 3505 號電車，可以自由入座。

❶ 樟葉站一出來就看到樟葉購物中心 ❷ 裡面有個小型的鐵路博物館 ❸ 專門展示京阪電鐵的文物 ❹ 鐵道模型吸引孩子目光 ❺ 電車駕駛體驗 ❻ 京阪 3505 號電車停放於此

SANZEN-HIROBA 也很貼心地設置了人工草皮，上面擺了幾張舒服的懶骨頭椅，如果逛街逛累了可以來此休息（需脫鞋進入人工草皮區）。SANZEN-HIROBA 雖小，但卻五臟俱全，有機會來樟葉購物中心別忘了帶孩子來參觀一下喔！

❶ 可以入內參觀 ❷ 如果逛累了可以來這邊玩 ❸ 場館很舒服

🔍 京阪電車博物館 SANZEN-HIROBA

地址	〒 573-1121 大阪府枚方市楠葉花園町 15-1
電話	072-866-3300
營業時間	10：00 ～ 21：00（週六、日、國定假日開放）
休館日	無，1/1 休館，請查詢官網

官網

| 哺乳室 | 尿布檯 | 展區禁止飲食 | 嬰兒車租借 | 10:00-21:00 | 1/1 休館 |

年齡	全年齡皆適合
參觀時間	1 小時
哺乳室	有，於樟葉購物中心內
尿布檯	有，於樟葉購物中心內
嬰兒車	可推進去
飲食	展區禁止飲食，1 樓有不少餐廳
停車場	有，於樟葉購物中心內
儲物櫃	有，於樟葉購物中心內
入場費	免費

躺在草地上看電車很悠閒

🚃 交通指南

京阪本線「樟葉駅」下車後走出車站，即可看到 KUZUHA MALL。

A21 寶塚市立手塚治虫紀念館／ 寶塚歌劇殿堂

手塚治虫記念館 / 宝塚歌劇の殿堂

地圖 QR code

雨天ok!

　位於大阪西北邊的寶塚市，讓人印象最深刻的就是華麗的寶塚歌劇了！不過在這裡也有另一個推薦帶小孩來參觀的景點，那就是《怪醫黑傑克》的漫畫家手塚治虫紀念館。寶塚市不大，大概安排個半天時間就能把兩個景點逛完，從大阪的梅田車站坐到寶塚大約 30 分鐘車程，這裡是個小巧可愛的城市，整齊劃一的城市規劃，讓人覺得好夢幻！

手塚治虫紀念館

2

❶ 位於寶塚市的手塚治虫紀念館　❷ 日本家喻戶曉的手塚治虫先生

　提到漫畫家手塚治虫先生，應該無人不知無人不曉；或許現在出生沒多久的小朋友還沒機會接觸過手塚治虫的作品，但無論是《森林大帝》、《原子小金剛》、《怪醫黑傑克》等作品都非常適合孩子觀賞。手塚治虫的漫畫及動畫作品，奠定了日本近代漫畫與動畫，許多日本漫畫及動畫家都是受到他的影響而創造出膾炙人口的作品，所以來到關西一定要找機會去參觀手塚治虫紀念館。

　手塚治虫兒時曾住在寶塚，他也受到母親的影響常去看寶塚歌劇表演，後來成為寶塚榮譽市民。在手塚治虫過世 5 年後，寶塚市特別在此設立了手塚治虫紀念館，其中館藏非常豐富，也是許多動漫迷、手塚治虫迷跟小孩喜歡的博物館。

　紀念館共有三層樓，從 B1 到 2 樓都各自設計不同的主題，展示手塚治虫豐富又多元的漫畫及動畫作品。從 1 樓進入後就會看到原子小金剛、鹹蛋超人跟寶馬王子的塑像，可以一起拍照。（因為剛好有「鹹蛋超人 Stadium」特展在此展出，但鹹蛋超人原畫家不是手塚治虫！）1 樓則陳列詳細手塚治虫的作品展覽，在這裡也能欣賞到紀錄影片，讓參觀者能更瞭解手塚治虫的生平。

2 樓是視聽、圖書資料區，在此能看到手塚治虫曾出版的漫畫、發行過的動畫等等，對於手塚治虫迷來說是很重要的收藏中心。2 樓也開設了一區企劃展示區，我去造訪時剛好是「鹹蛋超人 Stadium」特展。另外也有一個小小的紀念品專區及餐飲區。

B1 是以動畫為主題的展區，可以現場報名參加動畫工坊，體驗自己畫動畫的樂趣。另一區則展示手塚治虫兒時住在寶塚的時光機，還有帥帥的怪醫黑傑克塑像喔！

❶ 一進門就有漫畫塑像迎接　❷ 1 樓展示手塚治虫的文物　❸ 2 樓也能觀看動畫　❹ 所有作品在此都能看到　❺ 圖書室可供翻閱　❻ B1 為動畫工坊

寶塚歌劇殿堂

　　從寶塚站出來後，沿著花之道（花のみち）一直走約莫 5 分鐘，就能看到寶塚大劇場。這裡為寶塚歌劇迷的殿堂，必來的朝聖之地，就算你這次沒辦法看寶塚歌劇，也一定要把握機會參觀寶塚歌劇殿堂。從寶塚大劇場正門進入後往左手邊走，就能看到寶塚歌劇殿堂入口。這裡共分 2 樓展示寶塚歌劇的歷史（需在此購票，展場不能拍照），3 樓則是現代寶塚劇團跟企劃展（可拍照，但不能使用閃光燈）。

　　2 樓的歷史區詳細展示寶塚歌劇團的過往歷史，有著創辦人小林一三如何一步步建立起這個龐大的歌劇團，另外也展示了過往曾經參加寶塚歌舞團的明星文物。寶塚歌劇團團員限未婚女性，男性角色也由女性來反串，如果團員要結婚或面臨生涯規劃改變，就必需要退團。其中許多曾擔當一線團員的明星，後來都成了影視紅星，例如乙羽信子、黑木瞳、天海祐希等人。3 樓則展示了近代寶塚劇團的服飾及文物，能近距離地看到如此華麗的服裝，也是一大享受！

❶ 寶塚大劇場是劇迷的朝聖地　❷ 可以在此合照體驗寶塚的魅力　❸ 寶塚歌劇殿堂

🔍 寶塚市立手塚治虫紀念館／寶塚歌劇殿堂

地址	手塚治虫紀念館：〒 665-0844 兵庫県宝塚市武庫川町 7-65
	寶塚歌劇殿堂：〒 665-8558 兵庫県宝塚市栄町 1-1-57
電話	手塚治虫紀念館：0797-81-2970
	寶塚歌劇殿堂：0570-00-5100
營業時間	手塚治虫紀念館：9：30 ～ 17：00（最後入場時間 16：30）
	寶塚歌劇殿堂：1 回公演 10：00 ～ 17：00／2 回公演 9：30 ～ 17：00
營業時間	手塚治虫紀念館：每週三、年底、另有不定時休館
	寶塚歌劇殿堂：寶塚大劇場休演日公休

手塚治虫
紀念館

寶塚歌劇殿堂

展區禁止飲食　投幣式儲物櫃　餐飲區　紀念品商店　09:30-17:00 10:00-17:00　週三

年齡	3 歲以上，需大人陪同入場
參觀時間	2-3 小時
嬰兒車	嬰兒車可推進去，展區都有電梯
飲食	有餐廳，展區禁止飲食
儲物櫃	有（寶塚大劇院內）

入場費

手塚治虫紀念館	費用
成人	￥700
國中、高中生	￥300
小學生	￥100
未上小學兒童	免費

寶塚歌劇殿堂 500 日幣（小學生起需付費）

寶塚市花之道

🚆 交通指南

JR 及阪急電鐵「宝塚駅」出站後沿著花之道（花のみち）
步行即可到達

A22 大阪城／大阪城公園

鄰近景點：A13 大阪歷史博物館
　　　　　A14 NHK 大阪放送局

地圖 QR code

戶外景點

　　大阪城是大阪必遊景點之一，這裡不僅是大阪的地標，更有其重要的歷史意義。大阪城和名古屋城、熊本城並列日本歷史三名城，在大阪人心中，這裡可是天下第一名城。

　　大阪城於 1583 年由豐臣秀吉選在本願寺舊址上興建，這座被譽為「三國無雙」的城池完工後，遂成為豐臣秀吉一統天下的根據地。當時大坂城天守外觀屋瓦上以金箔裝飾，大阪城因此又名「金城」或「錦城」。之後德川家康崛起，意圖一統天下，於是發動大坂冬之陣圍攻大坂城，雙方談和後，答應將大阪城填平護城溝，並拆除城池只剩本丸，互相維持和平協議。後來德川家康毀約發動大坂夏之陣，殲滅豐臣家族，大阪自此在日本歷史上退居老二地位，由位居東京的德川家康家領導日本。

　　不過現今所見的大阪城已是重新多次修築後的情景，尤其德川家後來將豐臣家所建的大阪城全部破壞，上面再覆上厚厚的土，把豐臣家大阪城的遺跡全部埋在地底，在遺址上建造更新更雄偉的城池。後來大阪城又歷經幾次火災及戰爭的摧殘，全毀又重建，才成為現今的模樣。來大阪城參觀不僅是參觀一座城池，更同時能細細體會其命運多舛的歷史背景。

❶ 大阪城：日本三大名城之一　❷ 大阪城御座船　❸ 大阪城的命運多舛

大阪城／大阪城公園為日本賞櫻百選之地，當櫻花綻放時節，遊客如織，種植 600 株櫻花樹的西之丸庭園為賞櫻名勝，天氣好時推薦登大阪城及大阪城公園賞櫻。2 月時大阪城梅花也很有名，雖不及櫻花如此受歡迎，但依舊非常有看頭。秋天時分，大阪城、大阪城公園又化身為賞楓景點；平時的大阪城公園也是許多大阪人散步、慢跑之地，可以安排一個上午悠閒的來大阪城公園走走。靠近地鐵森之宮站（森ノ宮駅）附近的大阪城公園內，有個大阪城遊具廣場，這裡有個大型遊具溜滑梯，高度還滿高的，如果孩子比較大了適合帶來這邊玩耍。

大阪城遊具廣場位置
地圖 QR code

❶ 大阪城為熱門賞櫻之地　❷ 賞櫻時節人潮很多　❸ 大阪城遊具廣場可帶孩子來玩　❹ 進入大阪城的櫻門
❺ 大阪城最大的石頭：蛸石　❻ 天守閣皆可購票入內參觀

　　當然，到了大阪城就要參觀大阪城天守閣。從櫻門進入大阪城後，便可看到一塊面積有 59.43 平方公尺，重量約 130 噸的蛸石，為大阪城最巨大的石頭。到了天守閣後，總共有 8 層樓可以參觀，最高一層樓為展望台，接著沿路向下依次介紹大阪城的歷史及豐臣秀吉的生平，以及為數不少的文物收藏。

　　館內 3、4 樓禁止拍照。到了 2 樓還能付費試穿頭盔、陣羽織。大阪城天守閣裡面

雖然有電梯，平時可以帶嬰兒車進入，但遇到人多擁擠時不方便，可能需要洽詢工作人員，暫時寄放嬰兒車再參觀，也請大家多多注意（另有輪椅專用電梯）。

　　之前都沒機會看到守護大阪城的城櫓建築開放參觀，這次遇到開放時間當然要好好把握機會！本次特別開放多聞櫓、千貫櫓、焰硝藏三處，從參觀的過程中也能體會到當時大阪城如何防守的狀況，非常難得。

大阪城櫓詳細開放日期，一般為週末開放，詳細情形請上活動網頁

❶ 期間限定特別開放大阪城櫓　❷ 擔負防守大阪城的重責大任

🔍 **大阪城／大阪城公園**

地址	〒 540-0002 大阪市中央区大阪城 1-1
電話	06-6941-3044
營業時間	9：00～17：00（最後入館時間 16：30），另於特殊期間延長開放時間
休館日	12/28～1/1（天守閣）

官網

哺乳室　尿布檯　遊戲區 禁止飲食　停車場　紀念品 商店　9:00-17:00　12/28～ 1/1

年齡	全年齡皆可參觀，需大人陪同入場
參觀時間	3 小時～半天
嬰兒車	嬰兒車可推進去，天守閣內有電梯
飲食	天守閣內無餐廳，大阪城公園內有餐飲區
停車場	有
置物處	有，於賣票處可寄物，一件 100 日幣
入場費	持大阪周遊卡當日可免費參觀大阪城天守閣、大阪城西之丸庭園及大阪城櫓，搭乘大阪城御座船也免費

大阪城公園內也有付費小火車可搭乘

	費用
成人	￥600
15 歲以下（需出示證明）	免費

🚃 **交通指南**

大阪地鐵谷町線、中央線「谷町 4 丁目駅」（1-A 或 11 號出口附近有電梯）及中央線「森ノ宮駅」（電梯於 7-A 出口）

JR 大阪環狀線「森ノ宮駅」、「大阪城公園駅」

谷町 4 丁目駅 車站內部圖

A23 通天閣

鄰近景點： A6 天王寺動物園　　A7 天王寺公園 -Playville
　　　　　A26 阿倍野 HARUKAS 300 展望台

雨天ok!

地圖 QR code

雖然大阪繁華高樓大廈無數，但都取代不了通天閣的地位，它不僅代表大阪的發展歷史，更是大阪人的精神象徵之一。雖然它的高度不高、外觀不太起眼，或許有人會覺得它不夠新穎也不怎麼高，但參觀時如果能跟孩子講解一下通天閣的歷史背景，這趟旅程會是很有意義的大阪歷史之旅。

目前大阪通天閣是屬於第二代建築物。第一代通天閣是利用內國勸業博覽會所留下的廣大土地，仿造巴黎艾菲爾鐵塔在大阪建造一座指標性鐵塔，這個構想由大阪商業會議議所會長：土居通夫先生所提出。跟艾菲爾鐵塔一樣，一開始受到很多人猛烈批評。1912 年第一代通天閣建成，規模比艾菲爾鐵塔還要小，當時號稱東洋第一高的鐵塔，民眾也能買票入內參觀。1938 年第一代通天閣由吉本興業買下，後來於二次世界大戰期間被拆解，當成戰爭時鋼鐵材料，而這段歷史，也由日本小說家山崎豐子寫進小說《花暖簾》裡，吉本興業目前也成為日本首屈一指的藝能經紀公司。

1956 年，通天閣第二代被重新建造起來，目前大家所參觀的通天閣正是第二代通天閣。第二代通天閣由東京鐵塔的設計建築師內藤多仲設計。塔高共 100 公尺，加上避雷針總高 103 公尺，以 350 噸的鐵材建成，屹立至今。

通天閣共有五層樓高，要從 B1 入口購票搭乘電梯至 2 樓開始參觀。B1 樓層有個日清雞湯拉麵、固力果專賣店，品項種類非常多，建議參觀完後可以在這裡採買伴手禮再離開。就算是伴手禮專賣店，也完全發揮了大阪人的搞笑性格，有很多立牌可以拍照留念。

❶ 通天閣為大阪地標　❷ 通天閣附近招牌走誇張路線　❸ 帶來好運的比利肯

到了 2 樓需換搭另一部電梯到 5 樓，而 5 樓的黃金展望台也是通天閣最有名的比利肯福神等八福神所在地。大家都會排隊去跟比利肯合照，摸摸比利肯求好運，相傳替神像腳底搔癢能帶來好運！目前比利肯福神像已經換到第三代，在 5 樓的展望室裡各個角落，也能找到八福神。接著到 4 樓拜印度象神，能保佑夢想成真。

3 樓是固力果的專門展示區，有各式固力果立牌、展示模型讓你拍照拍個夠，當然也有許多相關伴手禮可以買。這裡有個小小咖啡廳，招牌甜點通天閣聖代（通天閣パフェ）是必點冰淇淋！回到 2 樓也可以繼續買通天閣的紀念品，果然是發揮大阪人買賣精神到極致的觀光景點。

❶ B1 的紀念品店 ❷ 展望大阪市區

🔍 通天閣

地址	〒 556-0002 大阪市浪速區惠美須東 1-18-6
電話	06-6641-9555
營業時間	8：30 ～ 21：30（最後入館時間 21：00）
休館日	無休館

官網

餐飲區　紀念品商店　8:30-21:30　無休館

年齡	全年齡
參觀時間	2 小時
嬰兒車	嬰兒車可推進去，通天閣內都能搭電梯到各個樓層
飲食	有咖啡廳，展區禁止飲食
入場費	持大阪周遊卡當日可免費參觀（僅限週一～週五，週末門票另有折價￥300）

將章魚燒跟 hello kitty 混搭

	費用		費用
成人	￥900	高中～滿 5 歲	￥400
未滿 5 歲	免費		

🚃 交通指南

大阪地下鐵堺筋線「惠美須町駅」3 號出口有電梯或御堂筋線「動物園前駅」5 號出口附近有電梯
JR 環狀線「新今宮駅」東出口
南海電車南海本線「新今宮駅」西出口

A24 道頓崛

どうとんぼり

鄰近景點：A27 黑門市場

地圖 QR code

戶外景點

來到大阪，幾乎沒有人會錯過最著名的道頓堀商圈，遊客也會在道頓堀的戎橋上以固力果跑跑人看板為背景，拍張到此一遊的照片，不僅很有喜感，也非常具有紀念價值。

這區名為道頓堀（日文唸法為：Dotonbori），這是一條由大阪商人安井道頓於 1615 年出資建造的運河，為了紀念他，這裡便取名為道頓堀。道頓堀連接木津川及東橫堀川，全長約 2.9 公里，慢慢發展成大阪繁華的商業區域。這區出現了許多劇場、賣場、知名餐廳、商店街，大型霓虹廣告牌也在河畔豎立起來，形成現今這種誇張又搞笑的大阪商業風格。

來道頓堀就是拍照、吃喝買跟玩樂，這裡越夜越美麗，晚上人潮會比白天多很多，許多商店跟餐廳也會開到很晚。從道頓堀河畔到戎橋延伸過去的心齋橋商店街，還有御堂筋上的商店區跟美國村區等等，想要買東西、吃東西來這裡就對了。

❶ 著名的固力果看板 ❷ 道頓堀運河 ❸ 心齋橋購物街 ❹ 在戎橋邊的固力果招牌 ❺ 誇張又顯目的招牌

道頓崛附近有些著名的餐飲招牌，可以來此找找看喔！

1. 固力果招牌（道頓堀グリコサイン）
2. 螃蟹道樂（かに道楽）：巨大會動的螃蟹招牌是最大特色。
3. 食倒太郎（くいだおれ太郎）：原先為一間餐廳的吉祥物，後來於 2008 年歇業之後，這尊食倒太郎像依舊受到大家喜愛，於是目前移到中座劇場前擺放。
4. 靠近太左衛門橋的拉麵激戰區，其中包括：金龍拉麵、四大天王拉麵、神座拉麵，還有一蘭拉麵。

5. 章魚燒博物館（道頓堀コナモンミュージアム）：章魚燒博物館的看板為一隻大章魚拿著鍋鏟。不僅能吃到章魚燒，還展示了章魚燒的歷史背景，也能自己做章魚燒。

① 固力果招牌 ② 螃蟹道樂 ③ 食倒太郎 ④ 金龍拉麵 ⑤ 章魚燒博物館 ⑥ 可以來此品嘗章魚燒

御堂筋

心齋橋購物街

戎橋

4 一蘭拉麵道頓崛店本館

2 螃蟹道樂
1 固力果招牌　　　　5 章魚燒博物館
　　　　道頓堀　浮世小路　　　4 金龍拉麵
　　　　　　　　　　　　4 四大天王拉麵
　　　3 食倒太郎
　　　　　　　　　4 一蘭拉麵

🔍 道頓崛

年齡	全年齡
參觀時間	2 小時以上
哺乳室	無（請至鄰近大丸百貨心齋橋店）
尿布檯	無（請至鄰近大丸百貨心齋橋店）
飲食	沿路有非常多餐廳

道頓崛官網

🚃 交通指南

大阪地下鐵御堂筋線、四つ橋線、千日前線「なんば駅」15B 出口有電梯

阪神電車、近鐵「大阪難波駅」

なんば駅車站內部圖

A25 梅田藍天大廈展望台

梅田スカイビル

鄰近景點： A8 大丸百貨 13 樓 Tomica 組合工場
A11 大阪市立科學館

地圖 QR code 　雨天ok!

大阪有幾棟遊客喜愛造訪的指標性高樓，位於大阪梅田區的梅田藍天大廈為其中一棟。雖然高度為 173 公尺的梅田藍天大廈並非大阪最高大樓，但因為獨特的外型，一看就很容易辨識的地標特性，使其成為大阪廣受歡迎的指標性大樓。

梅田藍天大廈由建築師原廣司設計，1993 年完工，地上共有 40 層樓、地下 2 層，由東西兩棟建物構成，在頂部則以空中庭園展望台將兩棟建築物相連。從地面上仰望梅田藍天大廈，背景襯著藍色的天空，不難想見何以名為梅田藍天大廈。

其實這裡是商業大樓，大發柴油機株式會社和東芝集團辦公室皆在此，墨西哥領事館、德國總領事館也設置於大廈內。B1 有個餐廳區，另外，在 3、4 樓也有電影院。如果要參觀展望台，得要搭乘電梯到 39 樓購票，再到 40 樓參觀，也能到屋外參觀頂樓空中漫步區。因為 1 到 3 樓需搭乘手扶梯才能換乘電梯，如果推嬰兒車，孩子在睡覺無法下來自己走的話，可以請工作人員帶領，從辦公大樓裡搭乘電梯到 39 樓空中庭園展望台即可。

6

❶ 梅田藍天大廈 ❷ 辦公室與展望廳混合的大樓 ❸ 從入口處直接搭手扶梯上去換電梯 ❹ 入口有很清楚的指標 ❺ 室內展望廳能眺望 360 度美景 ❻ 離場時會經過這道電梯

❶ 空中庭園在藍天下非常美麗　❷ 大阪街景看得很清楚

　　不過在此要提醒大家，大阪梅田是個交通複雜的區域，從梅田車站要走到梅田藍天大廈，常常發生看得到遠處的大廈，卻怎麼樣也找不到大廈入口的狀況。可以依照下面的圖片指示來抵達會比較清楚，因為梅田區跟梅田藍天大廈中間隔著 JR 火車路線，從梅田區要到梅田藍天大廈一定要經過一條地下通道，沒有其他的方法喔！

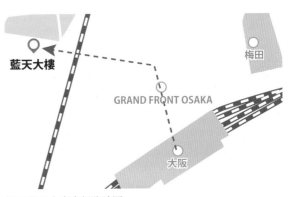

藍天大樓

梅田

GRAND FRONT OSAKA

大阪

梅田藍天大廈步行路線圖

1. 從 JR 梅田站先找到 GRAND FRONT OSAKA

2. 走到 GRAND FRONT OSAKA 南館跟北館的交叉路口 1 樓，面向北館方向往左手邊看，斜對角街頭會看到一個不是很起眼的地下道入口。

3. 過街，從地下道入口進入，可以直接推嬰兒車走斜坡。

4. 沿著地下道走到對面，再沿著自行車坡道出來。（如果沒推嬰兒車的可以跟著人潮走階梯會比較快）

5.過了街就到達梅田藍天大廈啦！

🔍 梅田藍天大廈展望台

地址	〒 531-6039 大阪市北区大淀中 1-1-88 梅田スカイビル
電話	06-6440-3855
營業時間	9:30 ～ 22:30（最後入館時間 22：00）（營業時間會依季節稍有變動）
休館日	無

官網

哺乳室　尿布檯　餐飲區　投幣式儲物櫃　停車場　紀念品商店　9:30~22:30　無休

年齡	全年齡適合
參觀時間	2 小時
嬰兒車	嬰兒車可推進去，但轉換手扶梯跟電梯比較麻煩，建議還是用背巾或是將嬰兒車折起來請孩子自己走
飲食	有餐廳
停車場	無
入場費	持大阪周遊卡當日可免費參觀

在此用餐感覺食物都飄浮在空中

	費用
大人	￥1500
4 歲以上～未上小學	￥700
0 ～ 3 歲	免費

🚋 交通指南

JR「大阪駅」、阪急「梅田駅」、大阪地下鐵御堂筋線「梅田駅」出站後再走路到達

阿倍野 HARUKAS 300 展望台

A26

ハルカス 300 展望台

鄰近景點： A6 天王寺動物園
A7 天王寺公園 -Playville
A38 阿倍野 Q's Mall

地圖 QR code

雨天ok!

　　大阪目前最高的建築物，就屬阿倍野 HARUKAS 大廈了。這裡總高度為 300 公尺，共有 60 層樓，於 2014 年建成。在全日本建築物高度排名第三，也是全日本最高的大樓。阿倍野 HARUKAS 大廈是棟複合式大樓，裡面有百貨公司、飯店、博物館、車站、美術館、展望台跟公司行號等，而阿倍野 HARUKAS 的建成也更加推升天王寺區的繁華程度。

　　這裡原先是近鐵南大阪線的起始站「大阪阿部野橋駅」所在地，2011 年開始改建成阿倍野 HARUKAS 大廈，「大阪阿部野橋駅」依舊保留於大廈內，搖身一變成為大阪天王寺區最繁華的商業大樓。

❶ 大阪最高的建築物 ❷ 與大阪阿部野橋駅共構 ❸ 搭乘專用電梯上 16 樓購票

❶ 16 樓購票入場 ❷ 16 樓空中花園 ❸ 60 樓的展望台 ❹ 可看到大阪風景 ❺ 難得的屋頂觀星活動
❻ 可以登上最頂樓停機坪觀星 ❼ 有趣的觀星活動

　　阿倍野 HARUKAS 300 展望台位於 58 到 60
層樓，可以從 1 樓搭乘專用電梯直達 16 樓購
票，然後再從 16 樓換搭電梯直達 HARUKAS
300 展望台。60 樓則是 360 度的天上迴廊室內
展望區，繞著它從各個角度看大阪，無論是白
天、黃昏還是夜晚時上來，從 60 樓看出去的
景色都非常迷人。

　　造訪時我剛好遇到三週年紀念活動，開放屋頂
陽台直昇機停機坪觀星活動，可以登上最頂樓停
機坪以天文望遠鏡觀星，非常難得！不過這個活
動只舉辦一次，建議去 HARUKAS 300 展望台
之前，先查詢目前是否有其他活動可以參加。

如果想要遇見真的阿倍野熊
一起拍照，可以留意日文官
網它出沒的時間，一個月會
有兩天有可能遇到它喔！

59 樓為紀念品販售樓層，可以在這邊拍紀念照，也能大買特買 HARUKAS 300 相關紀念品，有許多 HARUKAS 300 吉祥物阿倍野熊（あべのべあ）的相關紀念品可以買。58 樓是天空花園 300（Sky Garden 300）餐廳的所在地，如果想要享受浪漫晚餐，建議先訂位！若不想用餐者，也可以來 58 樓的空中庭園走走，別有一番風味。

空中花園還滿浪漫的

🔍 阿倍野 HARUKAS 300 展望台

地址	〒 545-0052 大阪市阿倍野區阿倍野筋 1-1-43
電話	06-6621-0300
營業時間	9：00 ～ 22：00
休館日	無休

官網

尿布檯　餐飲區　停車場　紀念品商店　09:00-22:00　無休

年齡	全年齡適合
參觀時間	2 小時
哺乳室	無
嬰兒車	可寄放，也可推進去
飲食	有咖啡廳
停車場	有
入場費	（當日券）持大阪周遊卡當日能以團體票價購票入場

從頂樓俯瞰空中庭園

	單次進出	當日多次進出（一日券）
成人（18 歲以上）	￥1500	￥1950
國、高中生（12 ～ 17 歲）	￥1200	￥1650
小學生（6 ～ 11 歲）	￥700	￥950
幼兒（4 ～ 6 歲）	￥500	￥750
0 ～ 3 歲	免費	免費

🚃 交通指南

JR「天王寺駅」及近鐵「大阪阿部野橋駅」站內直達

A27 黑門市場

鄰近景點：A24 道頓崛

地圖 QR code

雨天ok!

大阪市場裡最有名氣的就屬黑門市場了，也被譽為「食道樂」、「浪速人廚房」，想瞭解大阪人如何做生意、大阪人最愛的新鮮蔬果水產肉類，來黑門市場走一趟就能略窺一二。

黑門市場位於日本橋站不遠處，離繁華的難波區也不遠，位置可說是精華中的精華。於 1902 年設立，因附近有座圓明寺，早期稱為圓明寺市場，在圓明寺的東北向有個黑色山門，因此又被稱為黑門市場。

1912 年圓明寺火災燒毀後不復存在，但黑門市場卻屹立不搖至今。

這裡全長 580 公尺，以販賣鮮魚、肉類、蔬菜等三大生鮮店鋪為主，其中大約有 180 間店鋪。除了生鮮之外，還販賣熟食、餐廳、伴手禮、雜貨等等。也因為熟食餐廳的緣故，造訪黑門市場的外國遊客越來越多，現今來黑門市場大概 80％ 都是外國觀光客，真正來採買的在地人已經變成少數，變身為一座十足的觀光市場。

❶ 大阪最有名的黑門市場　❷ 這裡包羅許多生鮮食物　❸ 可買可現吃，觀光客很多
❹ 也可以買新鮮水果回去　❺ 海鮮現烤現吃　❻ 蔬果市集也很多

有人欣賞它豪邁作風現烤現吃的餐廳，有人中意它鮮度十足的魚類料理，也有人喜愛來這裡買糖果餅乾伴手禮。其實逛市場就是慢慢走慢慢看，看到喜歡的就停下來品嚐或購買，或者你也可以先下載黑門市場店鋪圖，來個地毯式大掃貨也可以。

請記住黑門市場的商店通常是早上 8 點或 9 點開到下午 5 點或 6 點收攤，許多店鋪會在週日休息，但有的店鋪是不定休，記得避開週日，在下午 5 點前來逛比較好（快收攤時也能撈點便宜貨）。

❶ 大啖魚蝦蟹的好時機　❷ 黑毛和牛現烤現吃

🔍 黑門市場

地址　　〒 542-0073 大阪府大阪市中央區日本橋 2 丁目 4 番 1 號
電話　　06-6631-0007
營業時間　8：00 ～ 18：00（各店家不同）
休館日　多半為週日，依店家各有不同，請查詢官網上各店鋪說明

官網

 8:00~18:00　 各店不同

年齡　　　全年齡
參觀時間　2 小時
嬰兒車　　嬰兒車可推進去
飲食　　　有餐廳

黑門市場是觀光客最愛

🚃 交通指南

大阪地下鐵千日前線、堺筋線「日本橋駅」5 號跟 10 號出口附近有電梯

日本橋駅
車站內部圖

A28 萬博記念公園

万博記念公園

鄰近景點：**A17** EXPOCITY-NIFREL 水族館
　　　　　A34 EXPOCITY 複合式商場

地圖 QR code

戶外景點

　萬博記念公園位於大阪北部，來到大阪很值得花上一天或半天的時間，帶孩子來此遊玩。這裡除了公園裡的美景跟遊樂設施，鄰近的 EXPOCITY 也提供許多親子景點好去處，可見本書 **A17** 項介紹的 EXPOCITY 相關親子景點。萬博記念公園在春天賞櫻跟秋天賞楓時，都是很受歡迎的景點，這裡佔地廣大，請千萬要安排足夠的時間好好享受它。

　萬博記念公園是利用 1970 年世界博覽會會場修建的公園，於 1972 年建成，其中包括自然文化園、日本庭園、國立民族學博物館等設施。佔地 264 公頃，面積非常龐大，結合自然園林、不同季節花卉、親子遊樂器材、運動設施、博物館等等，天氣好時非常適合來此逛逛。

　一到萬博記念公園，就能看到著名的太陽之塔，它是 1970 年由藝術家岡本太郎為世界博覽會會場所設計的建築，博覽會結束後它繼續屹立在萬博記念公園裡。塔高 70 公尺，大老遠就能看到它雄壯的模樣，晚上時刻，黃金之臉的眼睛部份還會亮起來，真的很難不注意到它。

　太陽之塔最上面的黃金之臉代表未來，正面身體上的是代表現在的太陽之臉，而轉到它身後則是代表過去的黑色太陽，內部是中空的。經過整修後，已於 2018 上半年開放參觀。

❶ 能玩上一整天的萬博公園 ❷ 需搭乘單軌電車到此 ❸ 背面為黑色太陽 ❹ 萬博公園園區非常廣大

❶ 自行車廣場有各式車輛 ❷ 大型溜滑梯很刺激 ❸ 孩子會玩得很開心 ❹ 也有比較不陡的部份可玩
❺ 海盜船遊具廣場 ❻ 非常具有想像力 ❼ 航行全世界一週的最小遊艇 ❽ 從海盜船上溜下來

　　在廣大的萬博記念公園內，有幾個設施是專屬兒童的天地，例如在入園後右手邊的自行車廣場（万博おもしろ自転車広場），3歲以上的孩子可以付費遊玩，0～2歲免費。裡面有各式不同造型的腳踏車，酷愛車子的孩子應該會滿喜歡的。

　　離自行車廣場不遠處有個大型的溜滑梯「やったねの木」。這個溜滑梯非常壯觀，有適合大孩子的高度，也有設計比較沒這麼驚險刺激，適合小小孩玩耍的高度，旁邊還有一些其他遊具設施，可以帶孩子來玩耍。

　　再往北邊走，會遇到看起來像是海盜船一樣的遊具廣場「エキスポみらいgo!」。這裡是以大海中的海盜船為藍本，除了帆船的造型遊具之外，連海中的大章魚怪物、大螃蟹都栩栩如生，變成有趣的遊具，真的非常有想像力呢！

在萬博記念公園內，還有一個很大的水池，叫做夢之池，這裡能搭乘人力天鵝船遊覽，全家人可以一起搭乘。在夢之池旁邊，停放著一台小遊艇叫做「信天翁二世號」，由大阪人青木洋自行建造，他一個人架著這艘「信天翁二世號」從日本出發，於 1974 年完成航行全世界一週的旅程，更獲得金氏世界紀錄認證為航行全世界一週最小的遊艇，目前展示於萬博記念公園內。

除了這些親子景點之外，萬博記念公園內還有國立民族學博物館跟日本庭院可供參觀，如果要花時間走透透，大概需要半天時間，記得趁天氣好時多留些時間慢慢逛遊。

夢之池的天鵝船

萬博記念公園

地址	〒 565-0826 大阪府吹田市千里万博公園 1-1
電話	0120-1970-89
營業時間	9：30 ～ 17：00（最後入館時間 16：30）
休館日	日本庭園・自然文化園每週三休息，另外有不定時休館，請查詢官網

官網

 哺乳室　 尿布檯　 嬰兒車租借　 投幣式儲物櫃　 餐飲區　 停車場　 紀念品商店　 09:30-17:00　 每週三

年齡	全年齡適合
參觀時間	3 小時～半天
嬰兒車	可租借，可推進去
飲食	有餐廳
停車場	有

入場費

	費用
成人	￥260
小學、中學生	￥80
0 歲～幼稚園	免費

來此一定要搭單軌電車

🚋 交通指南

從大阪市區交通換搭大阪單軌電車（大阪モノレール）至「万博記念公園駅」

A29 大泉綠地
おおいずみりょくち

地圖 QR code

鄰近景點：A5 Big Bang 大阪府立大型兒童館
A18 腳踏車博物館

位於大阪南邊的堺市，有個很大的休閒公園：大泉綠地。這裡共橫跨了堺市和松原市，為大阪四大綠地之一。老實說，這裡距離大阪市中心比較遠，但在大泉綠地的公園內遊具還不少，如果一起安排附近的親子景點 A5 Big Bang 大阪府立大型兒童館跟 A18 腳踏車博物館，倒是能順道一起來這裡玩樂一下。

大泉綠地佔地非常廣，共有 100 多公頃，園內種植著 32 萬株樹木，共有 200 種花草樹木。公園內有一個大泉池，夏天時池面能看到整片荷花非常美麗。如同它的名稱一般，大泉綠地裡的綠地與綠樹非常多，因此被選入大阪綠地百選景點之一（大阪みどりの百選）。

公園裡有不少大型兒童遊具，等著孩子們來冒險遊玩。共分為三大區為：頑皮樂園（わんぱくランド）、海洋樂園（海遊ランド）跟冒險樂園（冒險ランド），三個樂園的遊具主題都不同，都很適合孩子來探索！

❶ 公園內樹林處處 ❷ 大泉池與荷花 ❸ 有不少大型遊具 ❹ 很多日本爸媽帶孩子來玩

🔍 大泉綠地

地址	〒591-8022 大阪府堺市北區金岡町 128
電話	072-259-0316
營業時間	皆開放
休館日	無休

官網

 尿布檯　 餐飲區　 停車場　 24HR　 無休

年齡	全年齡	參觀時間	2 小時
嬰兒車	嬰兒車可推進去	飲食	有餐廳
停車場	有	入場費	無

🚃 交通指南

大阪地下鐵御堂筋線「新金岡駅」，出站後再走 10 分鐘

A30 服部綠地／日本民家集落博物館

鄰近景點：A16 Duskin 博物館與 Mister Dount 博物館

地圖 QR code

戶外景點

❶ 大阪在地的休閒公園 ❷ 天氣好的假日總是擠滿了人 ❸ 公園內也有遊樂設施

　　位於大阪北部的服部綠地，為大阪人的休閒好去處。這裡外國遊客較少，多半是大阪當地人趁著假日來此野餐、烤肉、做運動等，每當天氣好時，服部綠地更是人氣滿滿。賞櫻跟賞楓季節這裡更是聚集許多人前來，可說是大阪人的公園秘密基地。

　　這裡位於大阪郊區的豐中市，如果搭乘大阪地鐵御堂筋線，會接北大阪急行電鐵南北線到綠地公園站下車，如果持大阪一日車票搭車來此需要另補一段差額。服部綠地面積非常廣大，共有 126 公頃，相當於甲子園球場約 33 倍，其中有許多體育設施，也有兒童遊樂區、水池跟茂密森林及各式植物，在賞楓跟賞櫻季節非常受大家歡迎。這裡也被選為「日本的都市公園100 選」內。

日本民家集落博物館

　　在服部綠地裡有個很特別的博物館，叫做日本民家集落博物館。這裡是日本第一間露天博物館，於 1956 年開館。館內共有12 座來自日本各地的古民家傳統建築，最遠有從岩手縣而來的曲家，最南則是來自鹿兒島奄美大島的高倉，最著名的日本民家飛驒白川合掌村建築在這裡也能看到，每棟建築物都是從當地搬到這裡來的，狀態維護得很好。

　　每棟古民家都能進入參觀，有些需要參觀者脫鞋，有些不用。這些古民家還完整保存著內部構造與房間格局，就好像是社會文化的活教室一樣，不需千里迢迢跑到當地，就能欣賞到古民家之美。尤其一年四季有許多美麗的花卉開放，春天時櫻花綻放、秋天時楓紅處處，讓日本民家集落博物館變成服部綠地裡很特別的存在，每個週末會舉辦一些活動，有興趣的人可以參加。

　　這裡因為地形有坡度，也有些階梯，所以對於嬰兒車來說不是很好推，但有些民家內設有輪椅便道，讓推輪椅者能夠比較輕鬆的參觀此地。天氣好時很推薦來這邊體會日本各地的古民宅！

① 日本民家集落博物館　② 合掌村建築　③ 櫻花開時很漂亮　④ 能入內參觀建築內部　⑤ 小豆島農村舞台　⑥ 農家裡的穀倉

服部綠地／日本民家集落博物館

地址	〒 561-0873 大阪府豐中市服部綠地 1-2
電話	06-68623137（日本民家集落博物館）
營業時間	9：30 ～ 17：00（最後入館時間 16：30）
休館日	博物館每週一休，及 12 月 27 日～ 1 月 4 日，服部綠地無休

日本民家集落
博物館官網

尿布檯　參觀區禁止飲食　餐飲區　停車場　9:00-17:00　週一 12/27-1/4

年齡	全年齡
參觀時間	2 小時
嬰兒車	嬰兒車可推進去，但民家博物館境內有階梯，也有上下坡
飲食	公園內有餐廳，日本民家集落博物館禁止飲食吸煙
停車場	有

公園內有餐廳

入場費

	費用		費用
成人	￥500	高中生	￥300
國中生、小學生	￥200	0 歲～幼稚園	免費

🚃 交通指南

北大阪急行電鐵（從大阪地鐵御堂筋線直通連接）到「綠地公園駅」下車步行約 5 分鐘

A31 阪神甲子園球場／甲子園歷史館

鄰近景點：A4 KidZania 甲子園兒童職業體驗設施
A35 Lalaport 甲子園

地圖 QR code

雨天ok！

提到阪神甲子園球場，大家一定不陌生，這裡是棒球迷到關西一定要朝聖的地方，於日本職棒的地位屹立不搖。「甲子園」更等同於日本高中棒球的代名詞，來阪神甲子園球場，如果能看場球賽、參觀甲子園歷史館跟參加甲子園球場導覽，都是深入認識甲子園球場的好方法。

阪神甲子園球場位於日本兵庫縣西宮市甲子園町，處於大阪跟神戶的中間地帶。在 1924 年啟用時，當年的天干和地支剛好是甲子，因為這特別的年份，因而命名為甲子園。

阪神甲子園球場是日本職棒阪神虎隊的主場，也是日本每年春、夏兩季全國高中棒球聯賽時的指定球場，因此廣為人知。而阪神虎隊的球迷是出了名的死忠，就算你不是職棒球迷，如果有機會到甲子園看棒球，體會一下球迷們的熱情程度也很不錯。不過因為阪神虎球迷太死忠了，所以

每逢日本職棒阪神虎隊出賽的賽程，門票總是很快就搶購一空，想購買的人請趁早。

如果沒機會看球賽，可不要錯過甲子園歷史館，其中包括高中棒球區、阪神虎隊區、甲子園歷史跟甲子園廣場，以及美式足球甲子園盃專區。雖然佔地不大，裡面卻蒐羅了許多跟日本棒球相關的文物，其中也有展示嘉農（KANO）當初在甲子園比賽的相關文物。甲子園歷史館位於甲子園球場 2 樓，如果必須要推嬰兒車搭電梯進出的話，可以請工作人員帶領搭乘電梯。不然一般會需要請你將嬰兒車收起，走樓梯上 2 樓參觀。

甲子園歷史館也舉辦甲子園球場參觀行程，需要先行於網站上預約（日文網站），到現場付費參加。有時如果現場還有名額，也可以直接現場報名。有好幾種不同的參觀行程，多半都能進入球場、球員休息室及牛棚參觀，非常難得喔！

甲子園球場參觀行程預約網頁（僅日文）

❶ 阪神甲子園球場 ❷ 來甲子園球場看球賽 / 照片提供 Shaupin Liu ❸ 棒球迷都很想來此朝聖

❶ 甲子園歷史館　❷ 蒐羅十分詳細的歷史館　❸ 有許多棒球相關文物　❹ KANO 相關文物展覽
❺ 孩子也能摸摸棒球　❻ 阪神虎周邊商品應有盡有

🔍 阪神甲子園球場／甲子園歷史館

地址	甲子園球場 〒 663-8152 兵庫縣西宮市甲子園町 1 － 82
電話	甲子園球場 0180-997-750
營業時間	甲子園歷史館營業時間 10：00 ～ 18：00（11 月～ 2 月為 10：00 ～ 17：00）
休館日	每週一，可能臨時休館，請見官網

甲子園球場

甲子園歷史館

尿布檯	餐飲區	紀念品商店	10:00-18:00	週一

年齡	2 歲以上，需大人陪同入場
參觀時間	2 小時
嬰兒車	甲子園歷史館可推進去，看球賽的話收起後統一交給工作人員保管
飲食	有餐廳，歷史館內禁止飲食，看比賽時可飲食
停車場	無

入場費

甲子園歷史館	費用		費用
高中生以上	￥900	高中生	￥700
4 歲～中學生	￥500	0 ～ 3 歲	免費

甲子園駅電梯
按鈕十分可愛

🚃 交通指南

阪神電車「甲子園駅」走路 5 分鐘

A32 大阪巨蛋
京セラドーム大阪

鄰近景點： A36 大阪 AEON 購物商場

地圖 QR code

雨天ok!

1

2

3

　到大阪看棒球，想找離市中心比較近的球場，就來大阪巨蛋吧！大阪巨蛋（京セラドーム大阪）又名京瓷巨蛋。這個球場 1997 年啟用，為歐力士野牛隊的主場，也會作為展覽場館跟演唱會場地。這裡比較不像東京巨蛋那樣有許多複合式商場，就僅是單純的場地而已，不過因為交通方便，對於單純想帶孩子來體驗日本棒球樂趣的爸媽來說，這裡絕對是好去處。

　大阪巨蛋為日本「五大巨蛋」之一，其他四間日本巨蛋分別為：東京巨蛋、福岡巨蛋、名古屋巨蛋跟札幌巨蛋。雖然大阪巨蛋本身沒有太多其他賣場及遊樂設施，但大阪巨蛋旁邊就是一個滿大的 AEON 巨蛋城購物中心（イオン大阪ドームシティ店），也可以見之後所介紹的 A36 大阪 AEON 購物商場。

　大阪巨蛋比賽的票相較甲子園好買多了，不過每年夏天甲子園比賽進行時，阪神虎隊會借用大阪巨蛋當作暫時主場，這時的門票就不好買了，有興趣的人可以多多留意大阪巨蛋相關比賽跟演唱會資訊。

❶ 大阪巨蛋球場 ❷ 這裡是棒球、展覽、演唱會場地 ❸ 從地鐵一出來就看到歐力士的看板

 大阪巨蛋

地址	〒 550-0023 大阪市西區千代崎 3- 中 2-1		
電話	06-6586-0106	營業時間	依照活動開放時間為主
休館日	依照活動開放時間為主		

官網

| 哺乳室 | 尿布檯 | 餐飲區 | 投幣式儲物櫃 | 停車場 | 紀念品商店 | 依活動開放時間為主 | 依活動開放時間為主 |

年齡	全年齡適合	參觀時間	依活動而定
嬰兒車	有放置場	飲食	有餐廳，展區禁止飲食，除了嬰兒食品之外
停車場	有	入場費	依照活動票價為主

🚍 交通指南

大阪地鐵長堀鶴見綠地線「ドーム前千代崎駅」、阪神難波線「阪神ドーム前駅」、JR 大阪環狀線「大正駅」

A33 阿卡將本舖／關西地區大型嬰幼用品店：Babies ЯUs、西松屋

アカチャンホンポ / ベビーザらス / 西松屋

發源自關西地區，在亞洲遊客中最有人氣的阿卡將本舖，為大阪起家，總公司位於本町，目前在本町也有間店鋪。而西松屋則是在兵庫縣起家，它比較喜愛設點在郊區，價格也走低價策略。而 Babies ЯUs 則是來自美國的連鎖嬰童用品店，為 Toys ЯUs 底下專賣幼兒用品的品牌。

因為阿卡將本舖跟西松屋都是源自於關西，所以在關西地區要尋找大型嬰童用品店不困難（相較於東京市區內阿卡將本舖只有錦系町一家），爸媽們帶孩子來關西旅行，需要補貨時也可以買得很開心！

不過這些大型嬰童用品店受限於店鋪面積，多半還是得在市區外圍才能開設大型店鋪，至於古都奈良跟京都基本上在市區正中心要開這種大型店鋪難度比較高（除了京都車站跟九條町附近），建議還是在大阪補貨比較方便。下頁列出京阪神奈四個城市比較方便到達的大型嬰童用品店名單。另外提醒，店鋪都有可能會變動，需事先查詢官網確認目前最新資訊。

❶ 阿卡將本舖於大阪起家 ❷ 大型嬰幼用品店貨品齊全 ❸ 各類東西都能找到 ❹ 在大阪滿常見的阿卡將 ❺ 爸媽必來此補貨 ❻ 京都 yodobashi 不能錯過

大阪近市區嬰幼用品店

※ 掃描 QR code 可查詢分店地圖

• 阿卡將本舖

大阪本町店

地址　〒 541-0054 大阪府大阪市
中央區南本町 3-3-21

時間　10:00-20:00

電話　06-6258-7300

阿倍野 Q's Mall-2 樓 Ito-Yokado 店內

地址　〒 545-0052 大阪府大阪市阿倍
野區阿倍野筋 1-6-1 Ito-Yokado
店內 2 樓

時間　10:00-22:00

電話　06-6641-2520

Lalaport EXPOCITY-3 樓

地址　〒 565-0826 大阪府吹田市千里
万博公園 2-1Lalaport EXPOCITY
3 樓

時間　10:00-21:00

電話　06-4864-8446

• Babies Я Us

難波 PARKS-1 樓

地址　〒 556-0011 大阪府大阪市
浪速區難波中 2-10-70
難波 PARKS-1 樓

時間　11:00-21:00

電話　06-6633-7050

KUZUHA MALL 樟葉購物中心 南館 -2 樓

需搭京阪電鐵到樟葉站下車，位於樟葉購
物中心裡，也可見 KUZUHA MALL 樟葉
購物中心的介紹。

地址　〒 573-1121 大阪府枚方市楠葉
花園町 10-85 KUZUHA MALL
南館 -2 樓

時間　10:00-21:00

電話　072-851-6770

• 西松屋

EDION 京橋店

地址　大阪市城東區蒲生
1 丁目 9-10

時間　10:00-20:00

電話　06-69354400

京都近市區嬰幼用品店

• BabiesЯUs

AEON MALL 京都店

位於京都車站後面西九條上。

地址　〒 601-8417 京都府京都市南區
　　　西九條鳥居口町 1 番地
　　　京都 AEON MALL Kaede 館 1 樓

時間　10:00-21:00

電話　075-691-5657

• 西松屋

京都 yodobashi 店 4 樓

京都塔所在地 yodobashi 裡面。

地址　京都市下京區烏丸通七條下ル東
　　　塩小路町 590-2 京都 yodobashi
　　　4 樓

時間　9:30-22:00

電話　080-7636-4960

西松屋也能買得很開心

兵庫縣 / 神戶近市區嬰幼用品店

• 阿卡將本舖

ACTA 西宮店 2 樓

地址　〒 663-8035
　　　兵庫縣西宮市北口町 1-2
　　　ACTA 西宮東館 4F

時間　10:00-22:00

電話　0798-69-3511

• Babies Я Us

神戶臨海樂園 UMIE 店 -4 樓

地址　〒 650-0044 兵庫神戶市中央區
　　　東川崎町 1-7-2　神戶臨海樂園
　　　UMIE-4 樓

時間　10:00-21:00

電話　078-382-2888

• 西松屋

ピフレ新長田店 -2 樓

這間就在要去看鐵人 28 號的新長田站出
口對面大樓內。

地址　神戶市長田區若松町 4 丁目 8 番
　　　地ピフレ新長田店 -2 樓

時間　10:00-20:00（每個月第 2、4 個
　　　週三公休）

電話　080-4589-2568

Lalaport EXPOCITY
A34

ららぽーと EXPOCITY

鄰近景點：A17 EXPOCITY-NIFREL 水族館
A28 萬博記念公園

地圖 QR code

雨天ok!

　　如果計畫去大阪北部的萬博公園，可別錯過來 Lalaport EXPOCITY 逛街購物的好機會。這裡不僅集結了許多遊樂場所，包括之前所介紹過 A17 EXPOCITY-NIFREL 水族館之外，還有其他一些適合親子玩樂的設施。尤其更能在 Lalaport 享受美食跟購物樂趣，這裡幾乎所有知名品都找得到，來到大阪萬博公園區，一定要安排至少一天的時間好好玩個夠！

　　Lalaport 由三井不動產所開發，遍布於日本各地的大型購物中心。而這間 Lalaport EXPOCITY 也是號稱西日本最大間購物中心，位於大阪萬博記念公園對面，2015 年 11 月開幕，幾乎所有品牌都能在裡面找到，除此之外還有許多好玩的設施保證讓你玩上一整天。除了先前特別介紹的三個大型設施之外，還有一進入 EXPOCITY 園區就會看到的「ANIPO 動物玩偶遊園地」，這裡是集結了空中腳踏車、玩水槍、小火車及充氣遊樂區的小型遊園地，可以單獨付費入場遊玩，是消耗孩子體力的好地方。

　　再往內走，會看到「GUNDAM SQUARE」門口的兩隻大鋼彈正在打架，這裡也是鋼彈迷必踩景點，裡面有豐富的鋼彈專門店及鋼彈咖啡廳喔！

❶ EXPOCITY 非常值得逛一天 ❷ 結合遊樂設施及商場 ❸ 品牌應有盡有
❹ 遊樂器材都是分開付費 ❺ GUNDAM SQUARE 的大鋼彈很搶眼

REDHORSE OSAKA WHEEL 也是一進入 EXPOCITY 立刻會看到的設施，它是號稱目前日本最高的摩天輪，共高 123 公尺（2017 年數據），無論白天或晚上都很適合前來搭乘。所有車廂裡都有空調，不用怕白天很炎熱。

看過《笑笑羊》電影（Shaun the Sheep）嗎？這隻由英國卡通《酷狗寶貝》（Wallace and Gromit）所發展出來的動畫，也在 Lalaport EXPOCITY 的 3 樓開設了一間室內主題遊樂園區「ENTERTAINMENT FIELD」，如果對這部卡通有興趣的孩子，可以帶孩子來這邊玩耍。

因為 Lalaport EXPOCITY 裡面品牌太多了，建議可以先上官網查詢有興趣的品牌。3 樓為許多嬰童衣物用品聚集處，其中包括阿卡將本舖、MIKI HOUSE、DADWAY、樂高等店，如果想替孩子添購衣物用品建議可以先去 3 樓尋找。

❶ NIFREAL 水族館　❷ 酷狗寶貝主題樂園　❸ 酷狗寶貝很可愛　❹ 3 樓有許多嬰童用品品牌

🔍 Lalaport EXPOCITY

地址	〒 565-0826 大阪府吹田市千里万博公園 2-1
電話	0120-355-231
營業時間	10：00-21：00
休館日	無休

官網

年齡	全年齡適合
參觀時間	半天～整天
遊戲區	有
嬰兒車	可租借、可推進去
飲食	有餐廳
停車場	有

 哺乳室
 尿布檯
 兒童遊戲室
 嬰兒車租借
 投幣式儲物櫃

 餐飲區
 停車場
 紀念品商店
 10:00-21:00
 無休

🚃 交通指南

大阪地鐵御堂筋線轉搭大阪モノレール至「万博記念公園駅」下車

A35 Lalaport 甲子園

鄰近景點： A4 KidZania 甲子園兒童職業體驗設施
A31 阪神甲子園球場 / 甲子園歷史館

地圖 QR code

雨天 ok！

三井不動產旗下的 Lalaport 在關西共有三家，其中兩家都在大阪，一家位於兵庫縣，交通比較方便的就屬先前介紹的 Lalaport EXPOCITY，以及位於甲子園球場正對面的 Lalaport 甲子園。另一間 Lalaport 和泉離關西機場比較近，但因為交通不便，開車比較容易到達，還不如去臨空城 outlet 來得方便。

如果想安排甲子園相關景點，如 A4 Kid Zania 甲子園兒童職業體驗樂園跟 A31 阪神甲子園球場 / 甲子園歷史館，就可以一併來逛 Lalaport 甲子園，裡面吃喝玩買都有，很適合在逛完之後去餐廳用餐或休息。

兒童用品、衣服相關店鋪都集中在 2 樓，阿卡將本鋪位於 2 樓的 Ito-Yokado 裡，GAP KIDS 跟 UNIQLO 則在 1 樓。這裡的品牌沒有像 EXPOCITY 這麼多，但如果剛好來走訪甲子園景點，可以順道來逛逛。

❶ Lalaport 甲子園就在球場對面 ❷ 賣場很寬廣 ❸ 2 樓的 Ito-Yokado 有不少兒童用品 ❹ 阿卡將位於 Ito-Yokado 裡面

🔍 Lalaport 甲子園

地址	〒 663-8178 兵庫県西宮市甲子園八番町 1-100
電話	0798-44-4321
營業時間	10:00-21:00　　休館日　無休

官網

 哺乳室　 尿布檯　 嬰兒車租借　 投幣式儲物櫃　 餐飲區　 停車場　 紀念品商店　 10:00-21:00　無休

年齡	全年齡適合	參觀時間	3 小時
哺乳室	有	尿布檯	有
嬰兒車	可租借、可推進去	飲食	有餐廳
停車場	有		

🚃 交通指南

搭乘阪神電車「甲子園駅」下車、東改札口走至 LaLaport 甲子園購物中心裡

甲子園駅車站內部圖

A36 大阪 AEON 購物商場

雨天ok!

日本永旺集團所開設的 AEON MALL 遍布日本各地,旗下有分為大型購物中心永旺夢樂城、小型地區性購物中心跟 24 小時超市 GOURMET CITY。其中各間包羅不同店鋪品牌,但多半會附設超市。AEON MALL 在大阪市區出現頻率也滿高的,也有兩間很方便到達的店鋪。京都在京都車站後面的 AEON MALL 也很值得逛,不過在神戶跟奈良店鋪都設點在郊區,對於一般遊客來說不是很方便。以下列出方便到達、距離市區近的 AEON MALL。

大阪

永旺夢樂城大阪巨蛋城

地址　〒 550-0023 大阪府大阪市西區千代崎 3 丁目 13 番 1

時間　10:00-22:00
（依店鋪形式時間有所不同）

電話　06-6584-2500

京都

AEON MALL 京都

位於京都車站後面西九条上

地址　〒 601-8417 京都府京都市南區西九条鳥居口町 1 番地

時間　10:00-21:00
（依店鋪形式時間有所不同）

電話　075-691-1116

※ 掃描 QR code 可查詢分店地圖

❶ AEON MALL 在關西很常見 ❷ 有些在市區內能找到 ❸ 大阪巨蛋旁有間 AEON MALL ❹ 裡面的品牌也很多 ❺ 餐飲區內也有兒童遊戲區

鄰近景點： A9 枚方公園
A20 京阪電車博物館 SANZEN-HIROBA

A37 KUZUHA MALL 樟葉購物中心
枚方 T-SITE 蔦屋書店

くずはモール

地圖 QR code

雨天 ok!

KUZUHA MALL 樟葉購物中心

　　往來大阪京都之間的京阪電鐵，推廣京都大阪沿線景點不遺餘力，不僅推出了很划算的京阪電鐵一日、二日券，能夠橫跨大阪、京都兩地使用，在京阪電鐵沿線也致力於開發大型購物中心。其在京阪電鐵沿線上的樟葉站外，建立了一間包羅許多品牌的 KUZUHA MALL 樟葉購物中心。這間樟葉購物中心前身為京阪樟葉購物街（京阪くずはモール街），後來因老舊而全面翻修，2005 年重新以 KUZUHA MALL 樟葉購物中心開幕。嶄新的建築、寬廣的購物中心，同時也帶動了大阪枚方市的經濟繁榮，後來於 2014 年又陸續增建，遂讓 KUZUHA MALL 樟葉購物中心成為更大型的購物中心。

❶ KUZUHA MALL 樟葉購物中心　❷ 裡面也有大型嬰童用品店　❸ 位於樟葉站出口

　　KUZUHA MALL 樟葉購物中心分成三棟樓，本館有兩棟，另外還有一棟南館，佔地面積非常大。其中 A20 京阪電車博物館 SANZEN-HIROBA 位於南館 1 樓，Babies Я Us 位於南館 2 樓，Gap/GapKids 位於本館的 1、2 樓。不過 KUZUHA MALL 樟葉購物中心沒有專門兒童用品專屬樓層，而是散佈在各區，屬於大型的綜合購物中心。

枚方 T-SITE 蔦屋書店

極具設計感的蔦屋書店，最早就是從大阪枚方市起家的。當時 TSUTAYA 在 1983 年 3 月 24 日於大阪枚方市創立第一家店鋪，名字就叫做「蔦屋書店 枚方駅前店」，後來結合枚方站前近鐵百貨所在地，於 2016 年 5 月在此開設了枚方 T-SITE 蔦屋書店，將原先的蔦屋書店擴大成複合式生活商場，結合書店與各式賣場及餐廳於一身，也成為枚方市的一大亮點。

從枚方市站走出來沿著 2 樓天橋，可以一路通往枚方 T-SITE 蔦屋書店。這棟壯觀又有設計感的建築，無論白天還是黑夜來看都很有特色。當然枚方 T-SITE 還有書店，3 樓一整層為蔦屋書店跟星巴克咖啡的天下，能在裡面盡情悠遊於文字世界。5 樓則完全開闢為兒童學習遊樂中心，裡面包括蔦屋書店童書專區；以幼兒為主的 Bornelund tot-garden 室內遊樂中心（ボーネルンド トット・ガーデン），專門提供未上小學兒童及嬰兒的付費遊樂場所；另外還有一個免費溜滑梯設施，可以讓孩子玩得很開心。當然也有兒童服飾專門店等等，很適合帶孩子來消磨時光。對大人來說，整個枚方 T-SITE 也非常好逛，裡面包羅飲食、購物、影音產品跟特色商品，很推薦找時間來枚方 T-SITE 逛逛。

❶ 位於蔦屋書店起家地重新開幕 ❷ 讓書迷跟設計迷前往朝聖 ❸ 5 樓裡有兒童專區 ❹ 兒童遊戲區
❺ 文青必朝聖的蔦屋書店

KUZUHA MALL 樟葉購物中心

地址　　〒 573-1121 大阪府枚方市楠葉花園町 15-1
電話　　072-866-3300
營業時間　10：00 ～ 21：00
休館日　　無，1/1 休館，請查詢官網

官網

| 哺乳室 | 尿布檯 | 嬰兒車租借 | 投幣式儲物櫃 | 餐飲區 | 停車場 | 10:00-21:00 | 1/1 |

年齡　　全年齡皆可　　　　　　參觀時間　3 小時
嬰兒車　可租借、可推進去　　　飲食　　　有餐廳
停車場　有

🚃 交通指南

京阪本線「樟葉駅」下車後走出車站即可看到枚方 KUZUHA MALL

枚方 T-SITE 蔦屋書店

地址　　〒 573-0032 大阪府枚方市岡東町 12-2
電話　　03-3770-7550
營業時間　各間店鋪不同，5 樓兒童區為 10:00-20:00，書店為 7:00-23:00
休館日　　各間店鋪不同，請查詢官網

官網

| 哺乳室 | 尿布檯 | 投幣式儲物櫃 | 餐飲區 | 停車場 | 紀念品商店 | 各店不同 | 各店不同 |

年齡　　全年齡皆可　　　　　參觀時間　3 小時
嬰兒車　可推進去　　　　　　飲食　　　有餐廳
停車場　有

🚃 交通指南

京阪電車「枚方市駅」南口出來沿著天橋走路 1 分鐘

A38 阿倍野 Harukas 近鐵總店 阿倍野 Q's Mall

あべのハルカス近鉄本店 / あべの Q's Mall

鄰近景點： A7 天王寺公園 -Playville
A26 阿倍野 HARUKAS 300 展望台

地圖 QR code

雨天ok!

1

大阪天王寺區，因阿倍野 Q's Mall 跟阿倍野 HARUKAS 大樓的落成，搖身一變成為大阪最繁華的商業中心之一。這一區不僅親子景點多，購物中心更是一間比一間豪華，先前於 A26 阿倍野 HARUKAS 300 展望台曾介紹過阿倍野 HARUKAS 大廈的背景歷史，近鐵百貨於阿倍野 HARUKAS 大樓裡從 B2 ～ 14 樓共佔據了 16 層樓面，集結許多店鋪，其中在 8 樓的是兒童服飾、玩具專區，這裡也有完善的哺乳室、尿布檯等設施。

2

3

❶ 阿倍野 Q's Mall ❷ 帶動天王寺區的商業繁華 ❸ 這裡有很多大品牌

❶ 阿倍野人行道橋可到達　❷ 3 樓兒童服飾店不少　❸ 也有海賊王相關產品

　　鄰近阿倍野 HARUKAS 的阿倍野 Q's Mall，比阿倍野 HARUKAS 還要早三年開業，於 2011 年就已經帶動天王寺地區的商業繁榮。隨著 2014 年阿倍野 HARUKAS 落成，阿倍野 Q's Mall 跟阿倍野 HARUKAS 的商店還是有所區隔，各有特色，兩者都能藉由 JR 天王寺站跟近鐵「大阪阿部野橋站」的阿倍野人行步道橋到達。

　　阿倍野 Q's Mall 在 2 樓 Ito-Yokado 裡有阿卡將本舖，3 樓的兒童服飾店較多，也有電器店 Big Camera。餐廳區品牌也很豐富，依舊保有著天王寺區大型購物中心的熱度。

🔍 阿倍野 Harukas 近鐵總店

地址	〒 545-0052 大阪市阿倍野區阿倍野筋 1-1-43
電話	06-6624-1111
營業時間	4-11 樓為 10:00-20:00，其他各樓層有所不同
休館日	無休

官網

 哺乳室　 尿布檯　 嬰兒車租借　 投幣式儲物櫃　 餐飲區　 停車場　 紀念品商店　 10:00-20:00　 無休

年齡	全年齡適合	嬰兒車	可租借、可推進去
飲食	有餐廳	停車場	有

🚋 交通指南

JR「天王寺駅」及近鐵「大阪阿部野橋駅」站內直達

🔍 阿倍野 Q's Mall

地址	〒 545-0052 大阪市阿倍野區阿倍野筋一丁目 6 番 1 號
電話	06-6556-7000
營業時間	10:00-21:00，各樓層有所不同
休館日	請查詢官網

官網

 哺乳室　尿布檯　嬰兒車租借　投幣式儲物櫃　餐飲區　停車場　紀念品商店　10:00-21:00　請查詢官網

年齡	全年齡適合	嬰兒車	可租借、可推進去
飲食	有餐廳	停車場	有

🚋 交通指南

JR「天王寺駅」及近鐵「大阪阿部野橋駅」出站後，沿著天橋人行道直達

Chapter 4

京都

傳統童趣的親子景點

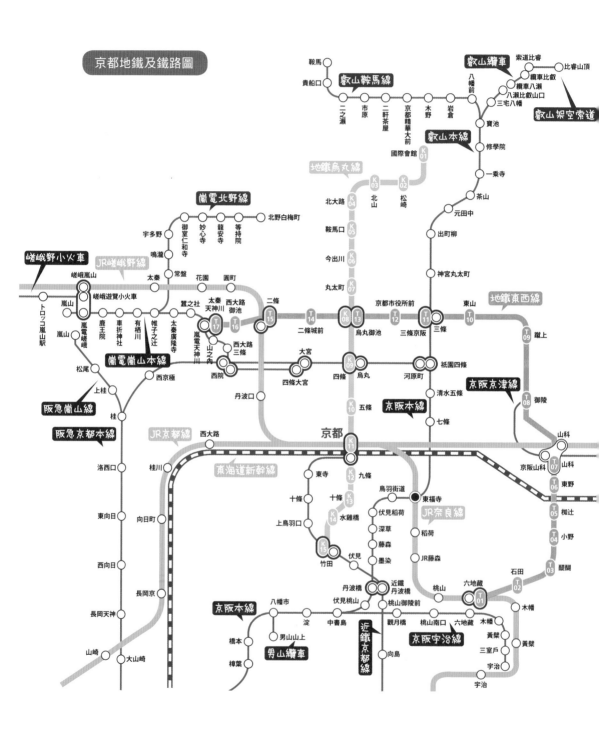

京都地鐵及鐵路圖

京都交通概括／實用交通票卡

千年古都京都，到處都能看到悠久的歷史，寺廟林立、傳統町家也多半保存得很完整。京都市區共分為 11 區，市區道路類似棋盤，十分工整，許多平安京時期的路名沿用至今。橫向道路多半以數字表示，例如一条通、二条通，一直到十条通，直向道路另有其名，兩者合一即為路口名，例如「四条河原町」就是四条通跟河原町通交會路口，讓人一聽到路口名就可以知道大概位置在哪裡。

京都地鐵路線不像大阪那樣密集，很多地點都要靠換乘巴士、搭計程車或走路才能到達，也因此，京都人習慣騎腳踏車，這也是最方便快速的移動方式。

我最推薦帶著孩子、推嬰兒車的爸媽搭乘地鐵（地鐵站出入口都有電梯，除上下班之外也不會太擠）；預算較高的可以搭乘計程車，尤其京都計程車相對日本其他城市來說便宜，搭乘短程車資不會太過昂貴。

對腿力有自信的人則可以租借腳踏車。京都巴士雖然非常方便，但一些熱門路線每次都擠滿了人，而且路線繞行很久又每站都停，反而會花去很多交通時間，不建議帶著孩子及推車的父母搭巴士，我真心建議以地鐵搭配計程車或步行走行程，若想搭乘巴士，則選擇較短程路線搭乘，比較不會擠得太辛苦。

❶ 京都的町家保存完整 ❷ 京都三条星巴克的鴨川納涼床 ❸ 京都計程車相對來說比較便宜 ❹ 京都公車很便捷

京都實用交通票卡

一天搭三趟以上
京都地鐵購買才划算！

1. 京都地鐵一日券
市営地下鉄 1day フリーチケット

　　京都地鐵一日券雖然只能用於京都市營地鐵烏丸線跟東西線，但如果你當日搭乘 3 趟以上就回本了。建議住宿可以安排在京都地鐵站附近，這樣利用這張套票也會比較划算。若當日排好的參觀行程剛好離京都地鐵站都不遠，可以精算一下如何利用這張地鐵一日券更划算。該票券能在京都地鐵的自動售票機購買。

京都地鐵一日券	
種類	一日券
票價	大人 ¥800 兒童 6~12 歲 ¥400
折扣設施	有 6-12 項設施享有折扣入場
交通票券限制	只能於使用當天無限次搭乘京都市營地鐵烏丸線跟東西線

※ 所有資訊皆為出版時資訊，請先至官網確認是否有變動

京都地鐵一日券
官網（日文）

2. 京都觀光一日（二日）乘車券

結合京都地下鐵跟巴士搭乘
區間套票，但價位較貴

　　這張票卡雖然能讓你在京都市區走透透，但實際精算起來，除非一天內你搭乘 6 趟地鐵加公車才划算。京都觀光一日券其實還比京都地鐵一日券＋京都巴士一日券分開買貴上 100 日幣，這張交通卡主要是圖個方便，但其實以 IC 交通卡直接搭乘交通工具也挺方便。

京都觀光一日（二日）乘車券

京都觀光一日券	
種類	一日券
票價	大人 ¥1100 兒童 6~12 歲 ¥550
折扣設施	有 6-12 項設施享有折扣入場
交通票券限制	京都市營地鐵、京都市巴士，不過市巴士限定區間使用，請參考官網

京都觀光一日
（二日）乘車券
官網（日文）

3. 京都巴士一日券

市バス・京都バス一日乘車券カード

最受歡迎的京都交通卡
也最多人使用

來京都最多人使用的就是京都巴士一日券，這張券對於想要利用巴士暢遊京都的人來說，真的非常划算。京都巴士單趟搭乘成人票價￥230、兒童票價￥120，只要你一天搭超過3趟就回本了，而且京都巴士網路密集，去哪裡都很方便。只是京都的遊客很多，許多人都會搭乘巴士觀光，也因此巴士通常都是處於擠得滿滿的狀態，對於帶孩子又有推車的爸媽來說，搭公車真的會擠到非常不舒服，建議還是搭地鐵或計程車比較舒適。不過有些景點無法利用地鐵到達，例如金閣寺，如果不打算搭計程車的話，就只能利用巴士。

京都巴士　　　京都巴士
一日券成人版　一日券兒童版

	京都巴士一日券
種類	一日券（將於 2024 年 3 月 1 日起停止發售）
票價	大人￥700、兒童 6~12 歲￥350
折扣設施	搭乘當天持巴士一日券，京都水族館、東映太秦映画村、京都鐵道博物館入場可優惠
交通票券限制	一天內無限搭乘市巴士、京都巴士。但高雄方面，桂‧洛西方面，大原方面在一日券區間外

※ 所有資訊皆為出版時資訊，請先至官網確認是否有變動

京都巴士一日券
官網（日文）

● 京都巴士一日券使用注意事項

★ 只能搭乘市巴士跟京都巴士及洛巴士。其他的民營巴士例如：京阪巴士、JR 巴士、阪急巴士…等其他巴士都不能使用。
★ 購買後未開卡前無限制到期日，一開卡背面會印字，就只能當天使用無限次搭乘，隔天失效。
★ 兒童 6 歲以下免購票（未上小學）。
★ 可以在巴士上直接跟司機購買（下車時走至車門邊跟司機購買。請備好零錢，京都巴士不負責找開五千日幣及一萬日幣紙鈔）、路邊販售機器、市巴士營業處、市巴士地下鐵案內所等地都可購買。
★ 請記得車子停穩後再往前移動下車，司機會等你，請勿在未停妥前急著移動。
★ 京都巴士統一後門上車，下車時再至前門付費下車，若持一日券，第一次搭乘於下車時插卡，第二次搭乘時，請將票卡背面印字提示給司機看即可。車子都會分成有 / 無抽整理券機器兩種巴士（無整理券：均一系統巴士；有整理券：多區間系統巴士），機台放置於後門上車處，若持京都巴士一日券者請注意。

3
❶ 市巴士（市バス）綠色車身 ❷ 京都巴士（京都バス）
❸ 洛巴士（洛バス）

● 京都巴士路線很複雜，要怎麼知道該搭哪輛巴士？

★ 可以看路邊附近公車站牌上面寫的：前往方向、停靠站、時刻表。

★ 利用 google map 規劃路線的功能，在地圖上點選出發點跟要去的地點，然後按大眾交通運輸選項查詢，也會幫你算好可以搭乘的巴士。

★ 也可以利用先前所介紹的「市バスどす」app 來使用（見第 46 頁）。

> 1.例如要去金閣寺，查到有 12、59、101、102、M1 等路線巴士可搭。
> 2.點開「市バスどす」app，點選系統中的上述公車，再點「地圖」按鈕，就會出現上述公車的路線圖，查詢哪輛車比較適合你搭乘。

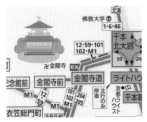

先從京都巴士路線圖找到金閣寺

點選要查的巴士號碼，之後就能顯示公車路線圖

4. 京阪電車一日、二日券

分大阪京都來回區間跟單純京都宇治間兩種票券

如果你住大阪，想定點來回遊玩京都，或者是在京都定點玩伏見稻荷跟宇治間的景點都很划算。在賞櫻時期，利用京阪電鐵能很方便到達各個賞櫻名所，車站也會每天更新最新賞櫻情報。這套票券在大阪的兩間旅遊中心跟京都旅遊中心都買得到。請注意！這種票券只賣給外國觀光客，所以一般京阪電鐵車站並無販售，必須至指定地點購買，詳情請見官網。

京阪電車一日、二日券（中文）

京阪電車分不同車種：特急、快速急行、急行、準急、區間急行、普通等車種，停靠站各有不同，可下載此 pdf

京阪電車乘車券

	京阪電車一日券（大阪京都）	京阪電車二日券（大阪京都）	京阪電車一日券（京都）
種類	一日券	二日券（可不連續使用）	一日券
票價	大人 ¥900	大人 ¥1400	大人 ¥600
折扣設施	有 20 項以上設施優惠券，需特別出示	有 20 項以上設施優惠券，需特別出示	有 20 項以上設施優惠券，需特別出示
交通票券限制	用於來往京都大阪間的京阪電鐵無限次搭乘	用於來往京都大阪間的京阪電鐵無限次搭乘	用於來往京都宇治間（最遠到八幡市）的京阪電鐵無限次搭乘

5. 京阪電車鞍馬、貴船一日券

バス＆えいでん 鞍馬・貴船日帰りきっぷ

先前的鞍馬、貴船一日券版本不包括巴士，但2017年4月1日起則納入京都巴士跟市巴士，價格也較舊版貴了￥200。不過如果想要到京都、鞍馬、貴船區域玩一整天，這張交通券還是很優惠，可以至京阪電鐵各站找票口站員或站長室購買。

鞍馬、貴船一日券	
種類	一日券
票價	大人￥1700（無兒童票）
折扣設施	有 6-12 項設施享有折扣入場
交通票券限制	京阪電車（東福寺駅～出町柳駅間）、叡山電車全線、京都巴士（包含鞍馬、貴船等地巴士，其他路線請依官網規定）、市巴士皆可搭乘

※ 所有資訊皆為出版時資訊，請先至官網確認是否有變動

京阪電車鞍馬、貴船
一日券（中文）

❶ 2017 年新版鞍馬、貴船一日券 ❷ 鞍馬天狗像 ❸ 於站長室購買鞍馬貴船一日券

6. 嵐電一日券 / 京都地下鐵、嵐電一日券

嵐電 1 日フリーきっぷ / 京都 地下鉄・嵐電 1day チケット

嵐電，其實就是京福電鐵經營的從京都市區開往嵐山路線地面電車，京福電鐵跟嵐電其實是一樣的。如果打算到嵐山玩透透的人，可以考慮購買嵐電所推出的這兩種優惠票券；嵐電搭乘一次就要￥220，如果你會搭到 3 趟以上，建議購買一日券比較划算。購買一日券只有在四条大宮、帷子ノ辻、嵐山、北野白梅町等四站票口能夠購買。

	嵐電 + 巴士一日券	京都地下鐵、嵐電一日券
種類	一日券	一日券
票價	大人￥1200	大人￥1200（無兒童票）
折扣設施	有 30 項設施有小贈品或折扣	
交通票券限制	嵐電的嵐山本線跟北野線一日搭乘	京都地下鐵、嵐電全線一日搭乘
何處購買	四条大宮、帷子ノ辻、嵐山、北野白梅町等四站票口	

※ 所有資訊皆為出版時資訊，請先至官網確認是否有變動

嵐電優惠乘車券
官網（日文）

行走嵐山間的嵐電

京都租借腳踏車

　　來京都想更自在的遊玩，或許可以考慮帶孩子租一台親子腳踏車逛遊。許多京都人也騎腳踏車通勤或上下學，自行車也更能深入京都各處景點。不過來京都騎腳踏車要注意，不能隨便停放，得要停放在專用的腳踏車停車場；若停在店家前面，要先詢問是否能夠停放，請特別注意。

EMUSICA 出町柳店腳踏車最多

　　另外，租借店家大部份都會提供兒童腳踏車安全帽，可事先詢問確認。以下推薦有租借親子腳踏車及一般腳踏車的店家。

Rent a cycle EMUSICA

　　這間店算是在京都租借腳踏車很划算的店家，如果租借天數長，租金攤下來會更便宜。京都目前共有三家 Rent a cycle EMUSICA，出町柳店、四条河原町店跟祇園店都各有一家，也可以甲店借乙店還（需多付些費用），算是很便利的措施。價格當天歸還為 800 日幣、隔天歸還 1100 日幣，若租長期還有折扣。可租借前面或後面的腳踏車安全兒童椅（需另外加費用）。所有租借費用都有可能調漲或依車種不同有特殊費用，請至官網確認最新費率。在此列出出町柳店址，其他兩間分店請至官網查詢。

🔍 出町柳店（這裡腳踏車最多）

地址	〒 606-8205 京都市左京区田中上柳町 24（於京阪電車、叡山電車出町柳駅附近）
電話	075-200-8219
營業時間	平日 9：00 ～ 23：30、週末假日 9：00 ～ 22：30

EMUSICA 官網

🔍 J-Cycle

　　J-Cycle 位於京都四條烏丸附近。這一區為京都觀光景點聚集地，在此租借腳踏車騎到附近逛遊很方便。提供變速車、電動車、兒童腳踏車及兒童安全座椅租借，一天費用為 800 日幣起跳，也可租借腳踏車導航（為日語）。

地址	〒 600-8401 京都市下京區燈籠町 570 番地 京都東洞院高辻ビル地下 1F
電話	075-341-3196　　營業時間 10：00 ～ 19：00

J-Cycle 官網

🔍 京都 eco Trip

　　這間腳踏車出租店位於京都車站附近，交通非常便利。有提供變速車、電動車、兒童腳踏車及兒童安全座椅租借，一天費用 900 日幣起跳，可以事先預約，也可以請他們將腳踏車送達你住宿的地方，但需要住宿地點有腳踏車停車場，並且此服務需追加費用。

eco Trip 官網

地址	〒京都市南區東九条室町 56 番地
電話	075-691-0794　　營業時間 9：00 ～ 18：00

京都親子住宿

　　京都無論何時遊客都很多，尤其以賞櫻、賞楓以及有祭典時為最。想訂到京都交通方便又符合預算的房間，建議在出發前三、四個月就要開始尋找，時間越近房間越難訂，不是剩下要價高昂的房間，再不然就是交通比較不便利的住宿。帶孩子到京都若需利用推車的人，盡量搭乘地鐵跟計程車，選擇離地鐵站近的住宿真的很重要。

❶ 京都無論何時遊客都很多　❷ 賞櫻賞楓季節住宿很不好訂

京都車站

離 JR 京都站很近，往來京都交通方便

◆◆◆◆◆◆◆◆◆◆◆◆◆◆◆◆◆◆◆◆◆◆◆◆◆◆◆◆◆◆◆◆◆◆◆◆◆

中價：雙人房價為一晚一萬五～三萬日幣左右（約台幣 4000-8000 左右）

近鐵京都車站飯店
ホテル近鉄京都駅

單人房　雙人房　雙床房
三人房

兒童免費：10 歲以下
早餐 4 歲以上要付費，大人費用計價

近鐵京都車站飯店交通十分便利，它就在京都車站裡面，要到京都或關西各處都很方便。房間從 16 平方公尺起跳，面積滿大的，帶孩子住起來也很舒服，不過價格不便宜。

・地　址：〒 600-8215 京都府京都市下京區東塩小路釜殿町 1-9
・電　話：075-692-2111
・地鐵站：京都駅（京都站中央改札口、近鐵改札口）

官網　地圖

照片提供 /Peggy Lai

京都 IBIS 宜必思尚品京都車站飯店
イビススタイルズ京都ステーション

單人房　雙人房　雙床房
無障礙房

兒童免費：6 歲以下

房間不大，最大的房間為 17 平方公尺，但交通便利，離機場巴士站也不遠。

・地　址：〒 601-8002 京都府京都市南區東九條上殿田町 47
・電　話：075-693-8444
・地鐵站：京都駅下車，出站後往京都駅八條口走路 1 分鐘

Accor
集團官網　訂房　地圖

相鐵 Fresa Inn
京都站八條口

單人房　雙人房　雙床房

三人房　四人房

兒童免費：6 歲以下

2017 年 4 月 15 日新開幕飯店，離京都站八条口出來走路 2 分鐘路程，離京都站非常近。房間從 12 平方公尺起跳，也有較大房型，17 平方公尺跟 23 平方公尺的都有。

・地　　址：〒 601-8003 京都府京都市南區東九条西山王町 11
・電　　話：075-284-0203
・地鐵站：京都駅下，出站後往京都駅八条口走路 2 分鐘

官網　　　　　　　訂房　　　　　　　地圖

京阪京都格蘭德酒店
ホテル京阪京都グランデ

單人房　雙人房　雙床房

三人房　四人房

兒童免費：6 歲以下

房間寬闊，雙人房從 23 平方公尺起跳，交通也很方便，從京都站八条口走路一下子就到。機場巴士可直達。可提供嬰兒床（需先預約）。

・地　　址：〒 601-8003 京都府京都市南區東九条西山王町 31
・電　　話：075-661-0321
・地鐵站：京都駅下車，出站後往京都駅八条口走路 1 分鐘

官網　　　　　　　訂房　　　　　　　地圖

京都都飯店
新・都ホテル

單人房　雙人房　雙床房

兒童免費：6 歲以下

房間 21 平方公尺起跳，房間都算大，可提供嬰兒床（需先預約）。週末及週間價差大。

・地　　址：〒 601-8412 京都府京都市南區西九条院町 17
・電　　話：075-662-7952
・地鐵站：京都駅，出站後往京都駅八条口走路 5 分鐘

官網　　　　　　　訂房　　　　　　　地圖

京家

2 ～ 6 人和室房型

兒童免費：6 歲以下

這間靠近京都塔附近的住宿，是專門針對嬰兒及兒童入住的傳統和室一泊二食住宿，也獲得日本「歡迎寶寶住宿協會」（ウェルカムベビーのお宿）的認證。價格都是一泊二食價，每間房間皆為榻榻米和室房，均免費提供所有你想得到的嬰兒用品（消毒鍋、嬰兒椅等等），也可以免費借 wifi 機跟兒童浴衣。加價付費可以幫你準備離乳食給寶寶食用，也有付費的嬰兒按摩，想要找對寶寶友善的傳統和室住宿，來京家準沒錯。

・地　　址：〒 600-8216 京都市下京區不明門通塩小路上ル 717
・電　　話：075-351-1717
・地鐵站：京都駅，往京都塔方向走右轉約走 5 分鐘

官網（於官網訂房即可）　　　　　　　地圖

三条、四条、五条、烏丸區

京都觀光、購物中心區域

◆◆◆

中價：雙人房價為一晚一萬五～三萬日幣左右（約台幣 4000-8000 左右）

京都烏丸五條馨樂庭
シタディーン京都烏丸五条

單人房　雙人房　雙床房

兒童免費：6 歲以下

馨樂庭雙床房 照片提供 /Freda Chen

房間很大，有 25 平方公尺以上。馨樂庭的特色是房間內有附小廚房，烹飪用具及杯盤很齊全。離地下鐵五条　非常近，附近也有超市，十分方便。要往市中心或清水寺區域觀光都很方便。

・地　　址：〒 600-8105 京都府京都市下京區五条通烏丸東入松屋町 432
・電　　話：075-352-8900
・地鐵站：五条駅

 官網　　 訂房　　 地圖

Daiwa Roynet 京都四条烏丸
ダイワロイネットホテル京都四条烏丸

單人房　雙人房　雙床房
三人房

兒童免費：6 歲以下

房間從 18 平方公尺起跳。這裡的地理位置也很好，離地鐵四条站很近，用走的就能到熱鬧的烏丸四条。

Daiwa Roynet 系列飯店品質都不錯，可預約嬰兒床。

・地　　址：〒 600-8413 京都府京都市下京區烏丸通仏光寺下る 大政所町 678
・電　　話：075-342-1166
・地鐵站：四条駅

 官網　　 訂房　　 地圖

京都公主日航飯店
ホテル日航プリンセス京都

單人房　雙人房　雙床房
三人房

兒童免費：6 歲以下

房間很大，24 平方公尺起跳。是交通方便的安靜區域，離地鐵四条站滿近。可預約嬰兒床。

・地　　址：〒 600-8096 京都市下京區烏丸高辻東入高橋町 630 番地
・電　　話：075-342-2111
・地鐵站：四条駅

 官網　　 訂房　　 地圖

三井花園飯店 京都三条

三井ガーデンホテル京都三条

單人房　雙人房　雙床房

三人房　四人房

兒童免費：6 歲以下

房間 16 平方公尺起跳，雙人房型以上的床為大床。沒有嬰兒床，但可以提供床邊圍欄（需先預約）。

・地　址：〒604-8166 京都府京都市中京區三条通烏丸西入御倉町 80
・電　話：075-256-3331
・地鐵站：烏丸御池駅出口走路 1 分鐘

官網　　訂房　　地圖

平價：雙人房價為一晚一萬五日幣以下（約台幣 4000 以下）

東橫 INN 京都四條烏丸

單人房　雙人房　雙床房

兒童免費：12 歲以下

房間不大，單人房床寬為 140 公分寬，雙人房床寬 160 公分，12 歲以下免費入住（一床限一位小孩）。這間地點很好，離烏丸站很近。京都東橫 inn 遇旺季非常搶手。附免費早餐。

・地　址：〒600-8008 京都府京都市下京區四條通烏丸東入長刀鉾町 28
・電　話：075-212-1045
・地鐵站：地下鐵烏丸線「四条駅」、阪急京都線「烏丸駅」

官網（於官網訂房即可）　　地圖

東橫 INN 京都五條烏丸

單人房　雙人房　雙床房

無障礙房

兒童免費：12 歲以下

房間不大，床寬為 140 公分寬，12 歲以下免費入住（一床限一位小孩）。這間地點也很好，離地鐵站稍微遠一點，在地鐵四条站跟五条站中間。京都東橫 inn 遇旺季非常搶手。附免費早餐。

・地　址：〒600-8418 京都府京都市下京區烏丸通松原下五條烏丸町 393 番
・電　話：075-344-1045
・地鐵站：地鐵四条站跟五条站中間，離五条站比較近

官網（於官網訂房即可）　　地圖

東橫 INN 京都四條大宮

單人房　雙人房　雙床房

無障礙房

兒童免費：12 歲以下

房間不大，單人房床寬為 140 公分寬，雙人房床寬 160 公分，12 歲以下免費入住（一床限一位小孩）。如果想去嵐山的話，訂這間很方便，大宮站出來可以接嵐電四条大宮站非常近。京都東橫 inn 遇旺季非常搶手。附免費早餐。

- 地　　址：〒 604-8804 京都府京都市中京區壬生坊城町 6-2
- 電　　話：075-803-1045
- 地鐵站：大宮站

 官網（於官網訂房即可） 地圖

京都四條烏丸
UNIZO 飯店
ホテルユニゾ京都四条烏丸

單人房　雙人房　雙床房

無障礙房

兒童免費：6 歲以下

一般雙人房不大，床寬為 140 公分寬，需要訂雙床房才有 19 平方公尺起跳。6 歲以下免費入住，交通方便。

- 地　　址：〒 600-8493 京都府京都市下京區四条通西洞院東入郭巨山町 8 番
- 電　　話：075-241-4125
- 地鐵站：地下鐵烏丸線「四条駅」、阪急京都線「烏丸駅」走路 4 分鐘

 官網 訂房 地圖

HOTEL MYSTAYS
京都四條
ホテルマイステイズ京都四条

單人房　雙人房　雙床房

三人房

兒童免費：12 歲以下

房間 18 平方公尺起跳，有床寬 160 公分大床型。這間位於四条站跟大宮站中間，12 歲以下可免費入住。若住大房型可預約嬰兒床。mystay 系統線上客服可以用中文詢問，回覆很快喔！

- 地　　址：〒 600-8494 京都府京都市下京區四条通油小路東入ル傘鉾町 52
- 電　　話：075-283-3939
- 地鐵站：地下鐵四条站、阪急烏丸站走路 6 分鐘

 官網 訂房 地圖

京都祭典 / 市集一覽表

　京都各個季節都有特殊大型祭典，許多寺廟也會舉辦小型祭典。有些祭典每年時間可能不一定相同，需要上官網查詢才能得知。有些祭典為固定週期舉辦，如果來京都剛好遇到也能安排前往參觀。當遇到京都三大祭典舉辦時，京都可是會擠滿參觀人潮，住宿也變得難訂又貴，若想要體驗祭典的熱鬧感，還是要提早規劃比較好。

京都三大祭典及五山送火時間表

名稱	舉辦日期	詳情
葵祭	5 月 15 日舉辦	早上 10：30 由京都御所經下鴨神社，到達上賀茂神社。
祇園祭 後祭山鉾巡行 圖片提供 /Phoebe Pi Wu	7 月 1 日到 7 月 30 日之間	分為前祭跟後祭。期間都會有很多活動，最多人參加的就是宵山、山鉾巡行跟花傘巡行，可上八坂神社官網查詢正確日期。
大文字五山送火 嵯峨野觀光鐵道博物館裡五山送火模型	8 月 16 日晚間 8 點左右依序點燃	為日本盂蘭盆會結尾的傳統活動，共分五座山頭點燃不同文字的篝火，共有大文字、妙法、船形、大（左大文字）、鳥居形各五種。
時代祭	每年 10 月 22 日	於平安神宮舉行。時代祭是為了要讓人們瞭解京都的歷史跟文化，以包含八個時代的「時代行列」形式，在每年 10 月 22 日中午 12 點，從京都御所前出發，約下午 2 點半遊行到達平安神宮。

京都市集一覽表

京都在每個月或每年都會固定舉辦市集，有些是手作市集，有些是古董市集，以下特別挑選幾個容易到達又知名的市集提供大家參考。有些市集不是很方便推嬰兒車，都會特別在詳情內註明。

名稱	時間	地點	詳情
梅小路手作市集 梅小路公園手づくり市	每月第一個週六 9:00~16:00 注意：1 月跟 5 月休市	交通：直接從 JR 京都站搭公車到梅小路公園 地址：京都市下京區七條大宮　梅小路公園	有吃有喝有玩，還有很多手作小物。這裡適合親子同遊，場地比較寬廣可以推嬰兒車。梅小路手作市集和百萬遍手作市集是同一個主辦單位，攤位類似。
百萬遍手作市集 百万遍さんの手づくり市	每月 15 日（遇雨照常舉行） 08:00~16:00	交通：京阪電鐵出町柳駅走過去約 11 分鐘 地址：京都市左京區田中門前町 知恩寺境內	這裡的場地比較小，不太適合推嬰兒車。裡面也有吃有玩，以手作品為居多。
北野天滿宮 - 天神市 天神さん	每月 25 日 6:00~16:00	交通：京福電車（嵐電）至「北野白梅町駅」，步行 5 分鐘。或搭市巴士 50、101、102、203 在「北野天滿宮前」下車 地址：京都市上京區北野天滿宮	以古董為主的市集，方便推嬰兒車，若喜歡看古董挖寶的人可去，有些杯盤、古董可挖寶。每個月 25 日長五郎餅也會到北野天滿宮的茶屋販賣，請務必試試看。
醍醐寺 - 醍醐市 だいごいち	每月 29 日 9:00~16:00	交通：地下鐵醍醐站，步行約 10 分鐘 地址：京都市伏見區醍醐東大路町 22	舊貨、古董、食物市集，當天還有提供 200 份免費的藥膳粥，發完為止，通常早上才喝得到。
上賀茂手作市集 上賀茂手づくり市	每月第四個星期日 10:00~16:00	交通：搭乘市巴士 4 或 46 號至「上賀茂神社前」 地址：京都市北區上賀茂本山 339	有吃有喝有手作，這裡還算好推嬰兒車。

B1 京都鐵道博物館

鄰近景點： B2 京都水族館
B30 梅小路公園

地圖 QR code

雨天ok!

1

2

3

　來京都首推的親子景點就是京都鐵道博物館，不僅是喜歡鐵路的小朋友愛去，就連大人們也看得津津有味。館內蒐羅了許多珍貴的鐵道相關資訊，非常值得造訪。

　京都鐵道博物館前身為梅小路蒸汽機關車館，1972 年成立，於 2015 年關閉整修，後來在 2016 年 4 月 29 日重新開幕改名為京都鐵道博物館。館內收納原梅小路蒸汽機關車館的館藏，並承接 2014 年關閉的交通科學博物館部份展品再擴建，京都鐵道博物館便成為日本最大的鐵道博物館，全館展示面積為 31000 平方公尺，比位於大宮的鐵道博物館還要大（詳見《東京親子遊》）。館內也有日本最大的鐵路模型展示，非常壯觀！

　京都鐵道博物館共有三層，如果真的要全部仔細看完，必須得花上一整天的時間。建議入場後先拿份地圖，會比較清楚展區位置。1 樓主要以展示實體火車為主，還有火車相關的構造都細緻地展現出來。從一入場的散步道就能看到三輛火車搶眼地在門口迎接大家，分別是 C62 型 26 號機蒸汽火車、日本國鐵クハ 86 型 1 號電聯車，以及日本新幹線的第一代車輛：新幹線 0 系 21 型 1 號車。

4

❶ 京都鐵道博物館 2016 年開館 ❷ 這裡是一定要造訪的景點 ❸ 大人小孩都很喜歡 ❹ 散步道展示的三輛火車

到了 1 樓大廳後，三輛非常壯觀的電車映入眼簾，分別是新幹線 500 系電車、寢台特急 581 型電車跟日本國鐵 485 系電車，每輛都非常具有代表性。看到這裡孩子們應該開心得不得了。除了大型的電車、火車展覽外，京都鐵道博物館非常鉅細靡遺的展示了火車的構造，也能讓孩子們實際使用電車駕駛台，體驗當駕駛員的感覺。

在 2 樓則將早年的車站跟現代車站還原，讓孩子可以實際買票、投入票卡、並看到票卡投入驗票機裡的運轉過程，非常有趣！其中一區為實際體驗當駕駛員的區域，需要抽體驗券，如果被選上了就能去體驗看看。另外，2 樓還有鐵道模型區域，也能讓孩子看得目不轉睛呢！ 3 樓則是展望台跟圖書室，在展望台能看到 JR 京都線、東海道新幹線等許多電車經過鐵道博物館附近的情形。

室內展場都看完之後，請務必移駕到室外的扇形車庫。這裡展示停放在梅小路扇形車庫裡的蒸汽火車；目前世界上保存下來的扇形車庫已經不多了，梅小路扇形車庫算是非常完整的一座。在這裡也能購票搭乘一段蒸汽火車，非常難得，請務必帶孩子來搭乘體驗。

出口處則是以前舊二條站的站房建築物，是日本目前現存最古老的木造站房，建造年份為 1904 年。京都鐵道於 1996 年為配合山陰本線二条站至花園站間的高架化工程，將舊站房移至博物館現址作為資料展示館，這棟站房獨具特色，又有其歷史背景，更能代表京都鐵道博物館豐富的歷史館藏。

❶ 在 1 樓大廳展示的新幹線 ❷ 230 型蒸汽火車 ❸ 也有各種讓孩子體驗的設施 ❹ 透明驗票機很有趣 ❺ 梅小路扇形車庫 ❻ 可以來搭蒸汽火車

🔍 京都鐵道博物館

地址	〒 600-8835 京都市下京區観喜寺町
電話	0570-080-462
營業時間	10：00 ～ 17：30（最後入館時間 17：00）
休館日	每週三、另外有不定時休館及開館，請查詢官網為準

官網

哺乳室　尿布檯　嬰兒車租借　展區禁止飲食　餐飲區　投幣式儲物櫃　停車場　紀念品商店　10:00~17:30　週三

年齡	全年齡適合
參觀時間	半天以上
嬰兒車	可租借，可推進去
飲食	2 樓有餐廳、1 樓散步道區會有電車食堂，中午會販賣特色便當，展區禁止飲食
停車場	有

中午販售限定鐵路便當

入場費

	費用
成人	￥1200
大學生、高中生	￥1000
國中生、小學生	￥500
小孩 3 歲以上	￥200
小孩 3 歲以下	免費

※ 若入館當日使用京都巴士一日券、京都地鐵一日券或京都水族館門票，都可以在購買京都鐵道博物館入場券前出示，會有折扣。

京都鐵道博物館專屬扭蛋

🚋 交通指南

從京都車站搭乘 JR 嵯峨野線至「梅小路京都西駅」，出站後步行即可到達。

於京都車站前的巴士站搭乘：
京都市營巴士（B3 巴士乘車處）：205、208 號公車，在「梅小路公園前」下車、搭乘急行 103、急行 104、急行 110、86、88* 號公車，在「梅小路公園・京都鐵道博物館前」下車，步行即至。

搭乘京阪京都交通巴士（C2 巴士乘車處）：
2、14、15*、26、26B、28A 號公車，在「梅小路公園前」下車，步行約 3 分鐘。

* 號代表該公車僅在週六日及例假日行駛

B2 京都水族館

鄰近景點： B1 京都鐵道博物館
　　　　　 B30 梅小路公園

地圖 QR code

雨天ok!

　同樣在梅小路公園內，距離京都鐵道博物館不遠處，有另一座很適合帶孩子去參觀的設施：京都水族館。這間水族館於 2012 年開幕，是日本第一座全部使用人工海水的水族館。京都水族館的母公司為 ORIX，旗下有另一間位於東京晴空塔裡的墨田水族館（請見《東京親子遊》），兩座水族館都是在 2012 年開幕，但風格走向完全不同，都非常值得參觀。

　雖然京都不靠海，但京都的鴨川對當地來說是獨一無二的水資源，於是京都水族館的重點也會著重於京都鴨川的水中生態，裡面設有京之川區域，展示日本最大的日本大山椒魚及鴨川水中世界。在海豹區的大水槽中，也能跟海豹面對面近距離接觸，對孩子來說是很新鮮的體驗。

❶ 位於梅小路公園內的水族館 ❷ 500 噸人造海水大水槽 ❸ 很適合帶孩子來參觀 ❹ 展示海中美麗世界 ❺ 能近距離觀察企鵝 ❻ 企鵝區很受歡迎 ❼ 也有期間限定特展

　更不可錯過的是京都附近海域的展示，京之海區有個 500 噸人造海水的大水槽，裡面美麗的海中世界讓人目不暇給，光是在這盡情看著魚兒游泳就很療癒。這裡也有個展覽海月水母的大型水槽，水量共為 6.5 噸，非常美麗。

　喜愛企鵝海豚的人也別忘了來看企鵝區裡的黑腳企鵝。企鵝展區是半開放式空間，能觀察到飼育企鵝的情形。另外這裡還有個企鵝天橋，有機會的話可以看到企鵝搖搖晃晃地通過天橋，非常可愛。京都水族館裡還有另一區海豚館，每天會有定時的海豚表演。

　日本的水族館各地都有，各自有其特色，無論哪家都很值得造訪。京都水族館以在地特色出發，更是包容萬象，喜愛水族館的你千萬不要錯過！

🔍 京都水族館

地址　〒600-8835 京都市下京區観喜寺町 35-1
電話　075-354-3130
營業時間　10：00 ～ 18：00
休館日　無休

官網

哺乳室　尿布檯　展區禁止飲食　餐飲區　投幣式儲物櫃　停車場　紀念品商店　10:00~18:00　無休

年齡　全年齡　　　　　　　　　　　　　　　參觀時間　3 小時～半天
嬰兒車　無提供租借，可寄放櫃台，也可以推進去　飲食　有餐廳，展區禁止飲食
停車場　有
入場費

	費用
成人	￥2200
大學生、高中生	￥1700
中學生、國小學生	￥1100
3 歲以上兒童	￥700
3 歲以下	免費

2012 年開幕的水族館

※ 若入館當日使用京都巴士一日券、京都地鐵一日券或京都鐵道博物館門票，都可以在購買京都水族館入場券前出示，購買門票享折扣。

🚃 交通指南

從京都車站搭乘 JR 嵯峨野線至「梅小路京都西駅」，出站後步行即可到達。

於京都車站前的巴士站搭乘：
京都市營巴士（B3 巴士乘車處）：205、208 號公車，在「梅小路公園前」下車、搭乘急行 103、急行 104、急行 110、86、88* 號公車，在「梅小路公園・京都鐵道博物館前」下車，步行即至。

搭乘京阪京都交通巴士（C2 巴士乘車處）：2、14、15*、26、26B、28A 號公車，在「梅小路公園前」下車，步行約 3 分鐘。

* 號代表該公車僅在週六日及例假日行駛

鄰近景點：B12 平安神宮／京都蔦屋書店　B20 南禪寺

B3 京都市動物園

地圖 QR code

雨天ok!

　京都市動物園雖然沒有上野動物園或大阪天王寺動物園這麼出名，相對來說面積也比較小，但我實際帶孩子走訪過後卻很喜歡，因為這是間讓人逛起來很舒服的動物園。它靠近平安神宮、南禪寺附近，離地鐵站有些距離，需要步行一段才能到達，不過如果把京都市動物園周遭景點一起安排，當作一日遊或半日遊，慢慢散步邊參觀玩耍，很適合親子漫步小旅行。

　京都市動物園歷史悠久，1903 年就已經開幕，不過讓人驚訝的是，園區內完全沒有任何陳舊感。園區於 2016 年重新整修過，才讓它能歷久彌新，因此京都市動物園內完全沒有給人已經超過一百年歷史的感覺。

　整個園區共有 4 公頃，飼育了近 140 種動物。京都市動物園在動物繁殖上非常用心，多次創下日本首次繁殖的成功紀錄。動物園內共分為七大區域，其中還包括一座日式京都庭院跟一座小型遊樂園。

　京都森林區能看到在京都生活的動物們，例如鹿、狐狸等等。京都森林展示室則展示了居住在水邊的動物及昆蟲們。猿猴世界能看到大猩猩、長臂猿、猴子等靈長類動物。中間有一個小型遊樂園區，有摩天輪、小火車等遊具，每項遊具需另行購票。

❶ 京都市動物園　❷ 2016 年重新整修完成　❸ 讓孩子能近距離觀察動物　❹ 京都森林展示室　❺ 猴子居住的區域　❻ 園內的小型遊樂園

不過最令孩子興奮的應該是猛獸世界，在這裡可以近距離觀察獅子、老虎，還有美洲豹跟山貓。若喜歡溫和小動物的小朋友，可以到交流廣場去看綿羊，隔壁的非洲草原區也有斑馬、長頸鹿可以觀賞。園區面積不大，很適合小孩探索觀察。

❶ 可以近距離觀察老虎 ❷ 小朋友們最喜歡這一區

🔍 京都市動物園

地址	〒 606-8333 京都市左京區岡崎法勝寺町 岡崎公園內
電話	075-771-0210
營業時間	9：00 ～ 17：00（3月～ 11月）、9：00 ～ 16：30（12月～ 2月）
休館日	每週一及 12 月 28 日～ 1 月 1 日

官網

哺乳室　尿布檯　嬰兒車租借　餐飲區　投幣式儲物櫃　紀念品商店　9:00~17:00 9:00~16:30　週一 12/28~1/1

年齡	全年齡適合
參觀時間	3 小時
嬰兒車	可租借，可推進去
飲食	有餐廳，位於正面大門 2 樓的ひな野餐廳是以京都自產蔬菜為主的吃到飽餐廳，好吃又划算
停車場	無

好吃又不貴的園區餐廳

入場費

	費用
高中生、成人	￥750
國中生以下	免費

🚋 交通指南

地鐵東西線「蹴上駅」下車徒步 5 分鐘，或至「東山駅」下車徒步 10 分鐘

B4 京都國際漫畫博物館

京都国際マンガミュージアム

鄰近景點： B6 京都文化博物館／ INODA COFFEE 本店咖啡廳

雨天ok!

地圖 QR code

日本是漫畫大國，當然也會有漫畫博物館；全日本藏書最豐富也最大的漫畫博物館，就屬於京都國際漫畫博物館。館內共收藏 30 萬冊來自世界各國的漫畫，其中以日本漫畫為大宗，但也能找到豐富的國外漫畫館藏。這裡是漫畫學習者的天堂，喜愛漫畫者必來朝聖之處，更是喜歡漫畫的孩子參觀好去處。

漫畫博物館所在地前身為龍池小學，1995 年因少子化與周邊四所小學合併後廢校，之後便將舊龍池小學校舍改為京都國際漫畫博物館，留下原先的建築體，另外設計成漫畫博物館所需的空間，於 2006 年開始營運。

京都國際漫畫博物館由京都市提供場地，京都精華大學負責規劃營運；京都精華大學本身也有漫畫科系，希望藉由設立京都國際漫畫博物館來收藏漫畫作品及資料之外，更能針對動漫進行系統性研究及人才培育。

❶ 全日本藏書最豐富的漫畫博物館 ❷ 一進門就看到一大片草坪 ❸ 館內共收藏 30 萬冊漫畫 ❹ 滿牆都是漫畫書 ❺ 也有國外的漫畫創作 ❻ 週末時會有漫畫家現場作畫

　館內總共有三層樓，從 1 樓大門進去就能看到一片令人心曠神怡的草地；博物館中的咖啡廳跟餐廳位於大門左右兩側。進入 1 樓展區後，會先遇到紀念品販賣區，接著映入眼簾的就是總長度達 200 公尺的書架，又稱為「漫畫書之壁」（マンガの壁）書架，這區總共收藏 3 萬多本漫畫，中央的書架也收藏各國的漫畫作品。

　再往館內前進，有一小塊區域提供漫畫家幫遊客畫肖像的服務，但只有在週五～週日 11:00 ～ 17:00 才有此付費服務，請務必體驗一下。在 1 樓也有個漫畫製作工坊，於週六、日 11:00 ～ 17:00 由漫畫家進駐作畫，另外也不定時舉行兒童工作坊。1 樓內部展示空間，有一區收藏三千本漫畫的兒童圖書專區，平時如果人較少時，各個年齡層都能進入使用，但如果遇週末人潮較多時，則會希望讓小學生以下的幼兒優先使用。

　2 樓的迴廊有個必看的雕塑作品，是由佛像雕刻師傅須藤光昭所創作的手塚治虫「火鳥」像，不僅有漫畫的背景意義，更代表了舊龍池小學建築再度發光的意象。2 樓除了有幾間展覽室之外，更保留一間給龍池小學歷史文物展示。2 樓還有一間「紙芝居小屋」，每天定時上演戲劇表演，很適合兒童來觀看。

　另外，不可錯過的是蒐羅從 1945 年到 2005 年間各年度代表的漫畫作品，以及各種漫畫文物的展覽大廳，你可以在這邊尋找自己出生年份的漫畫作品，非常有趣！3 樓則是以研究室為主，沿著牆壁有一大片漫畫牆，來到京都國際漫畫博物館，一定要把握機會翻閱各種漫畫作品。

❶ 請漫畫家幫你畫肖像 ❷ 這裡是漫畫的寶庫 ❸ 兒童圖書專區很舒服 ❹ 代表雕塑：火鳥 ❺ 舊龍池小學展覽室 ❻ 紙芝居小屋 ❼ 到處都有許多漫畫可看 ❽ 展覽大廳的漫畫作品以年份來分類

京都國際漫畫博物館屬於圖書館跟博物館結合的景點，館內主要提供參觀者閱讀欣賞，漫畫不能外借僅能在館內閱讀，來這裡孩子要學著如何安靜閱讀與觀賞。館內設置有電梯，推輪椅跟嬰兒車參觀都沒問題喔！

❶ 館內所有館藏都能透過機器查詢 ❷ 還有漫畫相關文物

京都國際漫畫博物館

地址	〒 604-0846 京都市中京区烏丸通御池上ル
電話	075-254-7414
營業時間	10:00 ～ 18:00（最後入館時間 17:30）
休館日	每週二、三，另外有不定時休館，請查詢官網

官網

 尿布檯　 展區禁止飲食　 餐廳　 紀念品商店　 10:00-18:00　 週二、三

年齡	2 歲半以上
參觀時間	3 小時
嬰兒車	可推進去
飲食	有餐廳及咖啡廳，餐廳的午間套餐好吃
停車場	無

入場費

	費用
成人	￥900
高中生、國中生	￥400
小學生	￥200
0 歲～未上小學	免費

館藏豐富，值得來逛上一天

※ 館內除特別申請均不得攝影拍照

※ 若持有京都地下鐵一日券者，購票時出示可享有折扣，但京都公車一日券則無折扣，要特別注意！

🚃 交通指南

京都市營地下鐵烏丸線、東西線「烏丸御池駅」（有電梯）

B5 東映太秦映畫村

鄰近景點： B9 嵯峨野觀光鐵道博物館
B11 嵐山／嵯峨野小火車／保津川遊船
B16 天龍寺

地圖 QR code

戶外景點

雨天ok！

　東映太秦映畫村算是主題樂園中比較特別的，它是東映電影公司旗下的主題樂園，原先為東映京都攝影所，是東映電影公司在京都設立專門拍攝時代劇的場地，後來部份開放為東映太秦映畫村，於 1975 年 11 月啟用，佔地 36000 平方呎，是個類似以前中影文化城概念的遊樂場所。

　東映太秦映畫村裡以江戶時代和明治時代街道佈景為主，其中有許多懷舊商店跟日本古代武家屋敷、日本橋、吉原花街等等。參觀者可以去「裝扮館」扮成藝伎、武士、忍者，再到映畫村裡盡情拍照體驗身處時代劇場景裡的感覺。

　每天也會舉辦多場時代劇拍攝講解教室、室外武打指南、江戶私塾「寺子屋」、城內導覽、定點定時與身穿古裝的演員拍照等等。週末假日活動比較多，挑選假日前來會比較熱鬧；而且，因為東映太秦映畫村有一大部份是戶外街道佈景，少部份為室內遊樂區，所以挑個好天氣來此會玩得比較盡興。

　除了時代劇佈景之外，東映太秦映畫村也有一些其他的展覽跟遊樂場所。這裡最著名的就是超級戰隊系列節目展示區：「假面騎士與超級戰隊大集合！英雄樂園」，其中包括有假面騎士系列、超人力霸王系列、宇宙戰隊九連者等等。每逢週末假日還會有真人扮演的宇宙戰隊九連者，出來跟大家同樂拍照！另外，映畫村裡還有一些付費的遊樂設施，例如城寨脫逃、立體迷宮忍者碉堡、機關忍者屋、數位深海水族館、兒童樂園（包括球池、氣墊滑梯等等）。

❶ 地點靠近嵐山 ❷ 裡面有許多懷舊佈景 ❸ 懷舊澡堂建築 ❹ 做得相當很逼真
❺ 定時有時代劇演員一起合照 ❻ 展示許多假面戰士

美空雲雀紀念館

除此之外，東映太秦映畫村裡還有個美空雲雀紀念館，裡面蒐羅豐富的文物，對長輩來說是一個必去景點。在美空雲雀紀念館 2 樓，展示了東映電影歷年來的電影作品，以及合作過的導演群像，對於電影迷來說也是不能錯過的地方。

🔍 東映太秦映畫村

地址	〒 616-8586 京都市右京區太秦東蜂岡町 10
電話	075-864-7788
營業時間	9：00 ～ 17：00
休館日	無定期休館，1 月份會有段時間長期休館，請查詢官網

 官網

 哺乳室 尿布檯 嬰兒車租借 遊戲區禁止飲食 餐飲區 投幣式儲物櫃 停車場 紀念品商店 9:00-17:00 不定休

年齡	3 歲以上
參觀時間	2 小時～半天
嬰兒車	可租借、可推進去
飲食	有餐廳
停車場	有

來扮成忍者吧

入場費

	費用
成人	￥2400
高中生、國中生	￥1400
3 歲以上	￥1200
3 歲以下	免費

🚃 交通指南

JR「太秦駅」、嵐電「太秦広隆寺駅」、嵐電「撮影所前駅」下車後再走路即可到達。

B6 京都文化博物館／INODA COFFEE 本店

京都文化博物館 / イノダコーヒ本店

鄰近景點： B4 京都國際漫畫博物館

地圖 QR code

雨天ok!

京都文化博物館的前身為平安博物館，座落在舊日本銀行京都支店的建築中，外觀的紅磚外牆跟煉瓦建築，怎麼看都很有熟悉感。這棟建築由日本建築家辰野金吾所建造，而辰野金吾在台灣也有許多建築作品。原先為日本銀行京都支店使用，後來成為專門展覽日本平安時代古代史的博物館，在 1988 年改為京都文化博物館。舊日本銀行京都支店的建築現在是京都文化博物館的別館，別館免費開放參觀，可以看到舊日本銀行京都支店建築內部。本館位於別館的北側，是座鋼筋混凝土的地上 7 層、地下 1 層建築物。

京都文化博物館目前分為常設綜合展覽跟特別展兩區。2、3 樓為常設綜合展覽，主題為京都歷史、京都祭典跟京都至寶與文化三個方面，其中也能看到許多京都祭典的裝飾品。在特別展區則是要看當時的展覽主題為何，有時也出借給外界做展覽使用。

京都文化博物館本館 1 樓旁邊，也設有保留江戶時代京町家構造的商店街，名叫「ろうじ店」，這條小徑裡有一些咖啡店、餐廳跟商店。其中「京都なだ万賓館」店內有一部份是由舊銀行金庫改造而成，非常特別。

❶ 前身為舊日本銀行京都支店 ❷ 紅磚煉瓦建築

INODA COFFEE

在京都文化博物館附近，也有一間具有代表性的京都咖啡廳：INODA COFFEE 本店。INODA COFFEE 分佈於日本各地，本店位在京都的中京區。本店為木造京町家外觀，進去後是別有洞天的歐式咖啡廳內裝，光是它的歷史意義就很值得來這邊喝一杯咖啡，裡面也有很多種蛋糕可以讓孩子品嚐喔！

INODA COFFEE 本店

① 店內也能買咖啡
② 來本店品嚐一杯好咖啡吧

地址	〒 604-8118 京都市中京区堺町通三条下ル道祐町 140
電話	075-221-0507
營業時間	7：00 ～ 19：00（全年無休）

INODA COFFEE
官網

🔍 京都文化博物館

地址	〒 604-8183 京都市中京區三条高倉
電話	075-222-0888
營業時間	綜合展示室　10:00 ～ 19:30（最後入場為 19:00）
	特別展　10:00 ～ 18:00（每週五晚至 19:30）
休館日	每週一，另外有不定時休館，請查詢官網

官網

 哺乳室　 尿布檯　 展覽區禁止飲食　 餐飲區　 投幣式儲物櫃　 停車場　 紀念品商店　 10:00-19:30　 週一

年齡	為寧靜展覽區，適合較大孩子參觀
參觀時間	2 小時
嬰兒車	可推進去
飲食	有餐廳，展區禁止飲食
停車場	有
入場費	入場免費，綜合展示室需另行付費，特別展依照個別規定綜合展示室費用收費

館內中庭的前田咖啡廳

	費用
成人	￥500
大學生	￥400
高中生以下	免費

🚃 交通指南

京都市營地下鐵烏丸線、東西線「烏丸御池駅」（有電梯）再走過來

B7 京都市青少年科學中心／
京都 ECO 中心

京都市青少年科学センター / 京エコロジーセンター

鄰近景點： **B15** 伏見稻荷大社 / 寶玉堂狐狸煎餅

地圖 QR code

雨天ok!

京都市青少年科學中心

　　相較於擁有許多科學博物館的大阪來說，京都科學博物館就只有位於伏見區的京都市青少年科學中心。它在 1969 年落成啟用，已經有些歷史，但對於住在京都附近的孩子來說，這裡依舊是從遊戲中認識科學的好去處。

　　在京都市青少年科學中心裡，共有 100 項科學展覽能讓孩子自由探索。總共三層樓的展示場所，1 樓大廳展示區先映入眼簾的是巨大的恐龍模型，其中的暴龍模型按下旁邊的按鈕還會動跟講話，是許多孩子的最愛。除此之外，1 樓大廳還有為數不少的科學裝置，例如人類萬花筒、曲面鏡，地震體驗解說以及鴨川生態環境。1 樓也有個很大的星空球體投影螢幕，有不同的影片定時上映，想觀看需先至櫃台購票。

　　2 樓則是物理化學為主的科學遊戲，以不同的光譜來觀察光的特性，詳細介紹元素週期表，以及這世界上不同的元素物質，也有各種不同礦石能讓孩子自行觸摸瞭解。在這層樓還有一個氣候、環境體驗室，由模擬夏天的京都跟撒哈拉沙漠的熱度跟濕度，讓小朋友理解溫度跟濕度對人類體感的影響有多大。

　　京都市青少年科學中心裡還有個戶外區域，裡面展示了太陽能、水力跟風力發電，也有個屋外園地可供孩子探索。就小小孩來說，這裡還有個只限未上小學兒童才能進入遊玩的區域，裡面有適合小小孩的科學展示遊具。

❶ 京都市青少年科學中心 ❷ 會講話的暴龍孩子很愛 ❸ 跟光線玩遊戲 ❹ 戶外區域也能探索

京都 ECO 中心

　　就環保的歷史演進來說，京都佔有很重要的地位。為了防止地球暖化加劇，1997 年在京都訂定《京都議定書》，京都 ECO 中心也因而催生，於 2002 年在京都市青少年科學中心的對面開設，主要為了宣導環保概念及資源回收教育而建立。裡面展示相關資訊及符合環保的建築等等，最頂樓的花園展示如何將雨水回收再利用，也有豐富的圖書室供人查詢環保相關資訊。這裡雖然不能完全算是提供孩子遊樂的地方，但其中一些設施還是特別替孩子設計，如果來京都市青少年科學中心，也別忘了到京都 ECO 中心一起走走。

❶ 青少年科學中心對面的 ECO 中心　❷ 展示居家環保的特色

🔍 京都市青少年科學中心／京都 ECO 中心

地址	〒 612-0031 京都市伏見區深草池／內町 13 番地
電話	京都市青少年科學中心 075-642-1601
	京都 ECO 中心　075-641-0911
營業時間	京都市青少年科學中心 9:00 ～ 17:00（最後入館時間 16：30）
	京都 ECO 中心 1、2 樓 9:00 ～ 17:00
休館日	週四休，年底元旦假期休館 （兩處皆相同）

京都市青少年
科學中心官網

        哺乳室　尿布檯　幼兒遊戲室　展區禁止飲食　嬰兒車租借　停車場　紀念品商店　9:00~17:00　週四

年齡	全年齡適合
嬰兒車	嬰兒車可推進去
停車場	有

參觀時間　2 小時～半天
飲食　　展區禁止飲食，無餐廳

京都唯一的青少年
科學中心

入場費

京都市青少年科學中心	入館門票	星空球體投影室門票
成人	¥520	¥520
國中生、高中生	¥200	¥200
小學生	¥100	¥100
0 ～ 6 歲未上小學	免費	免費

※ 京都 ECO 中心入場免費

京都 ECO 中心
官網

🚌 交通指南

京阪電車「藤森駅」下車走路 5 分鐘到達（需過天橋）

B8 京都市學校歷史博物館／D&D Kyoto

地圖 QR code

雨天ok!

位於四条跟五条間寧靜的住宅區裡，滿溢著生活氣息，很少有觀光客特地來此參觀，但這裡藏了一間京都市學校歷史博物館，保留當時「番組小學校」的身影，也見證了京都人重視兒童教育的歷史過往。番組小學校，就是日本最早的各個學區小學。當時日本還未明訂國家學制制度，但京都早已經有這種要從小教育孩子的概念，於 1869 年以番組（也就是町組的意思）為單位創立了 64 間小學，直到 1872 年日本訂定學制之後，才改成體制內的小學。

京都市學校歷史博物館，由當時的開智小學校跡改建而成。開智小學建立於 1869 年，於 1992 年關閉，經過整修之後在 1998 年改成京都市學校歷史博物館。玄關正門是將成德小學的正門移至此地。

其中的常設展多半是展示當時番組小學校相關課本、教材、課桌椅，還有當時的營養午餐相關文物，非常可愛。同時也會舉辦跟京都藝術家或文物相關的企劃展，這些都是變動性質的展覽。這裡的入場門票價格不貴，很適合帶孩子來這邊參觀，看看之前日本小學的相關文物，也很有意義。不過請注意，校舍內部禁止攝影，只有建築外面可以拍照，請遵守規定。

❶ 京都市學校歷史博物館 ❷ 古色古香的校門 ❸ 保留了學校的操場

D&D Kyoto

離京都市學校歷史博物館不遠處的佛光寺內，有個很值得順道去逛逛的幽靜好去處，就是由京都造型藝術大學所經營的 D&DEPARTMENT KYOTO。D&D 在佛光寺內設有一間賣場跟一間食堂咖啡廳，都座落在木造平房中。D&D 商店蒐羅來自全日本各地的設計好物，都能現

場購買，所有選品也會定時更換，從這裡就能欣賞到日本各地的設計產品。另外 D&D 食堂也非常可愛，鋪著榻榻米的餐廳，令人一眼就愛上的走廊，會讓人想來此地放鬆休息喝杯咖啡。裡面的餐點都非常注重營養，也能看到一些日本爸媽帶小嬰兒一起來用餐。

🔍 D&D Kyoto

地址	〒 600-8084 京都府京都市下京區高倉通仏光 寺下ル新開町 397 本山佛光寺內
營業時間	商店 10：00 ～ 18：00 咖啡廳 11：00 ～ 18：00（最後點餐時間 17：00）
休館日	週三休息

地圖 QR code

❶ D&D 商店木造房子很有特色 ❷ 販售從全日本來的設計商品

🔍 京都市學校歷史博物館

地址	〒 600-8044 京都市下京區御幸町通仏光寺下る橘町 437
電話	075-344-1305
營業時間	9：00 ～ 17：00（最後入館時間 16：30）
休館日	每週三及 12 月 28 日～ 1 月 4 日

官網

展覽區禁止飲食　9:00~17:00　週三 12/28~1/4

年齡	全年齡適合	參觀時間	2 小時～半天
嬰兒車	可放置於入口售票處	飲食	無，展區禁止飲食

入場費	費用
成人	￥300
國小、國中、高中生	￥150
未上小學兒童	免費

保留番組小學校文物

🚋 交通指南

阪急「河原町駅」出站後走路 10 分鐘、地下鐵烏丸線「四条駅」出站後走路 12 分鐘

187

B9 嵯峨野觀光鐵道博物館

ジオラマ京都 JAPAN

地圖 QR code

雨天ok!

鄰近景點： B5 東映太秦映畫村
B11 嵐山／嵯峨野小火車／保津川遊船

很多人都知道嵐山嵯峨野小火車，也會帶孩子去搭乘，但卻沒有太多人知道在嵯峨野內，有個很可愛的小小鐵道模型博物館，很適合帶孩子來玩。

這間嵯峨野觀光鐵道博物館是由嵯峨野觀光鐵道株式會社所經營，將京都的街景做成真實的立體模型，再架設模型火車軌道，讓參觀者能在觀賞模型火車運行的過程中，也能欣賞京都風景。

嵯峨野觀光鐵道博物館的立體鐵道模型非常大，總面積有 285 平方公尺，上面還架設了高架步道，讓參觀者能藉由步道來俯瞰以模型搭建的京都街景及火車軌道。其中京都塔、京都車站、五山送火、清水寺等京都地標都做得栩栩如生，也能讓孩子從各個角度仔細觀察模型火車行進的模樣。

❶ 展示大型立體鐵道模型　❷ 位於嵯峨野站內　❸ 模型中重現京都著名景點　❹ 從上頭俯瞰壯觀景象　❺ EF66 型電氣機關車

在博物館內還展示了 EF66 型電氣機關車，也能付費體驗當駕駛的樂趣。兩旁還有製作精美的火車模型，連《哈利波特》裡的火車也收錄其中！當然，這邊也有可供購買的火車玩具組，孩子們鐵定流連忘返遲遲不肯離開。在嵯峨駅站外還有三輛蒸汽火車可供觀賞（一輛在戶外，兩輛在餐廳內），也別忘了帶孩子來這邊拍照紀念。

連五山送火都做得好逼真

🔍 嵯峨野觀光鐵道博物館

地址	〒 616-8373 京都府京都市右京區嵯峨天龍寺車道町
電話	075-882-7432
營業時間	9：00 ～ 17：30（最後入館時間 17：00）
休館日	1/1 嵯峨駅停駛即休館，另外有不定時休館，請查詢官網。

官網

哺乳室	尿布檯	展覽區禁止飲食	餐飲區	投幣式儲物櫃	紀念品商店	9:00-17:30	1/1

年齡	2 歲以上
參觀時間	2 小時
哺乳室	有，位於嵯峨駅
尿布檯	有，位於嵯峨駅
嬰兒車	有放置場
飲食	嵯峨駅內有餐廳，展區禁止飲食

入場費	費用
成人	￥530
小學生	￥320

※ 出示當日嵯峨野小火車票及當日京都鐵道博物館門票享折扣

很值得帶孩子來看的鐵道博物館

🚋 交通指南

嵐山嵯峨野小火車「嵯峨駅」站內

B10 清水寺

鄰近景點： B18 八坂神社
　　　　　 B23 寧寧之道
　　　　　 B32 圓山公園

地圖 QR code

戶外景點

1

2

第一次來京都的遊客多半會將清水寺排入行程中，清水寺也是京都最具人氣的寺廟，但它對於推嬰兒車或攜家帶眷的爸媽來說，也是間不太容易造訪的廟宇，因為通往清水寺的路上坡度不小，再加上階梯不少，因此登清水寺朝拜，絕對會是個練體力的選擇。

不過，帶小小孩也是有辦法造訪清水寺的，如果打算推嬰兒車前來的爸媽，請務必要注意一下內文中的交通方式。

清水寺位於音羽山半山腰，於 778 年由延鎮上人起造。不過清水寺歷經幾次大火，現在的建築物幾乎為江戶時代初期由第三代將軍德川家光重建而成。

清水寺的本堂供奉十一面千手觀音像，而從本堂外延伸出來的「清水舞台」則是眾多參拜者最喜愛的地點。這裡由 12 公尺高的大型木柱支撐，利用懸造式建築手法，沒有使用一根釘子來搭建，光是遠眺就非常壯觀。

3

4

7

5

6

❶ 著名的清水舞台　❷ 往清水寺參拜都是上坡路　❸ 清水寺的仁王門　❹ 清水寺本堂供奉出世大黑天　❺ 在清水舞台遠眺風景　❻ 日本學生旅行也會來清水寺　❼ 地主神社求戀愛運

從清水舞台下來後走到「音羽之瀑」（音羽の瀧），也是一處極具人氣的景點。音羽之瀑的水流由東山的斷層跟音羽山的雨水一起流下，已經有千年歷史。相傳音羽之瀑有著「黃金水」、「延命水」的功效，

而這三股清流從左到右分別代表學業、戀愛、長壽三種功效，只能選一種一飲而盡，如果喝一半的話功效也會減半。另外，如果同行者有人需要祈求戀愛運勢，也能到清水寺境內的地主神社參拜喔！

推嬰兒車、帶小孩上清水寺

我實際推著嬰兒車走訪過清水寺，老實說這的確是件苦差事，但到了清水寺，裡面有規劃完整的推車可行道路，除了有上坡要挑戰之外，在寺內參觀其實可以避開許多階梯。

如果帶孩子（使用推車者）要到清水寺的交通，建議從山下搭計程車到清水坂觀光駐車場附近（五条坂跟松原通交叉口附近），若跟計程車司機說要到清水寺，應該大部份都會開到這裡。再從停車場開始從松原通（清水道）一路走到清水寺仁王門附近的購票處，然後再沿著輪椅參拜路線推上去即可。如果帶的是小嬰兒，請盡量用背巾會更省事喔！

❶ 從清水坂上去也是一路上坡 ❷ 推嬰兒車請取道無障礙走道 ❸ 無障礙標示都很清楚

🔍 清水寺

地址	〒 605-0862 京都市東山區清水 1 丁目
電話	075-551-1234
開放時間	6：00 ～ 18：00（遇特別季節會於夜間開放，請查詢官網）
休館日	無休

官網

哺乳室　尿布檯　寺廟內禁止飲食　餐廳　紀念品商店　6:00-18:00　不定休

年齡　**全年齡適合**	參觀時間　**半天**
嬰兒車　**可推上去**	飲食　**有餐廳，寺廟內禁止飲食**
停車場　**無，請停外圍停車場**	

入場費

	日間參拜	夜間參拜
成人	￥400	￥400
國中、小學生	￥200	￥200

清水寺門票

🚃 交通指南

建議從山下搭乘計程車上山至清水坂觀光駐車場，再沿著松原通（清水道）
走上去即可

不建議帶孩子搭公車，因為通常很擠，而且離清水寺比較遠。若想搭的話：
從「京都駅」搭乘 206、100 公車到「清水道バス停」下車，再走約 10 分鐘

從「四条河原町」搭 207 公車到「清水道バス停」下車，再走約 10 分鐘

清水坂
觀光駐車場

地圖 QR code

戶外景點

B11 嵐山／嵯峨野小火車／保津川遊船

鄰近景點：
B5 東映太秦映畫村
B9 嵯峨野觀光鐵道博物館
B16 天龍寺

　　嵐山是京都極富盛名的觀光地，桂川河岸旁的山林河川，不僅在平安時代以來就是許多貴族別墅所在地，更是許多人在春季與秋季賞櫻、賞楓的好去處。嵐山佔地廣大，可以只逛嵐電的嵐山駅到渡月橋附近景點，或者搭乘嵯峨野小火車深入桂川，欣賞保津川兩岸的美景，中途下車欣賞嵯峨野竹林之道跟天龍寺再接到渡月橋。

　　如果想要體驗保津川遊船，從水面上欣賞嵐山之美也非常推薦。嵐山的行程規劃端看你有多少旅行時間、是否能買得到嵯峨野小火車車票而定；嵐山也不用一次玩透透，不同季節來有不同季節的美，可以分很多次來逛遊嵐山。

❶ 嵐電經營通往嵐山路線
❷ 渡月橋是嵐山的代表　❸ 搭小火車遊嵐山　❹ 嵯峨野竹林之道

嵯峨野小火車（トロッコ列車）

　　受到遊客歡迎的嵯峨野小火車，是一條由 JR 西日本擁有的觀光鐵路。它是利用山陰本線舊線於 1991 年所設置的觀光小火車，由嵯峨嵐山到龜岡駅，沿途可以看到保津峽風光，以及嵯峨野竹林之道附近的美景。

　　由於搭乘嵯峨野小火車可以深入欣賞步行難以見到的保津峽美景，所以嵯峨野小

火車車票經常一位難求，尤其遇到賞楓跟賞櫻季節，車票早早就被訂光，建議熱門旅遊時段要提早規劃。車票可以在乘坐日一個月前早上 10 點於 JR 西日本窗口訂購，或是透過各大旅行社訂購；台灣也有旅行社能夠事先訂位，或是一到日本就直接去 JR 西日本綠色窗口買預售票。若當日還有座位，也能現場購票。

　　嵯峨野小火車的玩法有兩種，有人喜歡先搭到 JR 馬堀駅，走到トロッコ亀岡駅搭乘嵯峨野小火車，再反搭往嵯峨嵐山駅；或是トロッコ嵐山駅下車，散步到嵯峨野竹林之道跟天龍寺，然後走回渡月橋，也有人會直接搭到嵯峨嵐山駅。

　　這種反向搭乘的坐法比較熱門，票也較不好買。你也可以從嵯峨嵐山駅開始搭乘，一路搭到トロッコ亀岡駅。嵯峨野小火車的第五車廂為開放式車廂，為當日才開放售票。

❶ 嵯峨野小火車獨具特色　❷ 亀岡站台邊的開運福貍　❸ 第五節車廂為開放式　❹ 孩子都很愛搭嵯峨野小火車
❺ 嵐山小火車購票處　❻ トロッコ亀岡駅

嵯峨野小火車	費用
成人	￥880
小孩（6〜12 歲）	￥440
6 歲以下	免費

嵯峨野小火車官網

保津川遊船

如果來嵐山旅遊有些預算，又想進行不同的旅遊方式，可以考慮搭保津川遊船。自古以來就會利用保津川將物資運抵下游的京都、大阪，近代貨船都轉換成遊客搭乘的遊船，於是搭乘保津川遊船來遊歷嵐山，也是另一種飽覽嵐山的好方法。

想搭乘保津川遊船得先搭到 JR 亀岡駅，

再走到乘船處（若搭到トロッコ亀岡駅則需要轉搭巴士）。搭船時會沿著保津川順流而下，有時水流還滿湍急的，不過別擔心，安全措施都做得很好。船隻也會有屋頂，遇到下雨不用擔心淋濕，如果攜帶嬰兒車者需要將嬰兒車折疊起來上船。最後船隻會到達渡月橋附近，船行時間約 2 小時。

保津川遊船官網

保津川遊船	費用
成人	￥4100
小孩（4 歲～ 12 歲）	￥2700
4 歲以下	免費

※ 固定班次，請至官網查詢，如遇天候不佳會取消航行

❶ 從不同角度欣賞嵐山風光　❷ 如遇下雨河川水量暴漲會停駛　❸ 目前保津川遊船都是載客為主
❹ 保津川遊船遊嵐山

B12 平安神宮／京都蔦屋書店

鄰近景點： B3 京都市動物園
B20 南禪寺

地圖 QR code

戶外景點

　　位於京都左京區的平安神宮，其實是京都市民為了振興京都而建立的建築。日本遷都東京之後，京都頓失重要性而力圖振興，希望仿造平安時代的皇宮建築來建造平安神宮，並供奉開創平安朝的桓武天皇，之後又追加供奉平安朝最後的天皇：孝明天皇。平安神宮對於京都人來說有著很重要的歷史意義，這裡也是完全來自市民捐款建成的宮殿，更加別具意義。

　　平安神宮的建築方正，外表以朱紅色為主，寬廣的大道及碩大鳥居為其特色。許多建築採5/8的比例，務求重現平安都城的原始風貌，其中的應天門跟大極殿，重現平安京大內裡正廳朝堂院建築。平安神宮門前的大鳥居，高24.4公尺，非常雄偉壯觀。

　　在正殿後的神苑佔地3萬平方公尺，為園藝師第七代小川治兵衛花費20年精心打造的庭園，是日本庭園的代表作，也被指定為日本國家名勝。各個時節都能看到四季花卉，也有珍貴鳥類能夠欣賞。

　　每年於10月22日在平安神宮都會舉辦時代祭，為京都三大節慶之一。約2千名的遊行隊伍身穿各時代的服裝，浩浩蕩蕩由御所徒步出發，行經三條通最後到達平安神宮，對歷史有興趣的人請千萬別錯過。

❶ 朱紅色建築的平安神宮　❷ 由京都市民籌資建成　❸ 蒼龍御手洗　❹ 神社內朱印所販售護身符
❺ 平安神宮大鳥居　❻ 平安神宮內部皆為平坦路面

京都蔦屋書店

　　距離平安神宮不遠的京都 ROHM 劇院，能找到風格獨特的京都蔦屋書店。這裡共有三層樓，1 樓為雜誌及咖啡廳為主的區域，2 樓為餐廳及書店複合區域，3 樓為藝術為主的書區。在京都蔦屋書店也能租借電動腳踏車喔！

地址	〒 606-8342 京都府京都市左京區岡崎最勝寺町 13
營業時間	8：00 ～ 22：00 全年無休

官網

❶ 京都 ROHM 劇院 ❷ 京都蔦屋書店 ❸ 書店可租借電動腳踏車 ❸ 書店結合咖啡廳

🔍 平安神宮

地址	〒 606-8341 京都市左京區岡崎西天王町 97
電話	075-761-0221
開放時間	06：00 ～ 18：00 （依不同月份稍有不同，請查詢官網）
休館日	1/1，另外有不定時休館，請查詢官網

官網

年齡	全年齡適合
參觀時間	2 小時
嬰兒車	嬰兒車可推進去，門口碎石路不好推嬰兒車
飲食	無餐廳
入場費	平安神宮入內免費

 尿布檯
 停車場
 紀念品商店

 6:00-18:00
 5 1/1

神苑入場費	費用
成人	￥600
小孩（6 歲～ 12 歲）	￥300

※ 神苑一年有兩次免費入場時機，6 月上旬與 9 月 19 日

🚋 交通指南

京都市營地鐵東西線「東山駅」，步行約 10 分鐘即可抵達

B13 京都御苑／京都御所

鄰近景點：B22 鴨川／出町ふたば／星巴克京都三条大橋店

地圖 QR code

戶外景點

2

3

1

京都御所為西元 14 世紀至 1869 年歷代天皇遷都東京之前所居住的地方，而京都御苑則是圍繞在京都御所外圍的皇家庭院，共有 65 公頃。自從 1869 年日本天皇遷都東京之後，京都御所跟御苑便閒置下來，歷經整頓之後才於 1949 年開放一般市民參觀。原先京都御所需要申請才能入內參觀，從 2016 年起則不需要申請，不過入內還是得要配合安檢程序。

京都御所裡面佔地頗大，如果不瞭解歷史及建築意義，逛起來會有點走馬看花，建議可以參加導覽（分成英文跟中文導覽，有固定時段，請於參觀者休息處集合）。

目前京都御苑由日本環境省管理，其中也設有運動設施，賞櫻跟賞楓季節的京都御苑更是遊客處處，許多人會來此野餐賞櫻，也有許多遊客會來此追櫻。在京都御苑北邊也有個小小兒童遊具區，可以帶孩子來此玩耍。

4

❶ 京都重要的皇室建築 ❷ 京都御苑裡的枝垂櫻 ❸ 京都御所參觀出入大門 ❹ 紫宸殿為御所內重要建築

紫宸殿

天皇即位最重要的儀式舉行之地。殿內中央為天皇的御座「高御座」，東邊為皇后御座「御帳台」；在建築物外頭的樓梯前，東邊種植櫻花為「左近櫻」，西邊為「右近橘」。櫻花跟橘子自古以來為除魔以及不老長壽的代表，目前紫宸殿內部不開放參觀。

諸大夫之間

為進京朝見的貴族休息之處。依照貴族等級可分別於「虎之間」、「鶴之間」及「櫻之間」三個房間休息。虎之間為等級最高的王公貴族。

清涼殿

為天皇生活的場所，中央有天皇休息時使用的御帳台。

京都御所內還有許多可以細細觀賞的皇家建築，如果參加宮內導覽，導覽人員會很仔細的解說，也能讓參觀京都御所之旅更加豐富。

❶ 諸大夫之間：貴族休息處 ❷ 京都御苑內也有兒童遊樂區

🔍 京都御苑／京都御所

地址	〒 602-0881 京都府京都市上京區京都御苑 3
電話	075-211-1215
開放時間	9 月及 3 月　9：00 ～ 16：30（入場至 15：50 止） 10 月～ 2 月　9：00 ～ 16：00（入場 15：20 止） 4 月～ 8 月　9：00 ～ 17：00（入場 16：20 止）
休館日	不定休（需至網站確認）、年末年始（12 月 28 日～ 1 月 4 日）

官網

尿布檯　參觀區禁止飲食　餐飲區　投幣式儲物櫃　停車場　9:00-16:00 9:00-16:30　不定休 12/28~1/4

年齡	全年齡適合
參觀時間	3 小時～半天
嬰兒車	嬰兒車可推進去
飲食	有餐廳，京都御所禁止飲食，除了休息處
停車場	有
入場費	免費，不需事先申請

京都御所內免費置物櫃

🚋 交通指南

地下鐵烏丸線「今出川駅」，步行即可到達

B14 金閣寺

鄰近景點：B19 北野天滿宮

地圖 QR code

戶外景點

京都的金閣寺因為金碧輝煌的外觀及事蹟，一直是世界各國遊客造訪的熱門景點，人氣熱度跟清水寺不相上下。不過金閣寺內的階梯不少，如果推嬰兒車的爸媽來這邊，也只能推行到一段看到金閣寺之後，再從原路繞出去，要硬推上階梯走完全程會滿辛苦的，建議可以將推車收折起來，請孩子自行步行會比較方便。

金閣寺的歷史能追溯到鎌倉時代，幕府將軍足利義滿以領地換得這塊土地，當成退休後的住所，同時也興建「舍利殿」當成禪修場所，而舍利殿當時就以外觀金碧輝煌著稱，也稱做「金閣寺」。後來足利義滿過世後，以義滿的法號命名為鹿苑寺。金閣寺兩次遭祝融，西元 1950 年僧人縱火燒毀寺院，這段史蹟也被作家三島由紀夫寫成小說《金閣寺》，讓金閣寺更加出名，而現有的金閣寺為西元 1955 年重建。

金閣寺建築共有三層樓，最上面兩層樓貼滿了金箔。1 樓為平安時代的宮殿風格，2 樓為日本武士風格，3 樓為禪宗佛殿建築的「究竟頂」。寺頂為寶塔狀，頂端有隻象徵吉祥的金鳳凰裝飾。

無論何時來金閣寺參拜風景都很優美，與倒映在池水上的金閣寺相互呼應，難怪金閣寺無論四季各國旅客都絡繹不絕。有的人特別喜歡追求下雪時的金閣寺，稱為「雪金閣」；有人喜歡楓葉時節的金閣寺，無論金閣寺妝點何種外衣，它的主體建築一直都是顯眼最特殊的存在。

❶ 金碧輝煌的金閣寺　❷ 金閣寺登錄為世界遺產　❸ 各國的遊客來此參觀　❹ 金閣寺頂端以金鳳凰裝飾　❺ 無論何時觀賞金閣寺都很美　❻ 金閣寺內的白蛇之塚　❼ 金閣寺內也有不少階梯

從金閣寺後方的步道順向參拜，會經過寺院花園。金閣寺的花園裡有些著名的景點，例如白蛇之塚，相傳如果能將香油錢投入石碗裡會帶來好運；還有足利義滿將軍洗手用的水「巖下水」，以及足利義滿曾用來泡茶的泉水「銀河泉」。最後還可以去茶亭夕佳亭品嚐茶點，也能於出口前的紀念品販售處，購買相關紀念品與護身符。

金閣寺其實不能算是道地的親子景點，不過來到京都藉由參觀寺廟的機緣，跟孩子講解佛寺或廟宇背後的故事，也能讓孩子參觀廟宇時更有興趣！

❶ 綠意環繞的茶亭　❷ 來夕佳亭品嚐茶點

🔍 金閣寺

地址	〒 603-8361 京都市北區金閣寺町 1
電話	075-461-0013
開放時間	9：00 ～ 17：00
休館日	無休

官網

 尿布檯　 參觀區禁止飲食　 餐飲區　 停車場　 紀念品商店　 9:00-17:00　 無休

年齡　**全年齡適合**　　　參觀時間　**2 小時**

嬰兒車　**嬰兒車可推進去，但會遇到不好推的碎石地跟階梯，若能請孩子下來走會比較容易**

飲食　**有餐廳**　　　停車場　**有**

入場費

	費用
高中生以上	￥400
國中、小學生	￥300
未上小學幼兒	免費

門票就是一張守護符

🚋 交通指南

搭乘京都市巴士：12、59、204、205、M1 至「金閣寺道」下車

洛バス：急行 101、102 至「金閣寺道」下車或直接搭乘計程車來此參觀

B15 伏見稻荷大社／寶玉堂狐狸煎餅

鄰近景點： B7 京都市青少年科學中心 / 京都 ECO 中心

地圖 QR code

戶外景點

位於京都伏見區的伏見稻荷大社，為統領日本全國各地約四萬多所的稻荷神社總本社，在信眾心中有著難以取代的崇高地位。伏見稻荷大社境內有著特殊的「千本鳥居」，更讓各國遊客趨之若鶩來此參拜，親眼目睹千本鳥居的美景。

主要為祀奉以宇迦之御魂大神為首的諸位稻荷神，自古以來就是農業與商業的守護神，許多信眾都會前來此祭拜，祈求作物豐收、生意興隆、交通安全；許願者也會捐款，在境內奉納大小不等的鳥居，代表對神明的敬意。鳥居大小以奉納金額來計算，因此伏見稻荷大社境內以「千本鳥居」聞名，實際上，伏見稻荷大社境內的鳥居已經有上萬個。在逛遊「千本鳥居」景色時，也能細細品味伏見稻荷大社之美。

在伏見稻荷大社裡，也能看到許多稻荷神使者：狐狸的雕像。在此的狐狸被尊稱為白狐，與一般山野中的狐狸不同，在日本各地的稻荷神社幾乎也都看得到狐狸雕像。

不過伏見稻荷大社因為沿著稻荷山建造，所以境內有許多階梯，對於推嬰兒車或輪椅的旅者來說不太便利，也沒有其他替代方法，若可以的話還是利用嬰兒背巾或是請小朋友自行下來行走參拜比較方便喔！

❶ 伏見稻荷大社為總本社　❷ 朱紅色的伏見稻禾大社　❸ 狐狸是稻荷神使者　❹ 千本鳥居非常壯觀

寶玉堂狐狸煎餅

從京阪伏見稻荷站出來，走到伏見稻荷大社的沿路上有許多商店，其中「寶玉堂」裡販賣許多種類的稻禾煎餅，最有名的就是狐狸煎餅。狐狸煎餅是用薄薄的麵糊灌入模型中，師傅在爐火邊一片片烤出來的，每天可以烤 800-1000 片。剛烤好時非常香，放涼之後吃還是很美味，帶有淡淡白味噌的味道。狐狸煎餅的創始店就是寶玉堂，雖然沿路上有很多店家都在賣狐狸煎餅，但我還是最推薦寶玉堂，而且他們家的各式煎餅都非常好吃，請務必嚐嚐看！

外型秀麗的
狐狸煎餅

總本家寶玉堂

地址　〒 612-0000 京都府京都市伏見區深草一ノ坪町 27

營業時間　7：30 ～ 19：00

寶玉堂地圖

❶ 狐狸煎餅創始店寶玉堂　❷ 每天可以烤 800 片以上

伏見稻荷大社

地址　　〒 612-0882 京都市伏見區深草薮之内町 68 番地

電話　　075-641-7331

開放時間　皆開放

休館日　無休

官網

年齡　　　全年齡適合

參觀時間　2 小時

嬰兒車　　階梯很多，嬰兒車不好推，小小孩請自備背巾

飲食　　　附近有不少攤商，入寺廟區域內請勿邊走邊吃

停車場　　有

儲物櫃　　無，可寄放在京阪電車伏見稻荷駅的寄物櫃
　　　　　（JR 稻荷駅內無置物櫃，附近有寄物專門店）

入場費　　免費

尿布檯

停車場

紀念品商店

24hr

5 無休

🚋 交通指南

JR 奈良線「稻荷駅」下車即達

京阪本線「伏見稻荷駅」下車，向東步行 5 分鐘

伏見稻禾大社境內不少階梯

B16 天龍寺

鄰近景點： B9 嵯峨野觀光鐵道博物館
B11 嵐山 / 嵯峨野小火車 / 保津川遊船

地圖 QR code

戶外景點

❶ 嵐山的重要寺廟：天龍寺 ❷ 曹源池庭園之美十分著名 ❸ 吸引許多外國遊客參觀 ❹ 境內為緩坡或碎石路
❺ 從大方丈欣賞庭園之美 ❻ 大方丈室為最大的建築

　　天龍寺位於嵐山，從嵐電的嵐山駅對面正門進入參觀，或是搭乘嵐山小火車到トロッコ嵐山駅，沿著嵯峨野竹林之道一直走到天龍寺北門進入也可以。天龍寺裡面有大階梯，但屬於緩坡，一般嬰兒車或輪椅應該都還能夠駕馭。

　　天龍寺為臨濟宗天龍寺派大本山寺院。山號「靈龜山」，本尊為釋迦如來，開創者為足利尊氏。天龍寺為京都五山中位居首位，當初是為了替醍醐天皇祈冥福才建造這間寺廟。天龍寺歷經許多次祝融之災，被燒毀許多次，直到 1899 年起陸續重建法

堂、大方丈室、庫院、小方丈，並另外於 1934 年重建多寶殿等建築。

　　寺裡的方丈室由大方丈室與小方丈室組成。最早的方丈室遭逢多次火災毀壞，目前這兩間皆為後代重建而成。而大方丈室是天龍寺目前規模最大的建築，其中供奉的本尊釋迦如來座像是天龍寺年代最久的佛像，在方丈室的壁龕裡也有幅跟庫院大屏風一樣的達摩圖，象徵著達摩宗禪，也是天龍寺的面孔。大方丈對面的曹源池庭園保留了 700 多年前夢窗國師設計的庭園景觀，無論何種季節都有其特殊之美。

天龍寺的四季各有其特色，尤其是櫻花季跟楓葉季遊客更多。天龍寺的楓紅特別美麗，在深色建材襯托之下，楓紅越發搶眼，不過天龍寺的各個時節都很值得前來參觀。

❶ 方丈室裡的達摩圖 ❷ 天龍寺的楓紅

🔍 天龍寺

地址　　〒616-8385 京都府京都市右京區嵯峨天龍寺芒ノ馬場町68
電話　　075-881-1235
開放時間　8：30～17：30（10月21日到3月20日於17：00關門）
休館日　　無休

官網

尿布檯　停車場　紀念品商店　8:30~17:30　無休

年齡　　　全年齡適合　　　　參觀時間　2小時
嬰兒車　　嬰兒車可推進去，有緩坡階梯，但小小孩請自備背巾較佳
飲食　　　有餐廳，寺院區禁止飲食
停車場　　有
入場費

	入館門票
高中生以上	￥500
國中生、小學生	￥300
未上小學兒童	免費
諸堂參拜 （大方丈室、書院、多寶殿）	￥300

天龍寺內有緩坡階梯

🚋 交通指南

京福電鐵嵐山線「嵐山駅」下車即到

B17 下鴨神社

鄰近景點：B22 鴨川 / 出町ふたば / 星巴克京都三条大橋店
B33 寶池公園兒童樂園

地圖 QR code

戶外景點

位於鴨川出町柳三角洲附近的下鴨神社，是自平安時代遷都京都之前便已存在的京都最古老神社之一。下鴨神社的全名為賀茂御祖神社，跟上賀茂神社合稱為賀茂神社，是京都望族賀茂氏的氏族神社。

從下鴨神社入口開始，一整片高大的翠綠樹林，稱為「糺之森」，是京都盆地內唯一的原生森林。相傳神社周圍的森林為神明住所，因此「糺之森」也有世世代代保存下來的神聖意義，與下鴨神社同樣被列為世界遺產。不過「糺之森」充滿碎石的道路，嬰兒車實在是很不好推行，建議可以從旁邊較寬的車道行走進入下鴨神社參觀。

一進山門的左手邊，就能看到祈求美麗的河合神社，其祭拜的神祉是女性守護神玉依姬命，被尊稱為日本第一美麗神。來這裡不僅能喝上一杯美人水，也能祈求美麗、安產、育兒、結緣、學業與長壽。河合神社的繪馬非常特別，叫做「鏡繪馬」，可以在鏡子模樣的木製繪馬畫上自己的臉（或希望變成什麼外表），背面寫上名字與願望，再供奉在繪馬架上就行了。

❶ 下鴨神社：京都最古老的神社之一
❷ 原生森林：糺之森 ❸ 河合神社祈求美麗之神 ❹ 河合神社的鏡繪馬 ❺ 美人水甜蜜好喝 ❻ 京都三大祭典葵祭舉辦地

　　下鴨神社也是舉行京都三大祭之一「葵祭」的廟宇，每年 5 月 15 日與上賀茂神社共同舉辦。當初祭典是祈求飢荒和瘟疫問題好轉，後來演變成京都三大祭典之一，每年都有很多人來此觀禮。

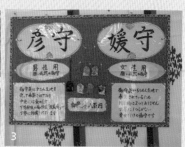

❶ 下鴨神社大鳥居　❷ 楓紅季節也很美　❸ 小男孩小女孩專用的御守

🔍 下鴨神社

地址	〒 606-0807 京都市左京區下鴨泉川町 59
電話	075-781-0010
開放時間	6：30 ～ 17：00（依照季節變動）
休館日	全年無休

官網

 尿布檯　 寺廟禁止飲食　 餐飲區　 停車場　 紀念品商店　 6:30~17:00　 無休

年齡	全年齡適合
參觀時間	2 小時
嬰兒車	皆為平坦路面，但碎石路不好推
飲食	有餐廳
停車場	有

碎石路不好推車

🚃 交通指南

京阪電車「出町柳駅」下車後，走路 12 分鐘

B18 八坂神社

地圖 QR code

戶外景點

鄰近景點：B10 清水寺　　B23 寧寧之道　　B32 圓山公園

位於京都東山區的八坂神社，是全日本3000多間八坂神社的總本社，因位置於祇園，原名為祇園神社，後來於明治維新時的神佛分離令，而改名為「八坂神社」。它的地位崇高，因每年舉行全日本最大的祭典之一祇園祭而廣受歡迎，信眾很多，加上地理位置極好，從八坂神社開始，圓山公園、寧寧之道、高台寺、知恩院等著名景點都連在一起，所以來京都的遊客多半會安排至這區走一圈。

八坂神社裡除了總本社之外，境內還有大大小小不等的神社，其中人氣最旺的就是美御前社，其中供奉著三女神，掌管女性內在與外在的美貌。其自古以來就是藝妓、舞妓、化妝品及美容業者信奉的對象，當然也是女性們來此必拜的神社。在神社正前方有一池美容水，來此參拜的人只要取兩、三滴輕拍臉部，聽說就能讓皮膚變漂亮，性格也能變好，女性遊客請務必試試看。

除了美御前社之外，八坂神社境內還有祈求結良緣大國主社、祈求商業繁盛的玉光稻荷社、祈求斬斷惡緣的刃物神社等等，可以依照你需要祈求的事項來參拜。

每年7月一整個月的祇園祭，是京都三大祭典之一，也是全京都的重要大事，更躋身為全日本三大祭典行列（其他兩大祭典為大阪天神祭及東京神田祭）。原先舉行祇園祭是為了向神明祈求平安，消除瘟疫，後來演變為每年都要舉辦的重要祭典，來自全世界的遊客都會在7月時來到京都參加祭典，這時的住宿一位難求，請提早規劃行程為宜。

❶ 八坂神社位於祇園　❷ 八坂神社境內階梯多　❸ 中秋時會舉行觀月祭　❹ 求美貌的美御前社
❺ 受女性歡迎的美容水　❻ 祈求良緣的大國主社

　　對於推嬰兒車的爸媽來說，要參觀八坂神社請不要傻傻的從神社正門階梯抬嬰兒車上去，其實有比較輕鬆的方法。從八坂神社旁邊車子可行走的道路，直接接到圓山公園，然後再繞過去逛八坂神社，就能避掉很多階梯！

❶ 祇園祭後祭山鉾巡行／圖片提供 Phoebe Pi Wu ❷ 從圓山公園繞道八坂神社後門進入

🔍 八坂神社

地址	〒 605-0073 京都府京都市東山區祇園町北側 625 番地
電話	075-561-6155
開放時間	無休
休館日	無休

官網

尿布檯　停車場　紀念品商店　24hr　無休

年齡	全年齡
參觀時間	2 小時
嬰兒車	可推進去，請由圓山公園繞過去比較能避開階梯，沒推嬰兒車可從正門進入
飲食	賞櫻季節有時會擺設飲食攤位，一直延伸到圓山公園
停車場	有

🚋 交通指南

京阪祇園四条駅步行約 5 分、阪急河原町駅步行 8 分

B19 北野天滿宮

鄰近景點： B14 金閣寺

地圖 QR code

戶外景點

日本的天滿宮等同於我們的孔廟一樣，祭拜學問之神：菅原道真，每年都有許多莘莘學子來此參拜。在日本全國供奉菅原道真的神社，共有一萬兩千多所，而京都的北野天滿宮和太宰府天滿宮則同為日本全國天滿宮總本社。如果家裡有上學的兒童一起來遊玩，請務必把握機會來京都拜一下學問之神。

北野天滿宮的地理位置在上京區，靠近金閣寺，不過來此參觀也可以搭乘 JR 到円町站，再換公車或慢慢散步走過來。北野天滿宮境內都是平坦道路，所以不用太擔心嬰兒車不好推。

如果剛好能遇到每個月 25 日的天神市來此參觀時機最佳，因為除了可以去市集內挖寶之外，也能一起參觀北野天滿宮。進入北野天滿宮參拜前，要記得先去御水池洗手跟淨口，之後再進入宮裡參拜。來這裡除了拜殿參拜之外，最重要的是找尋北野天滿宮裡的神牛雕像，將雕像從頭到尾摸一遍：摸頭保佑聰明，摸牛的其他部位保佑自己身體健康。另外，若家有考生請務必來此買個護身符或寫繪馬祈願。

❶ 祭拜學問之神 ❷ 境內許多石燈籠 ❸ 一定要來摸神牛像祈福 ❹ 每月 25 日舉辦天神市
❺ 為二手用品及古董市集 ❻ 每月 25 日長五郎餅會到此販售

　　每個月 25 日的天神市總是熱鬧滾滾。天神市主要是二手古董市集，裡面的物品琳瑯滿目，喜歡挖寶古董的人來此應該會很開心，也有不少杯盤瓷器。每個月 25 日長五郎餅也會到北野天滿宮的茶屋販賣，這種 Q 彈餅皮包著紅豆內餡的小點心，看似樸實，但卻有 400 多年歷史，而且還是豐臣秀吉所賜名，很值得嚐嚐看。每年 2 月的梅花季節跟楓葉季節，北野天滿宮也被妝點得十分特別，有機會一定要來此參觀。

❶ 請把握機會吃吃看長五郎餅　❷ 十二生肖籤詩

🔍 北野天滿宮

地址　　　〒 602-8386 京都市上京區馬喰町 北野天滿宮社務所

電話　　　075-461-0005

開放時間　4 月～ 9 月 05：00 ～ 18：00

　　　　　10 月～ 3 月 05：30 ～ 17：30

休館日　　無休

官網

 尿布檯　 餐飲區　 停車場　 紀念品商店　 5:00~18:00 5:30~17:30　 無休

年齡　　　全年齡適合

嬰兒車　　可推進去，境內多為平坦路面

入場費　　免費（寶物殿、梅苑有特別時間開放，需收費）

參觀時間　2 小時

飲食　　有餐廳

很適合帶孩子來北野天滿宮

🚃 交通指南

京福電車白梅町駅走路 5 分鐘、JR 円町駅走路 22 分鐘或改搭公車 203 號到達

B20 南禪寺

鄰近景點： B3 京都市動物園
B12 平安神宮／京都蔦屋書店

地圖 QR code

戶外景點

　　在京都所有寺廟之中，我最喜愛的就是南禪寺了，每次來到南禪寺總有一種心靈被洗滌過的感受，看著寬闊又厚重的三門，會讓人覺得南禪寺有種無法言喻的踏實感。南禪寺為日本最早由皇室發願所建造的禪宗寺院，在所有日本禪寺中為最高等級，位列京都五山及鎌倉五山之上，但卻沒有一絲傲氣，反倒讓人在參觀過程中，慢慢愛上它那樸實又穩重的建築及氛圍。

　　來到南禪寺讓人印象最深刻的就是三門。

　　高達 22 公尺，共有兩層的三門，六根柱子非常寬大，從遠方看去相當壯觀。當初建造三門是為了祭祀在大阪夏陣喪失生命的將士，目前有開放付費參觀，但嬰兒車不方便進入三門內參觀，可以先寄放在外頭。法堂於 1606 年建成，但明治 28 年（1895 年）時因大火而燒毀，現在所看到的為 1909 年重建的建築物。

　　南禪寺境內有個不能錯過的景點：水路閣。水路閣以紅磚砌成，於日本明治時代所建成，功能是將琵琶湖的水送往京都，為一條輸水道。當時琵琶湖的水用於平安神宮神苑、圓山公園等東山的庭園，以及京都御所或東本願寺的消防用水。

❶ 幽靜的南禪寺　❷ 寬闊又厚重的三門　❸ 三門的寬大柱子　❹ 也可以付費參觀三門內部　❺ 被綠意包圍的南禪寺　❻ 南禪寺的法堂　❼ 運送琵琶湖水源的水路閣　❽ 紅磚砌成的水路閣

南禪寺的楓葉非常有名，楓紅搭配上木材顏色深沉的古剎，欣賞起來特別好看，也因為境內廣大，來這邊賞楓更保有幾分寧靜。另外，南禪寺境內雖然有樓梯，但可藉由旁邊的停車場道路進入寺內參觀，能解決寺內階梯的問題。不過停車場道路往來車子不少，得小心安全。

❶ 秋日的南禪寺 ❷ 楓紅替南禪寺更添詩意

南禪寺

地址　〒 606-8435 京都府京都市左京區南禪寺福地町
電話　075-771-0365
開放時間　境內皆開放，除了方丈庭院、三門、南禪院有特別開放時間
12 月 1 日～ 2 月 28 日 8:40 ～ 16:30
3 月 1 日～ 11 月 30 日 8:40 ～ 17:00
休館日　12 月 28 日～ 12 月 31 日

官網

尿布檯　停車場　8:40~16:30 8:40~17:00　12/28~12/31

年齡　全年齡適合
參觀時間　2 小時
嬰兒車　可推進去
入場費　免費，除了方丈庭院、三門、南禪院之外
入內參觀要另外收費

南禪寺適合帶孩子來參拜

交通指南

地鐵蹴上駅出來後走 10 分鐘

B21 二条城

鄰近景點： **B4** 京都國際漫畫博物館
B6 京都文化博物館/INODA COFFEE 本店

地圖 QR code

戶外景點

二条城曾經是德川家的住所，現今被聯合國教育科學文化組織列入世界遺產中京都的文化財之一，從古至今皆佔有其重要地位。二条城內收藏許多重要的古蹟寶藏，於賞櫻時節，這裡也是許多觀光客喜歡造訪之地。2017 年 3 月東大手門才剛整修完成，若想體驗京都古時貴族的氣勢，除了京都御所之外，非二条城莫屬。

從東大手門進去之後，經過一段碎石子地（嬰兒車很不好推），便能見到氣派華麗的唐門。唐門上有金箔裝飾，另有龍、鶴等吉祥動物鑲嵌其上，站在門前端看眼前華麗的景象，不難想見德川家康當時一統天下的野心。

再往前，接著能看見氣勢磅礡的二之丸御殿。二之丸御殿的建築為江戶時代的武家書院風格，佔地共 3300 平方公尺，共有 33 間房間。其中有許多壁畫被指定為重要文化遺產；國寶松、老鷹、鳥類等圖樣，全是由當時的幕府畫師狩野探幽為首的狩野派所畫，天花板上也能看到花卉等雕刻。本丸御殿也被指定為重要文化遺產，除了春季與秋季的公開期間以外，其他時間內部不開放參觀，佔地共 2 萬平方公尺。

❶ 華麗氣派的唐門　❷ 二之丸御殿氣勢磅礡　❸ 二条城為世界遺產吸引許多外國觀光客
❹ 二之丸庭院入口　❺ 佔地廣闊的二之丸庭院　❻ 本丸與本丸庭院

二条城內的庭院共有三個，分別是江戶時代的二之丸庭園、明治時代的本丸庭園跟昭和時代的清流園，各有風采，可以細細品味。二条城也是熱門賞櫻景點，於特定日期會開放夜櫻觀覽，如果想賞夜櫻的人，屆時可以注意二条城官網相關訊息。

❶ 加茂七石為枯山水造景　❷ 雄偉的城門　❸ 可以付費體驗當一口城主

🔍 二条城

地址	〒604-8301 京都市中京區二条通堀川西入二条城町 541
電話	075-841-0096
開放時間	8：45 ～ 16：00（依季節調整，請見官網）
休館日	12 月 29 日～ 1 月 3 日及 12 月、1 月、7 月及 8 月的每週二

官網

 尿布檯　 餐飲區　 參觀時禁止飲食　 停車場　 8:45~16:00　 12/29~1/3

年齡　　全年齡適合　　　　　　　　參觀時間　3 小時
嬰兒車　可推進去，但碎石路很不好推，參觀途中會遇到長石階
飲食　　有餐廳
入場費

	入城費用	入城＋二の丸御殿費用
成人	￥800	￥1300
國中生、高中生	￥400	￥400
小學生	￥300	￥300
未上小學兒童	免費	免費

＊高中生～小學生二の丸御殿費用免費，若需參觀二條城，請直接購買入城＋二の丸御殿門票。無販售高中生～小學生僅入城門票。

看似平坦卻很難推嬰兒車的碎石路

最後參觀路程中的階梯

🚉 交通指南

地下鐵「二条城前駅」下車

B22 鴨川／出町ふたば／星巴克京都三条大橋店

戶外景點

鄰近景點：　B6　京都文化博物館/INODA COFFEE 本店
　　　　　　B13　京都御苑／京都御所
　　　　　　B17　下鴨神社

來京都不可能錯過鴨川，就如同去巴黎一定會去塞納河邊散步一樣。鴨川對京都人來說是一條十分重要的河川，不僅帶來河川水源，更在炎熱的京都夏日提供一抹清涼之意。京都的夏日向來悶熱，但京都人很聰明的在鴨川兩旁的餐廳架設鴨川納涼床，成為期間限定的美麗景色，而這些提供川床宴席的餐點可是要價不菲，但也總是一位難求，如果對鴨川納涼床宴席有興趣的人，請務必要提早預定。

鴨川的遊歷方式就是散步跟騎腳踏車，

第一次來的人尤其推薦京阪電鐵出町柳站附近的鴨川三角洲，這裡剛好是高野川跟賀茂川交會匯流為鴨川的起點，而且河面上還很有童心地設置千鳥跟烏龜模樣的石塊，不過間距有點寬，打算跳烏龜石的人要特別小心。

我自己喜歡的遊歷方式為，先去附近的出町ふたば買盒名代豆餅，帶到鴨川附近享用，吃飽後再來跳烏龜石。每個人享受鴨川的方式不同，你也可以研究一下自己喜歡的鴨川體驗方式。

❶ 鴨川三角洲跳烏龜石　❷ 櫻花季的鴨川河畔　❸ 5～9月鴨川納涼床　❹ 川床料理一位難求

❶ 鴨川烏龜石　❷ 買了名代豆餅去鴨川野餐　❸ 來鴨川跳烏龜石

出町ふたば

位於鴨川三角洲旁青龍町賣和果子的商店，其中最好吃的就是名代豆餅（豆大福），每次去都大排長龍，但非常值得嚐嚐！

地址　　〒602-0822 京都府京都市上京區通今出川上ル青龍町236

營業時間　8：30 ～ 17：30
　　　　　週二公休

地圖 QR code

❶ 大排長龍的出町ふたば　❷ 名代豆餅非常著名　❸ 忙碌的工作人員　❹ 名代豆餅很適合帶到鴨川野餐

星巴克京都三条大橋店

　　鴨川的鴨川納涼床於每年5月～9月架設，共分為「上木屋區」、「先斗町區」、「西石垣區」及「下木屋區」等四個區域。裡面各種料理都能品嚐得到，但都需要事先預約。星巴克京都三条大橋店剛好就位於鴨川旁，每年這個時刻也會架設納涼床，想來納涼床喝咖啡不需預約，只需要排隊等候就行囉！算是最親民的鴨川納涼床餐飲店家了。

地址	〒604-8004 京都府京都市中京區三条通河原町東入ル 中島町 113 近江屋ビル 1F
營業時間	平時為 08:00 ～ 23:00
納涼床營業時間	5 ～ 9 月 11：30 ～ 22：00 6、7、8 月為 16：00 ～ 22：00

地圖 QR code

❶ 位於三条大橋附近的星巴克　❷ 最平價的鴨川納涼床　❸ 面對鴨川喝杯咖啡

B23 寧寧之道

ねねの道

鄰近景點： B10 清水寺
B18 八坂神社
B32 圓山公園

地圖 QR code

戶外景點

寧寧之道位於八坂神社跟圓山公園附近的一條石板路小徑，其實距離並不長，但因為它的名字而讓遊客都想來寧寧之道走一回。寧寧之道的名字來自於豐臣秀吉的夫人寧寧，正式姓名為豐臣吉子，多數人都稱為寧寧。她於豐臣秀吉過世之後出家，法號高台院，之後為了替豐臣秀吉祈福，於是在京都東山建立高台寺，定居於高台寺裡，而寧寧之道則是高台寺下方的石板路，因此稱作為寧寧之道。

從八坂神社、圓山公園到寧寧之道接二年坂，這整區都能好好的逛遊一番。如果推著嬰兒車的爸媽，要特別注意！請別從八坂神社正門進入，因為會遇到階梯，而是要從八坂神社旁邊車子行走的道路上來。

❶ 很風雅的寧寧之道 ❷ 長長石階通往高台寺 ❸ 茶寮都路里品嚐抹茶 ❹ 寧寧之道店家都會點上燈籠

B24 錦市場

鄰近景點： B6 京都文化博物館 /INODA COFFEE 本店
B34 京都 SOU・SOU

地圖 QR code

雨天ok!

位於京都中京區的錦市場，不僅是當地人愛去的市場，更是觀光客聚集的著名景點，因為從食材中能體驗當地的飲食文化，從錦市場的叫賣哲學裡，更能體會到京都人如何做生意。對於喜歡逛當地市場的爸媽來說，這裡還算適合推嬰兒車前往，但更重要的是能邊試吃邊逛，稱得上是另一種不同的體驗。

❶ 京都人的廚房：錦市場 ❷ 錦市場裡可選購許多食材 ❸ 位於錦市場裡的錦天滿宮 ❹ 摸了能祈福的神牛
❺ 京野菜又多又新鮮 ❻ 各式漬物任君選擇 ❼ 現場也有熟食可選購 ❽ 試吃試喝少不了

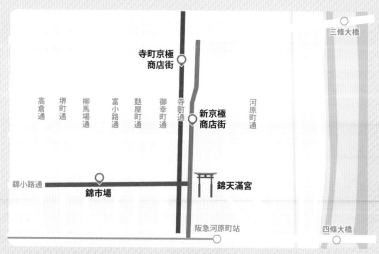

錦市場確切的地理位置，位於錦小路通中「寺町通－高倉通」區間的一條商店街，從錦天滿宮一直延伸到靠近高倉通交接處。錦市場裡的商家多半販賣跟京都相關的生鮮及蔬菜，例如京野菜、漬物、鮮魚等等，素有「京都的廚房」稱謂。錦市場的由來演變，為古代多以地下水（井水）來幫食物保鮮，之後逐漸聚集販賣食物的商家，後來更多了鮮魚商店等等，成為現在的錦市場，已有 400 年歷史。在這區除了錦市場之外，還有新京極商店街和寺町京極商店街，多半販賣非食物的民生用品

跟衣物，來錦市場的人也會順道在這兩條商店街逛逛。

從熱鬧的四条通轉進新京極通，走到錦小路通的交會處，就會看到錦天滿宮。這裡是祭拜菅原道真的神社，為北野天滿宮的分支神社，在錦天滿宮裡湧出的水源是當地名水，而且它是當地商店街的唯一神社，各個店家都會來此祈求生意興隆，學子則會祈求學業進步。建議可以先來此參拜，摸摸神牛之後再一路沿著錦小路通逛錦市場喔！

🔍 錦市場

營業時間　約為 10：00 ～ 18：00 每間商店各自不同

休息日　　每間店家不同，可至官網的「店鋪介紹」頁面查詢

官網

🚃 交通指南

地下鐵烏丸線「四条駅」、阪急京都線「河原町駅」、京阪本線「四条駅」再步行即可到達

錦市場裡吃的喝的不少

B25 京都塔

鄰近景點： B35 京都 YODOBASHI

地圖 QR code

雨天ok!

1

2

3

日本幾乎每座大城市都會建造屬於該城市的高樓高塔，對於建築物高度向來斤斤計較的京都也不例外。京都車站的北邊，建造一座高達 131 公尺的京都塔，雖然跟其他城市比起來，京都塔實在不怎麼高，但在京都市嚴厲建築法規的控管下，京都塔的高度還是一枝獨秀。

京都塔的外觀採用燈塔造型的封閉式設計，以特殊鋼板製作成的圓筒熔接而成，加強設計耐震跟防風等因素建蓋，於 1964 年 12 月 28 日啟用，目前由隸屬於京阪電氣鐵道集團的京都塔股份有限公司維護營運。

京都塔建築是由京都塔大樓跟京都塔構成，京都塔大樓為地上 9 樓的建築，裡面有商場、店家及京都塔飯店；京都塔總共有五層樓，可以從最高樓 365 度眺望京都夜景。

在最高層的展望室裡，各個角落都放置有地標顯示螢幕，讓參觀者能很清楚辨識散佈在京都各處的地標建築。京都塔大樓 3 樓也有一間京都的關西旅遊訊息服務中心，如果需要購買任何關西優惠票券可以來此洽詢。營業時間為 10：00 ～ 18：00（無休，除了 12 月 30 日至 1 月 3 日以外）。

4

5

6

❶ 京都最高的塔樓　❷ 京都車站定時有水舞秀　❸ 京都塔入口之一　❹ 由商場及展望塔組成的大樓　❺ 可以 360 度眺望風景　❻ 展望台內都有解說牌

從京都車站出來之後，會先注意到京都塔。它對於京都來說就像座燈塔一樣令人安心，有機會能上來眺望視角完全不同的京都，其實也能感受到另一種面向的京都景色。

京都塔大樓商場於 2017 年重新整修規劃，推出 B1 ～ 2 樓全新「京都塔 Sando」商場，每層樓各有特色，很值得順道逛逛喔！

❶ 來此眺望京都風景　❷ 關西旅遊中心位於 3 樓

🔍 京都塔

地址	〒 600-8216 京都市下京區烏丸通七條下
電話	075-361-3215
營業時間	9：00 ～ 21：20（最後入場 21：00，可能會依季節調整，請見官網）
休館日	無休

官網

 尿布檯　 投幣式儲物櫃　 餐飲區　 停車場　 紀念品商店　 9:00~21:20　 無休

年齡	全年齡適合
嬰兒車	可推入，但搭電梯時可能需要折疊，無放置區
停車場	有
儲物櫃	無，可付費寄放於 3 樓關西旅遊訊息服務中心，營業時間為 10：00 ～ 18：00

參觀時間　2 小時

飲食　有餐廳，展區禁止飲食

入場費

	費用
成人	￥800
高中生	￥650
國中生、小學生	￥550
3 歲～未上小學	￥150
0 ～ 3 歲	免費

※ 建議可搭配信用卡優惠、車票一日券優惠，或視 JCB 信用卡當時是否有門票優惠搭配使用

購票前請查詢是否有相關優惠折價

🚃 交通指南

JR 京都站，地下有直接通往京都塔大樓的走道，或從 1 樓直接走過去

B26 貴船鞍馬／夏季限定ひろ文流水麵／貴船神社

地圖 QR code

戶外景點

　　如果你來京都的時間剛好是夏季，又遇到天氣好的週末，可以考慮來到京都北部的貴船鞍馬區進行半日～一日的小旅行。貴船鞍馬是京都的避暑納涼勝地，在楓紅季節也是知名的紅葉名所，不過遇到貴船店家休息日或是颱風天、天氣不好的日子，這裡會比較冷清。

　　要到貴船鞍馬地區，得要搭叡山電車到「貴船口站」，再轉京都巴士公車到貴船即可（若你想自己走過來也行），如果有帶孩子同行，建議還是搭公車為宜，因為這一路都是上坡，就算是推嬰兒車也挺累人。

　　貴船山和鞍馬山兩者很近，可以先搭叡山電車到貴船遊玩之後，再搭到鞍馬站參觀鞍馬寺。如果你想練腳力，也能先到鞍馬寺再從後山一路走森林小徑到貴船區域，但這段路程不好走，也不可能推嬰兒車，想走的人請先考慮體力是否能夠負荷。

❶ 貴船神社階梯不少 ❷ 搭乘叡山電車到貴船鞍馬區 ❸ 貴船鞍馬區都是坡道 ❹ 鞍馬區很值得來逛逛
❺ 鞍馬最有名的天狗像 ❻ 莊嚴肅穆的鞍馬寺

夏季限定ひろ文流水麵

貴船山和鞍馬山之間夾著細長溪谷，溪畔兩旁有高級的料理旅館，在 5～9 月的夏季，許多料理旅館都會在溪谷上架設川床，讓顧客坐在川床上一邊納涼，聽著潺潺流水聲，一邊享用美味的川床料理。而其中只有一間料理旅館「ひろ文」能吃得到獨特的流水麵。

在 5 月 1 日到 9 月下旬，每天早上 11 點～下午 4 點，都可以到ひろ文來排隊吃流水麵，建議早點到現場排隊，才不會拿到要等很久的號碼牌。一人費用為 1300 日幣，小孩照樣算一人的費用（除非不吃麵的小寶寶），付款之後就可以拿到上面寫有等待號碼的扇子，等到叫號後再沿著階梯走到底下的川床等待。

流水麵會分別從三根竹管上流下來，基本上會是一家人或一群朋友一起夾店家指定的竹管麵條，請依照指示進行。店家會先附給你沾麵醬跟甜點，一坐下之後流水麵很快就會流出來，這時請眼明手快，如果錯過也只能眼睜睜地看它流走。吃到最後，竹管會流出粉紅色的麵，就代表進行到尾聲了！雖然流水麵需要排很長的時間等待，但真的非常好玩，小孩會特別買帳，也會成為旅遊途中很棒的回憶！

❶ 夏季限定ひろ文流水麵 ❷ 貴船流水麵只有ひろ文有 ❸ 提早來排隊拿號碼牌 ❹ 一早排隊的人就很多
❺ 連小孩也玩得很開心 ❻ 出現粉紅色的麵就結束囉

🔍 ひろ文

地址	〒601-1112 京都市左京區鞍馬貴船町
電話	075-741-2147
流水麵時間	5 月 1 日到 9 月下旬，每天早上 11：00～下午 4：00，如遇下雨會停止，可參考官網確認時間
休館日	一人 1500 日幣（小孩有食用都要照人頭付費）

官網

貴船神社

　京都的貴船神社為日本全國 450 座貴船神社總本社。它的歷史悠久，設立日期已經不可考，境內祭拜的神祇為水神高靇神。這裡有個很特別的水占卜，只需要去買一張水占卜紙，然後拿到神社旁的水池放在上頭，就會顯示出你的運勢為何。貴船神社境內的結社也是很有名的求姻緣聖地。

　另一個關於貴船神社的故事，則是目前用於各個神社祈願的繪馬，其實就是從貴船神社起源的。相傳以前天皇在旱災時會奉獻黑馬來祭天、在水災時會奉獻白馬或紅馬，到了平安時代則改成在木板上畫馬畫像來奉獻，成為繪馬的由來。如果來貴船區域，建議可以來貴船神社一趟，這裡真的很有歷史意義，又有很多值得參觀的地方，不過境內階梯較多，帶嬰兒車旅行的爸媽會比較辛苦一點。

❶ 京都貴船神社為總本社　❷ 繪馬就是從貴船神社起源　❸ 裡面有很特別的水占卜　❹ 貴船神社是求姻緣聖地　❺ 來這裡寫繪馬別有意義　❻ 占卜紙放到水面會浮現文字

🔍 貴船神社

地址	〒 601-1112 京都市左京區鞍馬貴船町 180
電話	075-741-2016
營業時間	6：00 ～ 20：00（5 月 1 日～ 11 月 30 日）
	6：00 ～ 18：00（12 月 1 日～ 4 月 30 日）
費用	免費

官網

🚆 交通指南

叡山電車到「貴船口站」，再轉京都巴士公車搭到貴船走過來

※ 建議可搭配京阪電車的貴船鞍馬一日券使用（見第 161 頁）

B27 宇治：平等院

鄰近景點： B28 宇治：宇治神社／宇治上神社
B29 宇治：中村藤吉／伊藤久右衛門

戶外景點

地圖 QR code

　離京都才短短 20 幾分鐘車程，就能夠來到以抹茶聞名的宇治，很適合從京都來此小旅行，參觀古蹟寺廟又能品嚐美食。宇治也是源氏物語故事的主要舞台，當然還有日本人都知道的平等院，因為平等院的建築外觀，在每天都要用的 10 元硬幣跟一萬元紙鈔上都能看得到。

3

　宇治的平等院建造時間非常早，於西元 1053 年由平安時代的藤原賴通將繼承下來的別墅，改建成平等院，並引入宇治川水，打造出淨土庭園。平等院整體的建築是以實現西方極樂世界為主，依照佛教的意境，在「阿字池」的水池建造阿彌陀堂，裡面供奉著高達一丈六的「金色阿彌陀如來座像」；牆壁與門上繪有九品來迎圖與極樂淨土圖，另外更供奉著 52 尊「雲中供養菩薩像」。阿彌陀堂因屋頂有兩隻尊貴象徵的金銅鳳凰像，於是在江戶時期改名為「鳳凰堂」。而這金銅鳳凰像也出現在日幣一萬元紙鈔背面，平等院的重要性可見一斑。

4

5

6

❶ 世界遺產宇治平等院 ❷ 來宇治一定要參觀平等院 ❸ 10 元硬幣背面平等院圖案 ❹ 一萬元紙鈔背面的鳳凰像 ❺ 平安時代建築典範 ❻ 付費入內參觀鳳凰堂

鳳凰堂以及阿字池的建築與庭院佈置，被視為日本建築經典中的經典，被列入國寶及認證為世界遺產。進入平等院庭院區需買一張票，想要參觀鳳凰堂得要再買另一張票，並且有控制人數，但其中的雕塑、壁畫、裝飾非常值得細細品味。平等院 4 月底～5 月上旬盛開的紫藤花非常有名，如果剛好遇上花季節，請務必來此參觀。

阿字池與平等院的風景

🔍 宇治：平等院

地址	〒 611-0021 京都府宇治市宇治蓮華 116
電話	07-7421-2861
營業時間	庭院 8：30 ～ 17：30（最後入場時間 17：15）
	鳳凰堂 9：30 ～ 16：10（會限制參觀人數）
休館日	無休

官網

尿布檯

餐飲區

展區禁止飲食

紀念品商店

8:30~17:30 9:30~16:10

5 無休

年齡　　全年齡適合

嬰兒車　可推進去庭院內，室內展區請依照相關規定

入場費　包括庭園及平等院博物館鳳翔館

參觀時間　2 小時

飲食　有茶房，可品嚐宇治抹茶

	費用
成人	￥600
國中生、高中生	￥400
小學生	￥300
鳳凰堂（另外購票）	￥300

平等院入內參觀門票

🚃 交通指南

JR 奈良線「宇治駅」及京阪電鐵宇治線「京阪宇治駅」下車後走 10 分鐘

地圖 QR code

戶外景點

B28 宇治：宇治神社／宇治上神社

鄰近景點： B27 宇治：平等院
　　　　　 B29 宇治：中村藤吉／伊藤久右衛門

宇治上神社及宇治神社位於宇治川東岸，與華麗又人氣極旺的平等院隔著宇治川對望。但其實宇治上神社與宇治神社為一體神社，兩座神社也是平等院的鎮守神社，在宇治川東岸默默地守護著平等院。

宇治上神社及宇治神社成立時間已不可考，但宇治上神社裡的本殿為日本現存最古老的木造神社建築。宇治上神社供奉著菟道稚郎子、應神天皇和仁德天皇，宇治神社則供奉著神菟道稚郎子。菟道稚郎子為應神天皇的皇子，但為了讓之後的仁德天皇繼承皇位而遷居菟道（即是宇治），菟道稚郎子為了平息讓位之爭而自殺，之後被供奉為神。而宇治上神社跟宇治神社在明治時代之前，合稱為「離宮神社」，原因是這裡曾經是菟道稚郎子的離宮「桐原日桁宮」，在明治時代時「離宮神社」才被分為宇治上神社及宇治神社，成為現今的模樣。

從車站的方向走過來參拜宇治上神社及宇治神社，會先遇到宇治神社，再遇到宇治上神社。宇治神社裡的鳥居非常有氣勢，循著石階向上所看到的本殿，也屬於日本重要文化財，但它的規模比宇治上神社小一些，相對來說，宇治上神社更有看頭。

從宇治神社出來後往旁邊的道路繼續走，就能看到宇治上神社朱紅色的鳥居。宇治上神社被聯合國教科文組織列為世界遺產，神社內也有許多值得細細品味的地方。從神社的木門進入神社境內後，映入眼簾的是拜殿建築跟兩堆「清め砂」。「清め砂」為神社人員所準備，可以讓信徒購買回家，用於自家建築工地動工前祈福、鎮邪，灑在工地上使用。拜殿的木造建築為鎌倉時代建築，外觀十分優雅。

❶ 宇治橋附近的紫式部像 ❷ 清幽的宇治上神社 ❸ 小小的宇治神社 ❹ 兩座神社位於宇治川東岸

在拜殿後方的本殿，則是平安時代所建造的古老建築；本殿裡共分左中右三殿，分別祭拜著菟道稚郎子、應神天皇和仁德天皇。在拜殿跟本殿的走道區，有一處「桐原泉」，為宇治古傳的七大名泉之一，也是現今唯一仍存在的自然湧泉，自古以來從未枯竭。

宇治上神社跟宇治神社裡的御守是可愛的兔子。相傳菟道稚郎子來此時曾經迷路，後來遇到白兔引領才找到道路，之後白兔則被視為神的使者，遂成為這兩座神社的代表動物。有機會來此可購買可愛的兔子御守帶回家。

❶ 宇治上神社 ❷ 可購買清め砂祈福使用 ❸ 兔子為神的使者 ❹ 各式兔子御守 ❺ 本殿為平安時代的建築 ❻ 宇治七大名泉之一：桐原泉

🔍 宇治神社／宇治上神社

地址	〒 611-0021 京都府宇治市宇治山田 1（宇治神社）
	〒 611-0021 宇治市宇治山田 59（宇治上神社）
電話	0774-21-3041（宇治神社）　0774-21-4634（宇治上神社）
營業時間	宇治神社皆開放、宇治上神社 9：00 ～ 16：30
休館日	無休

官網

停車場　紀念品商店　9:00~16:30　無休

年齡	全年齡適合	參觀時間	2 小時
嬰兒車	嬰兒車可推進去	停車場	有
入場費	皆免費		

兔子御守跟清め砂都可購買

🚋 交通指南

JR 奈良線「宇治駅」及京阪電鐵宇治線「京阪宇治駅」下車後走 10 分鐘

B29 宇治：中村藤吉／伊藤久右衛門

雨天ok!

鄰近景點： B27 宇治：平等院
B28 宇治：宇治神社／宇治上神社

　日本兩大茶葉生產地，除了靜岡之外，另一個就是宇治。說到綠茶、抹茶，一般海外遊客都會先想到宇治，因為從鎌倉時代就開始生產日本茶的宇治，是當時幕府將軍家專用茶園，於戰國時代宇治茶更被推升為日本高級茶的地位。直到現今，宇治依舊與抹茶、綠茶緊密聯繫著。在這裡也有好幾間專賣抹茶、綠茶的商店及茶房，最有名的就屬中村藤吉跟伊藤久右衛門，這兩家的總店都在宇治市區能找到，來宇治可千萬別錯過品嚐各式抹茶跟綠茶點心產品。

❶ 宇治為日本著名產茶地 ❷ 可以品嚐綠茶套餐 ❸ 來這邊一定要吃抹茶點心

中村藤吉

設立於 1854 年，由小中村六兵衛的次子藤吉所創立，並在宇治橋通六番町創立茶商號「中村藤吉」（目前總店位於宇治的十番地）。當初曾將商號命名為「丸屋藤吉」後來改名為「中村藤吉」一直到現在。

中村藤吉的抹茶、玉露跟煎茶都很有名，中村茶則是中村藤吉獨創混合茶，將煎茶和玉露等 7 種茶通過秘傳的比例和方法混合，香味獨特。在宇治有兩間店鋪可以現場品嚐茶點跟綠茶，其中交通最方便的就是平等院店，位於通往平等院的參道上頭，你一定不會錯過它。本店位於十番地附近，離平等院區較遠，不過本店在特定日期會舉辦抹茶體驗（需付費，一人 ¥ 4320，小學生以上才能參加），想更進一步瞭解宇治抹茶文化的人可以參考官網。

❶ 平等院參道上的中村藤吉 ❷ 可眺望宇治川風景

🔍 平等院店（有餐飲空間、有賣場）

地址	〒 611-0021 京都府宇治市宇治蓮華 5-1
電話	0774-22-9500
營業時間	10：30 ～ 17：00 （最後點餐時間 16：30）
	假日、六日 10：30 ～ 17：30 （每個月不定期休店）

平等院地圖

🔍 宇治總店（有餐飲空間、有賣場）

地址	〒 611-0021 京都府宇治市宇治壹番十番地
電話	0774-22-7800
營業時間	10：00 ～ 18：30 （最後點餐時間 17：00）

宇治總店地圖

伊藤久右衛門

伊藤久右衛門創立的時間比中村藤吉更早，它是由伊藤常右衛門於 1832 年創立，原先品牌名稱為伊藤常右衛門，後來於 1952 年由第五代老闆伊藤久三改成「株式会社伊藤久右衛門」沿用至今。它在宇治的本店是唯一一間在宇治能享用茶點的店鋪，不過位置比較遠，需要從車站走 10 分鐘左右才能到達。在平等院參道上的為店鋪，可以到這邊購買產品，而且就座落於中村藤吉平等院店對面。

伊藤久右衛門的茶點真的很好吃，是所有抹茶控念念不忘的好滋味，如果有機會來到總店的茶房，請務必要點宇治抹茶聖代吃吃看！這款聖代也常常會有季節限定。宇治抹茶餡蜜附冰淇淋也是熱賣商品，非常好吃！另外，也可以帶條宇治抹茶生乳捲回家。

❶ 伊藤久右衛門專賣店 ❷ 伊藤久右衛門本店 ❸ 宇治抹茶餡蜜附冰淇淋

🔍 伊藤久右衛門本店（有餐飲空間、有賣場）

地址	〒 611-0013 京都府宇治市莵道荒槇 19-3
電話	0774-23-3955
營業時間	10：00 ～ 18：30 （最後點餐時間 18：00）

本店地圖

🔍 伊藤久右衛門平等院店（僅有賣場）

地址	〒 611-0021 京都府宇治市宇治蓮華 31-1
電話	0774-23-2321
營業時間	10：00 ～ 17：00

B30 梅小路公園

鄰近景點： B1 京都鐵道博物館
B2 京都水族館

地圖 QR code

戶外景點

　　如果帶孩子來 B1 京都鐵道博物館跟 B2 京都水族館，也能一起逛逛梅小路公園，這兩個京都很重要的親子景點，其實都在梅小路公園裡。來這邊如果剛好遇到每個月第一個週六舉辦的梅小路公園手作市集（見第 169 頁），更是要把握這個難得的機會好好逛逛。

❶ 梅小路公園裡展示京都市電　❷ 好玩好逛的梅小路公園　❸ 市電廣場非常可愛
❹ 京都鐵道博物館是梅小路公園參觀重點

梅小路公園創立的年份很晚，當初是梅小路車站土地轉移後，重新規劃作為平安遷都 1200 年的紀念公園。於 1995 年開園，總面積為 11 萬平方公尺。園內除了京都鐵道博物館跟京都水族館兩個最大的展館之外，梅小路公園也規劃了許多市民可以利用的區域，非常適合帶孩子來玩。

公園內有個可愛的「市電廣場」，裡面停放了兩輛大正、昭和時期製造的市電電車，一輛內部當作「市電咖啡廳」，另一輛則為「市電商店」。咖啡廳內保有完整的市電內裝，除了可以喝咖啡之外，還販賣一種很特別的電車拉環甜甜圈，非常可愛唷！

❶ 來市電咖啡廳喝杯飲料 **❷** 市電咖啡廳很復古 **❸** 甜甜圈拉環很有創意 **❹** 市電商店裡有不少電車產品 **❺** 可以來搭路面電車 **❻** 保存良好的市電電車

另外，懷舊「路面電車」（チンチン電車），則是明治時期在京都市內使用的市電路面電車，改造後移到這邊來展示，每逢週末還可以付費搭乘體驗，在公園區域內行駛一小段。搭乘路面電車的車站旁邊有個市電展示場，裡面展示了市電相關文物，也可以帶孩子來看看。

梅小路公園內當然也有給孩子玩的遊具,有大型溜滑梯、爬繩區域,孩子光是在這邊就已經玩到不亦樂乎了。另一個在南邊的「河原遊戲場」,則是適合夏天帶孩子來玩,這裡有淺淺的清澈小溪,能脫了鞋襪光腳丫玩耍。

在梅小路公園內還有一個日本庭院「朱雀之亭」,也是因為平安遷都 1200 年紀念而特別建造的日式庭院。池泉採迴遊式設計、中央有個淺淺的水池圍繞著丘陵,花草樹木都經過精心安排,非常精緻典雅。雖然參觀需付費 200 日幣,但還滿值得欣賞。

❶ 公園內也有大型遊具 ❷ 可以讓孩子玩得很開心 ❸ 日本庭院「朱雀之亭」

🔍 梅小路公園

地址	〒 600-8835 京都市下京區觀喜寺町 56-3
電話	075-352-2500
營業時間	皆開放

官網

尿布檯　餐飲區　停車場　紀念品商店　24hr

年齡	全年齡適合	參觀時間	2 小時
嬰兒車	可推進去	飲食	有餐廳
停車場	有		

入場費　入場免費,除了朱雀之亭門票¥200(小學生以上要付費)

路面電車很值得來搭搭看

🚃 交通指南

從京都車站搭乘 JR 嵯峨野線至「梅小路京都西駅」,出站後步行即可到達。

於京都車站前的巴士站搭乘:
京都市營巴士(B3 巴士乘車處):205、208 號公車,在「梅小路公園前」下車;搭乘急行 103、急行 104、急行 110、86、88* 號公車,在「梅小路公園‧京都鐵道博物館前」下車,步行即至。

搭乘京阪京都交通巴士(C2 巴士乘車處):2、14、15*、26、26B、28A 號公車,在「梅小路公園前」下車,步行約 3 分鐘。

* 號代表該公車僅在週六日及例假日行駛

B31 京都府立植物園／京都府立陶板名畫之庭

地圖 QR code

戶外景點

位於京都左京區靠近京都地鐵北山站附近，有兩座很值得來逛的庭院，一間是京都府立植物園，另一間則是位在隔壁的京都府立陶板名畫之庭。兩間庭院都十分有特色，如果天氣好又遇到賞櫻或賞楓季節，可以安排來此逛逛。

京都府立植物園

京都府立植物園為日本最早的公立植物園，它的原址為上賀茂神社的境外末社「半木神社」鎮守之森林：名叫「半木之森」，於西元 1924 年改建成京都府立植物園。後來在日本戰敗後，被同盟國軍隊接收使用 12 年，直到 1961 年又再度開放成為市民都能使用的京都府立植物園。

京都府立植物園佔地共有 24 公頃，面積廣大，其中共有 1 萬2 千種植物，一年四季都有當季花朵可欣賞。2 月時可以去梅林欣賞梅花，賞櫻時節也有一片櫻花林，秋天楓紅時節也是賞楓景點。另外，在京都府立植物園裡還有一個大溫室，為日本最大的溫室，裡面展示 4500 種植物，非常特別，溫室入內需要另外購票，但如果有機會的話很推薦來逛逛。

在溫室旁邊，則是孩子的遊戲場所，有溜滑梯、盪鞦韆遊具能讓孩子們遊玩。遊戲場附近也有一個外觀像蘑菇的書架，打開來裡頭收納了一些童書，可以在這裡自由看書閱讀。

❶ 孩子練體力的好去處　❷ 京都府立植物園綠意盎然　❸ 原為半木之森植物園　❹ 假日有時會舉辦活動
❺ 裡面也有兒童遊樂場　❻ 可愛的蘑菇圖書區　❼ 日本最大的溫室

🔍 京都府立植物園

官網

地址	〒606-0823 京都市左京區下鴨半木町
電話	075-701-0141
營業時間	9：00 ～ 17：00（最後入園時間 16：00）
休館日	12 月 28 日～ 1 月 4 日

 哺乳室　 尿布檯　 餐飲區　 停車場　 9:00~17:00　 12/28~1/4

年齡	全年齡適合	參觀時間	2 小時
嬰兒車	可推進去	飲食	有餐廳
入場費	植物園門票與溫室門票需分開購買，費用相同		

	費用
成人	￥200
高中生	￥150
國中生以下	免費

這裡很適合帶孩子來玩

🚃 交通指南

京都地鐵「北山駅」下車 3 號出口即可到達（3 號出口有電梯）、或「北大路駅」3 號出口（3 號出口有電梯）往東邊走 13 分鐘

京都府立陶板名畫之庭

　　京都府立陶板名畫之庭雖然佔地不大，卻吸引許多建築迷來此參觀，因為這間屋外美術館是由日本建築大師安藤忠雄所設計。美術館座落於京都府立植物園北山口旁，如果想一次逛完京都府立植物園跟京都府立陶板名畫之庭，建議搭地鐵到北山站下車，出站後先前往京都府立陶板名畫之庭，逛完之後，再去京都府立植物園會比較順路。

　　京都府立陶板名畫之庭展示以陶板所複製的世界名畫，共有八幅，全都是耳熟能詳的名作。其中四幅是當初 1990 年花博展覽時製作，之後又特地為京都府立陶板名畫之庭製作另外四幅，作品共有：莫內《睡蓮》、傳說為鳥羽僧正所繪的日本國寶《鳥獸戲畫》、米開朗基羅《最後的審判》、達文西《最後的晚餐》、《清明上河圖》、秀拉《大傑特島的星期日下午》、雷諾瓦《陽台上》，以及梵谷《星空下的絲柏路》。

❶ 很有特色的屋外美術館　❷ 由安藤忠雄設計

安藤忠雄所設計的建築牆面展示，皆充分考慮到每幅畫的特質與光影而設計。境內庭院也很適合推嬰兒推車或帶孩子來欣賞，如果想讓孩子認識名畫，藉由參觀京都府立陶板名畫之庭，會是很棒的機會。

① 米開朗基羅《最後的審判》 ② 有許多名畫可觀賞 ③ 讓孩子親近藝術

京都府立陶板名畫之庭

官網

地址	〒 606-0823 京都市左京區下鴨半木町
電話	075-724-2188
營業時間	9：00 〜 17：00（最後入館時間 16：30）
休館日	12 月 28 日〜 1 月 4 日

9:00~17:00　**12/28~1/4**

年齡	全年齡適合	參觀時間	1 小時
嬰兒車	可推進去		

入場費

	費用
高中生以上	￥100
國中生以下	免費

售京都府立植物園＋京都府立陶板名畫之庭套票

	費用
高中生以上	￥250
國中生以下	￥200

可以購買兩園共通門票

交通指南

京都地鐵「北山駅」下車，3 號出口即可到達（3 號出口有電梯）

B32 圓山公園

鄰近景點： B18 八坂神社
　　　　　 B23 寧寧之道

地圖 QR code

戶外景點

　　圓山公園位於 B18 八坂神社北邊，連接知恩院、B23 寧寧之道、高台院附近，總面積共 8 萬 6 千平方公尺，1886 年開放為市民公園，算是京都非常早期的公園。

　　來到八坂神社周邊，就一定會來圓山公園走走。公園內有著迴遊式日本庭園，由小川治兵衛所設計，園內設有可容納 3000 人的野外音樂堂，以及坂本龍馬和中岡慎太郎的銅像。到了賞櫻季節，圓山公園總是熱鬧滾滾，園內種植約有 580 棵櫻花樹，而其中一株「一重白彼岸枝垂櫻」，是圓山公園內最知名的櫻花。第一代枝垂櫻已經枯死，目前種植的是第二代枝垂櫻，在賞櫻季節總是吸引大眾目光。

　　每逢賞櫻季節，從八坂神社境內就會有小吃攤一直延伸到圓山公園裡。在公園的枝垂櫻大片草坪上，會有非常多人來此野餐，夜間也會特別點燈，賞櫻季節的圓山公園無論白天或夜晚都很熱鬧。

園內枝垂櫻十分出名

❶ 圓山公園與祇園很近 ❷ 櫻花祭時有許多人前來賞櫻 ❸ 沿路有不少小吃攤

🔍 圓山公園

地址	〒605-0071 京都府京都市東山區円山町
開放時間	全年開放
休館日	無休

 尿布檯　 餐飲區　 停車場　 24hr　5 無休

年齡	全年齡適合		參觀時間	1 小時
嬰兒車	嬰兒車可推進去		飲食	有餐廳
停車場	有		入場費	免費

可以帶孩子來這裡看魚

🚃 交通指南

京阪祇園四条駅步行約 5 分、阪急河原町駅步行 8 分。如果推著嬰兒車的爸媽們，請注意別從八坂神社正門進入，因為會遇到階梯，從八坂神社旁邊車子行走的道路上來即可。

B33 寶池公園兒童樂園
宝が池公園 子どもの楽園

鄰近景點： B17 下鴨神社
B22 鴨川 / 出町ふたば / 星巴克京都三条大橋店

地圖 QR code

戶外景點

靠近叡山電鐵的寶池站（宝ヶ池駅）附近，有個屬於孩子的戶外遊樂廣場：寶池公園兒童樂園。它隸屬於寶池公園，但又離寶池公園的主要水池有段距離，而是在寶池公園的東邊，離叡山電鐵寶池站不遠的一塊空地上。當初為京都市營競輪場，後來才改成兒童遊樂廣場。

這裡是專屬於父母帶孩子來玩的自然樂園，禁止 12 歲以上的人單獨進入。場地十分空曠，與周遭大自然融為一體，乍看之下好像遊具並不多，但其實散佈在各處，裡面有大型溜滑梯、可以讓孩子玩水的水池、搖搖馬、小型溜滑梯、盪鞦韆等等，還有個專門給幼兒玩耍的遊具區域。

周圍的樹木跟草地很多，就自然環境而言，孩子可以在這裡盡情奔跑、玩沙、玩水、玩泥土，不會受到空間拘泥，但唯一就是沒有遮蔽的地方，如果遇到下雨，可能就會比較不適合玩樂。

❶ 寶池公園兒童樂園 ❷ 公園內有個玩水池 ❸ 幼兒遊具空間

🔍 寶池公園兒童樂園

地址	〒 606-0037 京都市左京區上高野流田町 8
電話	075-781-3010　　　　開放時間　9：00 ～ 16：30
休館日	12 月 29 日～ 1 月 3 日

官網

 哺乳室　 尿布檯　 停車場　 9:00~16:30　 12/29~1/3

年齡　　0 ～ 12 歲，需大人陪同入場

參觀時間　2 小時　　　嬰兒車　可推進去
停車場　　有　　　　　入場費　免費

場地真的很廣大

🚃 交通指南

叡山電鐵到宝ヶ池駅下，再走 5 分鐘

B34 京都 SOU SOU

鄰近景點： B24 錦市場

地圖 QR code

雨天ok!

京都有許多傳統和服設計製造販賣公司，近年來最受矚目的則是這間 SOU・SOU。它將和服的概念融入現代服飾設計中，創造出休閒又鮮豔的特色和服，設計出帶有童趣、現代感的染印花布，遂成為 SOU・SOU 這個品牌最讓人記憶深刻的特點。

SOU・SOU 以不同種類的商品分成不同店鋪，各自有不同的名稱，有七間座落在錦市場新京極通四條附近的巷子裡，其中 SOU・SOU Warabegi（わらべぎ）則是專門販賣兒童服飾。SOU・SOU 所設計的花紋與圖樣都非常鮮豔，也帶有童趣，更常用數字來裝飾，因此 SOU・SOU Warabegi 裡的兒童服飾孩子穿了都很可愛，爸媽可以來此選購小孩的 T 恤、褲子、裙子、女孩兒的浴衣、男孩的甚平等等，衣服品質都非常好。

如果爸媽想要跟孩子穿同款親子裝，可以去附近的 SOU・SOU 著衣挑選。若想要買成套的包包，也有 SOU・SOU 布袋可以參觀選購。如果是 SOU・SOU 粉絲，應該能在這區從頭到腳挑到它們家的穿用衣物。

❶ SOU・SOU 足袋專賣店　❷ 可以自由入內選購　❸ SOU・SOU 著衣　❹ SOU・SOU Warabegi 專賣小孩衣物
❺ SOU・SOU 商店各有特色　❻ 可以找機會來逛逛

🔍 SOU SOU Warabegi（わらべぎ）

錦市場新京極通四條附近的巷子內共有七間 SOU・SOU，這裡僅列出專賣兒童服飾的 SOU・SOU Warabegi，想逛別家只要在附近繞繞就能找到。

地址	〒 604-8042 京都市中京區新京極通四條上ル中之町 569-6
電話	075-212-8056
營業時間	11：00 ～ 20：00（無休）

官網

B35 京都 YODOBASHI

ヨドバシカメラ京都

鄰近景點： B25 京都塔

地圖 QR code

雨天ok!

日本的 YODOBASHI（ヨドバシ）連鎖店鋪，其實是以電器為主的複合式店鋪，在許多日本大型城市都有連鎖店。而京都市區這種大型電器店不多，這間京都 YODOBASHI 的地理位置非常方便，就在京都塔樓旁邊的大廈裡，4 樓有西松屋（請見第 142 頁），3 樓更是有琳瑯滿目的兒童玩具，如果來到京都需要採購玩具及嬰童用品，很建議來 YODOBASHI 逛逛。

京都 YODOBASHI 共有四層樓，從 B1 到 3 樓裡有各種琳瑯滿目產品。B1 主要是賣電腦、電話，1 樓可選購相機、手錶、化妝品，2 樓為電視等影音產品，3 樓則是冰箱冷氣及玩具區。

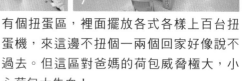

3 樓有一區為玩具專區，玩具品項眾多，基本上想找什麼都有。也分成男孩、女孩玩具，以及嬰幼兒玩具。這邊也有不少玩具裝置以及可以試玩的玩具。在玩具區旁有個扭蛋區，裡面擺放各式各樣上百台扭蛋機，來這邊不扭個一兩個回家好像說不過去。但這區對爸媽的荷包威脅極大，小心荷包大失血！

🔍 京都 YODOBASHI

地址	〒 600-8216 京都府京都市下京區京都駅前 京都タワー橫
電話	075-351-1010
營業時間	9：30 ～ 22：00
交通	搭到 JR 京都站往京都塔方向走去即可看到

❶ 京都 YODOBASHI ❷ 共有三層樓 ❸ 4 樓有西松屋 ❹ 玩具集中在 3 樓 ❺ 3 樓也有扭蛋專區 ❻ 來這裡一定會扭蛋 ❼ 有許多玩具試玩區

B36 穿和服遊京都

❶ 位於五條通上的夢館 ❷ 岡本和服分店眾多 ❸ 岡本和服口碑不錯 ❹ 也有舞妓變身體驗 ❺ 穿和服遊京都

來京都玩很適合預約和服或浴衣換裝，體驗最有古典之美的古都。許多爸媽來到京都也會想讓孩子換上和服或浴衣，全家一起拍張美美的照片，替京都之旅留下難忘的回憶。

京都可提供和服換裝的店家非常多，其中有不少能提供兒童和服或浴衣。通常和服為冬春季穿著，夏季則為浴衣，但到底預約的季節能穿到的是和服還是浴衣，可以諮詢店家為準。

和服或浴衣通常以租借一天來計算，每個店家都會規定最晚歸還時間。因為京都的和服換裝店遍布各地，穿了和服後行動會變得比較不方便，建議在當天逛遊的地區附近租借和服就好，這樣要換裝及還衣服都很方便。以下列出幾間有提供小孩及大人和服，也很受遊客歡迎的店家，實際上價格以該店所公布的方案為準。

京都提供大人小孩租借和服店家

🔍 夢館（位於五条通）

地址	〒600-8104 京都市下京区万寿寺町 128
電話	075-354-9110
營業時間	10：00 ～ 18：30（最後入店 17：00）
價格帶	￥3000~ ￥6000/1 人

官網

地圖 QR code

🔍 岡本和服

共有五間店，位於清水寺、清水坂、八坂神社等處，這裡介紹的是祇園店。

地址	〒605-0072 京都市東山區鷲尾町 523（祇園店）
電話	075-531-7890
營業時間	9：00 ～ 20：00
價格帶	成人￥3000 起、兒童￥5000 起

官網

地圖 QR code

🔍 京都きものレンタル Wargo

分店很多，京都車站、祇園、清水寺附近、金閣寺都有，此處介紹的是京都塔店。

地址	〒600-8216 京都市下京區烏丸通七条下ル東側
	東塩小路町 721-1 京都塔 2F
電話	075-600-2830
營業時間	9：00 ～ 19：00
價格帶	成人 / 兒童￥3000 起

官網

地圖 QR code

Chapter 5

神戶
國際化海港城市

神戶交通概括／實用交通票卡

在關西四大城市中，神戶似乎是很容易被大家省略的旅遊景點。一般人到關西旅遊通常是五天四夜行程，光排給大阪、京都，大概能遊樂的時間都被用光了，能特別來神戶的遊客多半為旅行天數較長的人。

在實際走訪神戶之後，我卻深深愛上這個城市。神戶市街開闊又舒服，商店街很好買，光是推著嬰兒車走在路上都覺得心神俱爽，跟大阪的擁擠與商業氣息，以及京都、奈良古都風格截然不同，神戶就是多了那麼點海港的開放氣息及國際化氛圍。

神戶位於日本西部近畿地方兵庫縣，最熱鬧的地區為三宮跟元町，但遍布神戶各處都有很值得去造訪的親子景點。

神戶的私鐵也很多，除了最主要的 JR 西日本之外，還有阪神電鐵來往大阪與神戶之間。山陽電氣鐵道本線則是連接神戶市和姬路市的主要交通路線，由神戶電鐵運行的三條線路連接神戶市中心和六甲山北麓神戶市郊，而神戶新交通則有港灣人工島線和六甲人工島線，以及北神急行電鐵公司運營的北神線。

神戶的特價交通票券要看你想去的地點而定，我也會在各個景點搭配介紹可以利用的票券。若都用 IC 卡直接刷交通車資，也是另一種方便又快速的方式。

❶ 神戶是個迷人的海港城市 ❷ 三宮區有許多電車線路交會 ❸ 搭神戶電鐵到有馬溫泉 ❹ 住三宮區交通最為方便 ❺ 阪急電鐵神戶三宮站 ❻ 也可以搭巴士到有馬溫泉 ❼ 港灣人工島線連接人工島交通

神戶 CITY LOOP 觀光巴士

對觀光客來說，最推薦的車票其實是神戶的 CITY LOOP 觀光巴士。CITY LOOP 能到達神戶市區 16 個觀光客最常去的景點；這輛可愛的深綠色復古外觀巴士，則是採用巡迴巴士的運行走法，會在 16 個觀光景點繞行行駛。因為神戶的地形往北邊都屬於上坡，如果你想去北野異人館等區域，光是爬坡就會累死人，若能好好利用 CITY LOOP 觀光巴士倒是不錯的方式。有

時 CITY LOOP 會有不少人搭乘，攜帶嬰兒車者，需要將嬰兒車折起上車。

無論是車票或一日券都在車上購買（無法用 IC 卡刷卡），車上有車掌小姐會廣播介紹行經景點。如果你在一天內需要利用 CITY LOOP 搭三趟以上，還是買一日券比較划算！

CITY LOOP 一日券	
種類	一日券（一日內無限搭乘）
票價	大人 ¥680、兒童 6~12 歲 ¥340
	單程票
	大人 ¥260、兒童 6~12 歲 ¥130
折扣設施	持一日券有 33 項設施享有折扣入場

CITY LOOP 官網
（日文）

❶ 用一日券搭車很划算 ❷ 車內有車掌小姐收票廣播 ❸ 繞行神戶觀光景點的 City Loop 巴士 ❹ City Loop 巴士內部

神戶旅遊中心

神戶資訊中心

地址　神戶市中央區雲井通 8 丁目

　　　※ JR 三宮站東出口南側，港灣人工島線三宮站的樓下

電話　078-322-0220

營業時間　9:00 ～ 19:00

休館日　全年無休（年節期間縮短營業時間）

位於 JR 三宮站的觀光中心

北野觀光諮詢處

地址　神戶市中央區北野町 3-10-20（北野風見雞館前）

電話　078-251-8360

營業時間　3 月～ 10 月 9:00 ～ 18:00、11 月～ 2 月 9:00 ～ 17:00

休館日　全年無休（年節期間縮短營業時間）

位於北野風見雞館前

有馬溫泉綜合旅遊服務處

地址　神戶市北區有馬町 790-3

電話　078-904-0708

營業時間　9:00 ～ 19:00

休館日　全年無休（年節期間縮短營業時間）

位於有馬溫泉街上

神戶親子住宿

三宮地區

神戶三宮地區為交通最方便的區域，

從這邊要到神戶其他景點都很方便，建議盡量選擇這區的飯店。

神戶飯店的好處就是，除了連假之外，飯店都算好訂，房間也普遍較寬敞。

中價：雙人房價為一晚一萬五～三萬日幣左右（約台幣 4000-8000 左右）

**Hotel Villa Fontaine
神戶三宮**

ヴィラフォンテーヌ
神戶三宮旅館

單人房　雙人房　雙床房

三人房

兒童免費：6 歲以下

這間飯店離 JR 三ノ宮站很近，緊鄰一間超市，附近餐廳非常多，無論是購物或飲食都非常方便。雙人房從 18 平方公尺起跳，床寬為 140 及 160 公分寬，皆附免費早餐。孩子入住會另外附上兒童牙刷等用品。

· 地　　址：〒 651-0095 兵庫縣神戶市中央區旭通 4-1-4
· 電　　話：078-224-5500
· 地鐵站：JR、阪急、阪神、地下鐵、ポートライナー三宮駅走路可達

 官網　　 訂房　　 地圖

**神戶三宮大和
ROYNET 酒店**

ダイワロイネットホテル
神戶三宮

單人房　雙人房　雙床房

三人房　四人房

兒童免費：6 歲以下

房間大，選擇種類多，從 18 平方公尺起跳，帶孩子住起來很舒服。大和 ROYNET 是日本的連鎖飯店，品質都很不錯。6 歲以下免費入住。可事先預約嬰兒床，提供 1 歲以下的嬰兒使用。孩子入住會另外附上兒童牙刷等用品。

· 地　　址：〒 651-0087 兵庫縣神戶市中央區御幸通 5-1-6
· 電　　話：078-291-4055
· 地鐵站：JR、阪急、阪神、地下鐵、ポートライナー三宮駅走路可達

 官網　　 訂房　　 地圖

東橫 INN 神戶三之宮 1 號店

單人房　雙人房　雙床房

無障礙房

兒童免費：12 歲以下

這間東橫 inn 離 JR 三ノ宮站稍遠些，但走路約 7 分可達車站，還算方便。房間不大，床寬 140、160 公分寬的房間都有，12 歲以下免費入住，皆附免費早餐。

· 地　　址：〒 651-0087 兵庫縣神戶市中央區御幸通 2-2-2
· 電　　話：078-271-1045
· 地鐵站：JR、阪急、阪神、地下鐵、ポートライナー三宮駅走路 7 分可達

 官網（於官網訂房即可）　　 地圖

---

the b 神戶酒店

ザ・ビー神戶

單人房　雙人房　雙床房

三人房

兒童免費：6 歲以下

交通方便，離神戶三宮站很近。房間從 14 平方公尺起跳，11 歲以下兒童免費入住。若同行大人有加購早餐，兒童 5 歲以下可以跟著入場免費享用。備有嬰兒床、圍欄等等，需先行預約。

· 地　　址：〒 650-0011 兵庫縣神戶市中央區下山手通 2-11-5
· 電　　話：078-333-4880
· 地鐵站：JR、阪急、阪神、地下鐵、ポートライナー三宮駅走路 5 分可達

 官網　　 訂房　　 地圖

神戶蒙特埃馬納飯店

ホテル モンテ エルマーナ 神戶 アマリー

單人房　雙人房　雙床房

三人房　四人房～六人房

兒童免費：6 歲以下

蒙特埃馬納飯店走歐洲古典風格，房間從 16 平方公尺起跳，最大有到 40 平方公尺的六人房。嬰兒床需預約，如有需要預約嬰兒床請先確定房型是否夠大可以預約。

· 地　　址：〒 650-0004 兵庫縣神戶市中央區中山手通 2 丁目 2 番 28 號
· 電　　話：078-393-7111
· 地鐵站：JR、阪急、阪神、地下鐵、ポートライナー三宮駅走路 5 分鐘

 官網　　 訂房　　 地圖

地圖 QR code

雨天ok!

❶ 神戶麵包超人博物館 ❷ 小孩非常愛的麵包超人卡通 ❸ 位於 Mosaic 商場內 ❹ 每天都有定時表演

　　來到神戶，許多人都會想到這裡最有名的親子景點「麵包超人博物館」。就算你已經去過日本其他城市麵包超人博物館，例如《東京親子遊》裡介紹的「橫濱麵包超人博物館」，來到神戶還是可以帶孩子來這邊玩一趟，畢竟麵包超人還是很能收買孩子的心。

　　全日本目前（至 2017 年）共有五間麵包超人博物館，開幕順序為：橫濱、名古屋、仙台、神戶、福岡。神戶的麵包超人博物館於 2013 年開幕，位於神戶港區附近

Umie 的 Mosaic 購物商場內。整體分成兩層樓規劃，1 樓主要是餐廳跟麵包超人周邊商品店，2 樓則全數是博物館區，2 樓戶外還有 Umie 的大摩天輪，非常繽紛可愛。

　　從 1 樓一進門就會看到「果醬叔叔的麵包工廠」（ジャムおじさんのパン工場），大人小孩應該都會想進去買個麵包再出來。店裡有各種麵包超人卡通造型的麵包可供選擇，門外就有可以坐下來品嚐的桌椅處，能吃到真的麵包超人麵包，孩子們一定會非常開心！

❶ 都能購買來享用喔 ❷ 麵包為展示品，請拿取牌子去結帳 ❸ 果醬叔叔的麵包工廠櫥窗 ❹ 裡面有許多造型麵包

　1樓商店區還有許多麵包超人相關產品，大人小孩都能在這邊選購自己喜歡的商品。另外，1樓有一間麵包超人與不二家PEKO合作的餐廳，提供麵包超人相關造型餐點，非常可愛！還能幫孩子慶生，但需要跟櫃台預約以及另行付費￥500，餐廳會特別為孩子桌邊慶生，並且送上小禮物。

5

❺主題餐廳也很可愛 ❻ 1樓有許多商場 ❼ 有許多兒童商品可購買

博物館內處處有巧思，在牆壁跟地板上都能找到麵包超人卡通立體裝飾，就連地上凸起的導盲磚上金屬鈕釦，也有些是麵包超人的圖樣，有機會可以找找看。

看，是麵包超人耶！

1 樓地板與牆壁間都有小驚喜

2 樓是麵包超人博物館的館場區域，有非常多適合年紀較小孩子遊玩的設施，例如溜滑梯、讓孩子奔跑的大球池、麵包超人市集等等，都是各式繽紛又可愛的麵包超人遊樂設施。

來到麵包超人博物館的另一個重點，就是

館內的常設活動。2 樓場館內劇場，每天定時舉行麵包超人舞台劇表演，也有麵包超人角色見面會跟布偶劇場，還有帶著小朋友做手作的活動。這些活動每天都不定時，所以記得要先上網頁或到館場查詢當日活動公佈欄，以免錯過活動喔！

神戶麵包超人博物館表演場次由此查詢（日文）

❶ 繽紛多彩的博物館 ❷ 溜滑梯有工作人員協助 ❸ 這裡很適合拍照 ❹ 遊具適合小小孩遊玩

不過神戶麵包超人博物館有個很佛心的表演活動，每天於 1 樓大廳中庭內會有 2～3 場麵包超人們的舞蹈表演，不用付費就能自由參加，每次都會吸引許多人帶著孩子來看表演！請先查詢 1 樓麵包超人廣場的「神戶だんす!だんす!ミュージアム」表演場次，就能知道今日的表演時間為何。

❶ 館內常有不同表演 ❷ 1 樓大廳也會有表演喔 ❸ 館內手作活動自由參加 ❹ 2 樓也有卡通人物出來跟大家拍照

🔍 神戶麵包超人博物館

地址	〒 650-0044 兵庫県神戶市中央區東川崎町 1-6-2
電話	078-341-8855
營業時間	10：00～18：00（最後入場 17：00）
休館日	1/1，另外有不定時休館，請查詢官網

官網

哺乳室　尿布檯　遊戲區禁止飲食　餐飲區　投幣式儲物櫃　停車場　紀念品商店　10:00~18:00　1/1

年齡	適合年紀較小兒童 0～6 歲左右，需大人陪同入場
參觀時間	3 小時
嬰兒車	嬰兒車需放置在 2 樓入場門口處
飲食	有餐廳，2 樓館內禁止飲食
停車場	有

入場費	費用
1 歲以上	平日 ¥2000、假日 ¥2500
未滿 1 歲	免費

在神戶站就能看到麵包超人指示牌

🚃 交通指南

JR 神戶線「神戶駅」或市營地下鐵海岸線「ハーバーランド駅」，下車後走 8 分鐘

C2 神戶動物王國

神戶どうぶつ王国

鄰近景點：　C8 神戶青少年科學館
　　　　　　 C9 UCC 咖啡博物館

地圖 QR code

雨天ok!

1

2

3

4

5

6

　　神戶動物王國位於靠近神戶機場的港灣人工島上。說它是一座動物園，它更像是一座動物樂園，場館裡有許多能跟人親近的動物區域，大部份採放養方式，動物被照料的情形也很好。在這裡，孩子能盡情地跟動物們接觸，跟一般傳統動物園只能被動觀看的情形不同，很多動物會在你身旁走動，這種體驗對孩子來說非常新奇有趣。

　　神戶動物王國的前身為動物花鳥園，後來於 2014 年改成神戶動物王國，裡面的動物多半採無柵欄方式放養，有鳥類、可愛動物、魚類、水中動物等等，種類繁多。

　　園區分為室內與戶外，共有 11 個不同區域飼養各式動物。其中最受歡迎的就是水豚區，看起來懶散的水豚，一看到拿著飼料的遊客就會變得精神抖擻，遊客可以付費買飼料餵水豚跟大烏龜，也能看到水豚大軍放飯時的搶食場面，非常有趣！也讓這裡成為最容易跟水豚親近的動物園。

7

　　可愛動物區有兔子、綿羊跟駱馬，遊客都能放心地親近牠們。裡面還有貓狗專區，喜歡貓咪跟狗狗的人也能跟牠們一起玩耍。一天兩場的鵜鶘餵食秀是人氣很旺的表演，一聽到園方的餵食者搖鈴，好幾隻鵜鶘就會一起從水池遠方飛來，非常有震撼性！在鵜鶘池附近也可以找找看稀有的鯨頭鸛，牠可是非洲來的嬌客喔！

❶ 半放養形式的神戶動物王國　❷ 於港灣人工島上　❸ 這裡可以餵水豚喔
❹ 小朋友可以親近動物　❺ 水豚們都很慵懶　❻ 可以跟大烏龜一起散步
❼ 能跟貓頭鷹一起拍照

在園內的水蓮場館內，也有定時鳥類表演秀，可以看到老鷹、貓頭鷹等鳥類飛翔，也能付費體驗貓頭鷹站在手上的難得感受。神戶動物王國的展區共有 2 萬平方公尺，面積很大；場內多半是室內空間，裡面也有餐廳、紀念品等區域，在這裡待上一整天保證能玩得很開心！

❶ 可以親近駱馬 ❷ 跟鸚鵡一起合照 ❸ 園內有美麗的蓮花池

🔍 神戶動物王國

地址	〒 650-0047 兵庫縣神戶市中央區港島南町 7-1-9
電話	078-302-8899
營業時間	平日 10：00 ～ 17：00（最後入場 16：30）
	週末假日 10：00 ～ 17：30（最後入場 17：00）
休館日	每週四，每逢國定假日週四會開放

官網

哺乳室　尿布檯　餐廳　投幣式儲物櫃　停車場　紀念品商店　10:00～17:00 10:00～17:30　週四

年齡	全年齡適合
參觀時間	3 小時
嬰兒車	可推嬰兒車進入
飲食	有餐廳，動物區禁止飲食，可於餐飲區飲食
停車場	有

園內也有餐飲設施

入場費

	費用
成人（國中生以上）	￥1800
小學生	￥1000
4 ～ 5 歲兒童	￥300
0 ～ 3 歲	免費

神戶動物王國門票

🚃 交通指南

三宮駅搭乘港灣人工島線（ポートライナー）往機場方向，到「京コンピュータ前（神戶どうぶつ王国）駅」下車

C3 神戶市立王子動物園

戶外景點

地圖 QR code

　　神戶市立王子動物園位於兵庫縣神戶市灘區，只要從三宮站搭阪急神戶線到王子公園駅下車，再走一下即可到達。這間動物園雖然有點歷史，但維護得很好，是陪伴神戶兒童長大的一間動物園，也是當地許多幼稚園、國小學校帶孩子戶外教學的好去處。到了賞櫻季節，神戶市立王子動物園內也會開滿櫻花，是神戶熱門的賞櫻景點。

　　動物園前身是諏訪山動物園，於 1946 年閉園之後，轉移到現址於 1951 年開幕。園區共養了 130 種動物，總面積為 8 萬平方公尺，佔地很廣，讓動物能夠在寬廣的空間中居住生活，而且園中的柵欄高度也很適合兒童觀察動物。

　　園中最有人氣的就是熊貓館，於 2000 年開館。剛開始裡頭各有一隻公、母熊貓，但歷經幾次孕育熊貓寶寶失敗後，目前只住了一隻母熊貓「旦旦」。而餵養熊貓的食物，則是在神戶北區淡河町特別栽種的竹子。

❶ 神戶市立王子動物園 ❷ 圍欄高度很適合孩子觀賞 ❸ 搭乘阪急神戶線即可到達 ❹ 園內歷史悠久 ❺ 最著名的是熊貓館 ❻ 熊貓館很受歡迎 ❼ 園內也有遊樂區 ❽ 鳥類園區採放養方式

　神戶市王子動物園裡有一區為「動物與兒童王國」，裡面以兔子、綿羊、駱馬等可愛動物為主，能讓孩子親近動物。這區還擺放了一台蒸汽火車 D51，孩子也很喜歡在裡面跑上跑下。動物園裡還有一間北野異人館的建築物「舊獵人宅邸」（ ハンター住宅），是現存北野異人館建築中最大的一間，僅在每年的 4 月、5 月及 10 月開放。

　神戶市立王子動物園內也有遊園地，裡面有不少遊樂設施，但需每項另行付費，價格不貴，多半在 200 ～ 300 日幣之間（搭乘一次），爸媽也可以列入參考。

❶ 動物與兒童王國 ❷ 園內還有一台火車

🔍 神戶市立王子動物園

地址	〒 657-0838 神戶市灘區王子町 3-1
電話	078-861-5624
營業時間	3 ～ 10 月 9：00 ～ 17：00（最後入場時間 16：30）
	11 ～ 2 月 9：00 ～ 16：30（最後入場時間 16：00）
休館日	每週三、12 月 29 日～ 1 月 1 日

官網

 哺乳室　 尿布檯　 嬰兒車租借　 餐飲區　 投幣式儲物櫃　 停車場　 紀念品商店　 9:00~17:00 9:00~16:30　 週三 12/29~1/1

年齡	全年齡適合	參觀時間　**3 小時**
嬰兒車	可推嬰兒車進入，也能租借嬰兒車，一台 ¥300	停車場　有
飲食	有餐廳，也可自行攜帶便當進入	

入場費

	費用
成人（高中生以上）	¥600
0 ～ 3 歲	免費

園內有不少熊貓相關商品可選購

🚃 交通指南

阪急神戶線「王子公園駅」下車後走 3 分鐘（出入口都有電梯）

JR 東海道本線「灘駅」往北走 5 分鐘（出入口都有電梯）

C4 有馬玩具博物館

鄰近景點： C14 有馬溫泉／太閣之湯

地圖 QR code

雨天ok！

有馬溫泉區是日本最古老的溫泉之一，自古以來就是許多武將貴族鍾愛的溫泉聖地。因為三位對於玩具情有獨鍾的好朋友，希望在有馬地區建造一間專屬於玩具的博物館，保存獨特又精緻的各式玩具，以期跟現在塑膠製造的便宜玩具有所區隔，於 2003 年在有馬溫泉街上，成立了有馬玩具博物館。初代館長為三人其中之一的西田明夫先生，他同時也是一位機械類玩具製作者。

有馬玩具博物館座落在有名的金之湯對面，展示區從 3 樓到 6 樓，每層樓都有不同主題的玩具分類，總共收藏超過 4000 件玩具。2 樓為食堂、1 樓為入口及玩具販售區域。

3 樓為蒐集自世界各國的錫製玩具及鐵道模型，有人偶、車輛、火車、機器人及船隻等等，其中也有一個很大的火車鐵道模型，做得栩栩如生。4 樓以木製人型玩具及機械玩具為主，有許多逼真的木製玩具，以及來自各國的木製人型玩偶，有大有小，種類非常多。現場還有解說場次，講解歐洲製作木製玩具的過程，師傅的手工藝能將一個木條切割出動物造型玩具，非常厲害。

❶ 有馬玩具博物館 ❷ 展示許多精緻玩具 ❸ 入口就有玩具展售 ❹ 3 樓的模型火車區 ❺ 蒐集許多錫製玩具
❻ 胡桃鉗玩具兵種類豐富 ❼ 5 樓為遊戲區 ❽ 來自世界各國的鐵道玩具

　　5 樓是能自由玩耍的區域，裡面有許多現代木製玩具，可以讓孩子在此玩個夠。除了 5 樓可以動手玩耍之外，其他樓層的玩具多半是展示品，不能碰觸。6 樓蒐集了許多來自德國的胡桃鉗玩具兵，大大小小都有，有各種外型及面孔，遊客可以細細欣賞。

❶ 多半為展示空間　❷ 也有商店販售玩具

🔍 有馬玩具博物館

地址	〒 651-1401 兵庫縣神戶市北區有馬町 797 番地
電話	078-903-6971
營業時間	9：30 ～ 18：00（最後入場 17：30）
休館日	不定時休館，請查詢官網

官網

 尿布檯 參觀區禁止飲食 餐飲區 停車場 紀念品商店 9:30~18:00 不定休

年齡	全年齡適合
參觀時間	2 小時
嬰兒車	可推嬰兒車進入，有電梯
飲食	有餐廳，展區禁止飲食
停車場	有

入場費

	費用
成人	￥800
小孩（3 歲～小學生）	￥500
0 ～ 3 歲	免費

館外就有足湯，逛完出來可以體驗一下

🚃 交通指南

神戶電鐵到「有馬温泉駅」下車後走路 5 分鐘

C5 神戶布引香草園

神戶布引ハーブ園

鄰近景點：C12 北野異人館街 / 北野異人館星巴克

戶外景點

地圖 QR code

　神戶由北部的六甲山系和南部的瀨戶內海形成依山傍海的都市景觀。六甲山系雖然陡峭，但神戶人也沿著山脈地形，開發出各種不同的遊樂休閒區，許多遊樂區域都需要靠纜車才方便上山，除了這裡介紹的神戶布引香草園之外，C6 須磨浦山上遊園跟 C15 六甲山滑雪園，也都是需要搭乘纜車才能到達的遊樂區。雖然交通費相對來說比較貴，但各個設施都會推出套票，而且搭纜車也是非常特別的經驗，孩子會很喜歡。

　在靠近北野異人館區的山上，有個很特別的香草花園，叫做神戶布引香草園。它

是跟新神戶布引纜車一起開設的花園遊樂區，從 JR 新神戶站旁的纜車站「ハーブ園山麓駅」開始，可以一路經過「風の丘中間駅」搭到「ハーブ園山頂駅」。

　全長 1460 公尺，最高站標高為 397 公尺，能夠遠眺神戶海港景色，同時這裡也是很受歡迎的郊外踏青、戀人約會之地，雖然沒有遊樂設施，也很適合孩子來跑跑逛逛。纜車外型跟貓空纜車很像，四周都可以看到山脈景色，如遇人少時段，可以直接推嬰兒車進去（連收都不用收，請依照工作人員指示），到了山上之後，也可以一路推嬰兒車下來走逛沒問題。

❶ 充滿花香的神戶布引香草園　❷ 搭纜車上山親近自然　❸ 纜車外型是紅黑色　❹ 可以欣賞神戶景色
❺ 上山搭纜車，下山步行參觀

❶ 有賣場與餐廳 ❷ 這裡很適合眺望神戶美景 ❸ 販售許多香草相關產品 ❹ 聞起來心情特別好 ❺ 山上的餐廳 ❻ 推嬰兒車跟孩子走路都容易

　　如果天氣不錯，想帶孩子到戶外大自然走走，很推薦神戶布引香草園。這裡雖然是以花園為主，但其實裡面種植了許多不同植物，除了各式香草之外，還有各個季節不同花種可以欣賞。一走出ハーブ園山頂駅，就能看到一棟歐式建築的賣場跟餐廳，裡面販售許多香草相關的芳香用品，逛起來特別舒服。在這棟建築中也設有餐廳可以用餐。

❶ 山頂站的冰淇淋攤 ❷ 風の丘中間站附近有賣薰衣草冰淇淋 ❸ 玻璃之家可停留參觀 ❹ 冰淇淋口味很濃郁好吃

神戶布引香草園裡販售各種口味的特色冰淇淋，推薦大家一定要來嚐嚐看。這些冰淇淋攤分散在各處，口味各有不同，例如山頂駅的小攤販售的是牛奶蜂蜜口味及日本葡萄口味霜淇淋，在風の丘中間駅附近小攤所賣的則是薰衣草口味，都非常好吃！

我建議的玩法是先搭纜車從山下的「ハーブ園山麓駅」，直達「ハーブ園山頂駅」，然後再從ハーブ園山頂駅慢慢一路逛下來，沿路欣賞花草樹木及神戶景色。沿路都有坡道可以推嬰兒車，不過有些坡道比較陡，爸媽要特別注意及小心。

🔍 神戶布引香草園

地址	〒 650-0002 神戶市中央區北野町 1-4-3
電話	078-271-1160
營業時間	10：00 ～ 17：00、夏季會延長到 20：30，詳細營業時間請見官網
休館日	不定時休館，請查詢官網

官網

尿布檯　餐飲區　紀念品商店　10:00~17:00　不定休

年齡	全年齡適合	參觀時間	3 小時
嬰兒車	可推嬰兒車	飲食	有餐廳
儲物櫃	有，可寄在纜車站置物櫃		
入場費	進入香草園免費，纜車需另外購票		

好天氣來這裡真的非常舒服

纜車費用

白天纜車費用	來回票	單程票
成人	¥1800	¥1130
小孩（6 ～ 12 歲）	¥900	¥570
0 ～ 6 歲兒童	免費	

夜間纜車費用（17：00 起）	來回票	單程票
成人	¥1100	無
小孩（6 ～ 12 歲）	¥700	無
0 ～ 6 歲兒童	免費	

來回纜車交通票

🚃 交通指南

神戶市營地下鐵到「新神戶駅」出來，走到 ANA 神戶皇冠假日酒店（ANA CROWNE PLAZA KOBE）旁邊通道，就能轉搭纜車上山。

C6 須磨浦山上遊園

鄰近景點： C7 神戶市立須磨海浜水族園

地圖 QR code

雨天ok！

　　須磨浦山上遊園是座歷史悠久的山上遊樂園。它的地理位置在神戶三宮與明石大橋之間，需搭乘山陽電鐵到「須磨浦公園駅」，從這邊總共要換三段不同種類的纜車搭上鉢伏山，但無論是俯瞰神戶港美景，還是眺望遠方的明石大橋，或是花季時節來此賞花，都讓人心神舒暢。

　　須磨浦山上遊園為山陽電鐵所規劃，於1959年開園的遊樂園。搭乘山陽電鐵到「須磨浦公園駅」下車，往海邊走去就可以到「須磨海づり公園」（提供海釣的海濱公園），若轉搭纜車上山，就可以到達須磨浦山上遊園。

　　須磨浦山上遊園的遊樂設施不算新穎，甚至帶點老舊感，但來到這邊最重要的重點不是遊樂設施，而是搭乘園內那三段非常特別的纜車。從須磨浦公園駅下車後，第一段要搭的是須磨浦纜車（須磨浦ロープウェイ），它是1957年建成的纜車，共有白色跟紅色車身兩輛，每輛可載30人左右。搭著須磨浦纜車慢慢往山上開去，視野越來越遼闊，神戶港的美景盡在眼前。

　　從纜車下來之後，就要換搭另一種很特殊的「カーレーター」，外型像個籃子，人坐在裡頭像電梯一樣把籃子往上頭輸送過去。這種「カーレーター」（姑且稱之為「升降籃」），須磨浦山上遊園為目前日本唯一一個有此設施的地方；一個籃子可以坐兩個人，搭乘時手要記得抓穩，因為有些路段顛簸得滿嚴重，但卻非常好玩！

❶ 搭乘纜車上山 ❷ 須磨浦纜車 ❸ 共有紅白兩輛車 ❹ 可眺望神戶港景
❺ 獨一無二的升降籃 ❻ 回轉展望閣

搭完「升降籃」之後，就能到達回轉展望閣。這裡是三層樓的展望台，2 樓放了一些遊戲機台跟幼兒遊戲空間，3 樓則是迴轉咖啡廳，能 365 度眺望瀨戶內海的景色，每 45 分鐘轉一圈，但旋轉速度非常緩慢。再爬到頂樓陽台眺望，天氣晴朗時能清楚地看到明石大橋。不過回轉展望閣裡的設施滿陳舊的，不需要抱有太大期待，但天晴時值得爬上來看看美麗風景。

第三段纜車則是像是椅子般的觀光纜車（觀光リフト），這種纜車也是三種纜車中最驚險刺激的。主要連結從回轉展望閣的鉢伏山，以及更高處的旗振山，山上遊園也要搭觀光纜車才能到達。搭乘這種椅子式的纜車必須要把包包挶在前面，如果有 3 歲以下的孩子，也要用特別的背帶將孩子挶在前面。3 歲以上的孩子必需自己搭乘，請爸媽自行評估風險，因為就連大人搭乘也會有點怕怕的感覺呢！嬰兒車沒辦法帶上來，所以請收好寄放在山下纜車站。

到了山上遊園區後，可以依照自己想玩的遊樂設施付費搭乘。有迷你車廣場可以讓孩子開電動玩具車，另外還有腳踏單軌列車，需要自己雙腳踩動才能前進。往另外一邊走去，還有個兒童遊樂廣場，上頭也有一些兒童遊樂設施。

須磨浦山上遊園都是依山建造，因此遊園區坡度也大，走沒多久其實就滿累人的。不過須磨浦山上遊園的三種纜車實在是太特別了，有機會一定要帶孩子來體驗！

❶ 有餐廳可眺望風景 ❷ 也有小小的兒童遊戲區 ❸ 第三段觀光纜車非常刺激 ❹ 3 歲以下兒童需與大人一起乘坐 ❺ 山上有遊樂園 ❻ 搭乘椅子纜車解說圖 ❼ 個別付費的遊樂設施 ❽ 單軌高架列車

🔍 須磨浦山上遊園

地址	〒654-0076 神戶市須磨區一ノ谷町 5 丁目 3 番 2 号
電話	078-731-2520
營業時間	10：00 ～ 17：00（會依照月份而有不同，請查詢官網）
休館日	週二，但也有週二臨時開放時期，請查詢官網

官網

哺乳室　尿布檯　餐飲區　停車場　紀念品商店　10:00~17:00　週二

年齡	全年齡適合
參觀時間	3 小時
嬰兒車	嬰兒車不方便使用，較小嬰兒請盡量用背巾揹
飲食	有餐廳
停車場	有
入場費	免費，但搭乘纜車可分段付費也可以全包買套票
交通纜車	

孩子們很愛的纜車

這裡有自動販賣機可購票

全包套票	成人	小孩（6-12 歲）
A 路線 包括須磨浦纜車⇄カーレーター ⇄ 展望閣 ⇄ 觀光リフト	￥1800	￥1350
B 路線 包括須磨浦纜車⇄カーレーター ⇄ 展望閣	￥1200	￥750

分開購買交通纜車票價	成人	小孩（6-12 歲）
須磨浦纜車	¥500（單程） ¥920（來回）	¥250（單程） ¥460（來回）
カーレーター	¥200（單程） ¥350（來回）	¥200（單程） ¥350（來回）
觀光リフト	¥440（單程） ¥600（來回）	¥440（單程） ¥600（來回）

🚃 交通指南

轉搭山陽電鐵到「須磨浦公園駅」下車後，再換纜車上山即可

C7 神戶市立須磨海浜水族園

鄰近景點：C6 須磨浦山上遊園

地圖 QR code

戶外景點

神戶市須磨海濱公園，有一座神戶市唯一的水族館：神戶市立須磨海濱水族園。它於 1957 年開園，1987 年重新整修後，一直以來都是神戶市孩子們愛去的水族樂園。其地理位置剛好在神戶三宮跟明石大橋中間，離之前所介紹的須磨浦山上遊園不遠，但兩者不在同一個地方，請不要跑錯囉！

神戶市立須磨海濱水族園內分為水族館跟遊樂園兩大塊區域。在水族館區域裡，總共飼養了約 600 種、1 萬 3 千隻的水中生物。這裡最吸引人目光的就是水量達 1200 噸的大水槽，光是在大水槽前面就能觀賞好久。這裡也有個「企鵝海豹館」，可以參觀企鵝海豹生活的模樣，如果時間剛好能遇上的話，也能付費餵食企鵝或跟企鵝合影。

讓孩子更開心的就是海豚表演了。這裡的海豚表演場地滿大，整個場館能容納 1300 名觀眾，每天都會上演數場海豚表演，如果有興趣看海豚表演的人，入場後請留意櫃台附近的公告時間。

❶ 神戶市立須磨海濱水族園 ❷ 神戶歷史悠久的水族館 ❸ 1200 噸的大水槽 ❹ 孩子也能輕鬆觀察到海中生物 ❺ 海豚表演是此處重點 ❻ 每天有數場表演 ❼ 能盡情觀察水中生物 ❽ 餵食企鵝需先報名付費

1

2

3

　另一區遊樂園則設立了許多孩子喜愛的遊樂設施，但每項設施需另外付費，價格不貴，想讓孩子遊玩也不會太傷荷包。園區內設有餐廳，需要用餐的話可以找到簡單的餐點享用。神戶市立須磨海濱水族園畢竟有些歷史了，整體設施不是很新穎，若單純想帶孩子來體驗水族館的話，這裡順道再過來看看也行喔。

❶ 園中也有遊樂區
❷ 餐飲設施齊備
❸ 飯糰也很有特色

🔍 神戶市立須磨海浜水族園

地址	〒 654-0049 兵庫県神戸市須磨區若宮町 1-3-5
電話	078-731-7301
營業時間	9：00 ～ 17：00（最後入場 16：00）
休館日	每週三，但 2017 年除了 12 月週三休館外， 其他月份的週三均不休館，請查詢官網為準。

官網

 哺乳室　　 尿布檯　　 嬰兒車租借　　 餐飲區　　 投幣式儲物櫃　　 停車場　　 紀念品商店　　 9:00-17:00　　 週三

年齡	全年齡適合	參觀時間	2 小時
嬰兒車	可推嬰兒車進入	飲食	有餐廳，展區禁止飲食
停車場	有		

入場費

	費用
成人	¥700
高中生	¥400
國中生、小學生	¥300
0 ～ 6 歲	免費

也有大標本可欣賞

🚃 交通指南

搭乘 JR 到「須磨海浜公園駅」下車走路 5 分鐘

搭乘山陽電鐵到「月見山駅」下車走路 10 分鐘

C8 神戶青少年科學館

鄰近景點： C2 神戶動物王國
C9 UCC 咖啡博物館

地圖 QR code

雨天ok！

在神戶南邊的港灣人工島上，有幾個適合全家大小一起去的親子景點，包括之前介紹的 C2 神戶動物王國，以及神戶青少年科學館跟 C9 UCC 咖啡博物館，都是位於此處，靠近南公園駅附近，適合帶孩子去參觀。

1981 年神戶舉辦港灣人工島博覽會（神戶ポートアイランド博覧会），展出之後的場館就留下來改建成神戶青少年科學館，並於 1984 年開館。之後再增建天文部門新館，於 1989 年啟用，神戶青少年科學館遂成為附設大型天文館的「青少年科學館」。裡面共有 6 間展示室，各分為不同主題，還有一間大型天體觀測室，以及星空投影機，裡面有一架太陽望遠鏡，可以觀測到太陽黑子的活動情形。

在本館 1 樓有第一展示室及第六展示室；第一展示室主題為力學、物質跟能量科學，可以瞭解飛機的原理，還有起重機等等跟力學相關機器的原理。第六展示室主題為創造性科學，其實就是讓孩子能從科學裝置中，邊玩邊學習。也有一區專門提供木製懷舊玩具，讓孩子動手遊玩，在這裡孩子通常會玩到流連忘返。

本館 2 樓的第三展示室為「科學跟地球」主題，這裡有個很好玩的裝置，是為了神戶青少年科學館開館 30 週年所設計的「時空機器」，以寬 15 公尺、高 7.8 公尺的大型螢幕投射出銀河系、地球內部跟地球歷史三個主題，由參加者站在螢幕前的軟墊上，配合接下來要介紹的主題跳躍，就能跳入該時空中，非常好玩。新館 2 樓的第四展示室主題為「神戶的科學與技術」，介紹建設神戶市時使用到的科學，以 3D 互動裝置體驗醫療、氣象、防災等科學技術，讓孩子能從玩樂中學習。

❶ 神戶青少年科學館 ❷ 第二展示室的科學跟地球 ❸ 可以藉由時空機器互動遊戲 ❹ 第六展示室有許多科學遊具 ❺ 孩子可以動手邊玩邊學習 ❻ 3D 互動裝置

　　本館 3 樓的第二展示室主題為「情報的科學」，透過聲音、指紋、光與電波等技術，瞭解如何從這些媒介中傳遞情報。新館 3 樓的第五展示室，主題為「生命的科學」，則是透過 DNA、人體細胞、醫藥跟癌症治療，來瞭解醫療與科學的關係。雖然展覽都是以日文做解說，但將科學設計成遊戲來讓孩子理解，就算日文不通也能略知一二呢！

❶ 體驗神戶的科學與技術 ❷ 可以親手摸摸看隕石

🔍 神戶青少年科學館

地址	〒 650-0046 兵庫縣神戶市中央區港島中町 7 丁目 7-6
電話	078-302-5177
營業時間	週一、週二、週四 9：30 ～ 16：30
	週五～週日、國定假日 / 春假、暑假期間 9：30 ～ 19：00
休館日	每週三（春假、暑假期間除外）、12 月 28 日～ 1 月 4 日

官網

   哺乳室　尿布檯　展區禁止飲食　嬰兒車租借　餐飲區　投幣式儲物櫃　停車場

 紀念品商店　9:30~16:30 9:30~19:00　⑤ 週三 12/28~1/4

年齡	3 歲以上孩子比較適合	參觀時間　2 小時
嬰兒車	可推嬰兒車進入	飲食　有餐廳，展區禁止飲食
停車場	有	

入場費

	入館門票	星空投影秀
成人	¥600	¥400
小學～高中生	¥300	¥200
0 ～ 6 歲未上小學兒童	免費	

這裡有不少益智玩具

🚃 交通指南

三宮駅搭乘港灣人工島線（ポートライナー）到「南公園駅」下車

C9 UCC 咖啡博物館（目前休館中）

鄰近景點： C2 神戶動物王國
　　　　　C8 神戶青少年科學館

地圖 QR code

雨天ok!

　　如果安排神戶南邊的港灣人工島遊玩，很推薦來這間位於神戶青少年科學館附近的 UCC 咖啡博物館。雖然它嚴格來說不能算是親子景點，卻是全日本唯一一間咖啡博物館，對於咖啡的歷史文化及相關文物蒐羅十分詳盡，而且它是 UCC 上島咖啡所設立的博物館，上島咖啡於神戶起家，來神戶參觀 UCC 咖啡博物館也特別有意義。

　　上島咖啡由上島忠雄先生於 1933 年創立，多年以來建立起 UCC 咖啡及上島咖啡品牌，擁有自己的咖啡農園，並且在 1969 年發售了世界首瓶罐裝咖啡。大部份的人都喝過 UCC 咖啡，也對後來成立的上島咖啡這個品牌不陌生。

　　1981 年神戶舉辦港灣人工島博覽會，也建造了一個外型為罐裝咖啡的展覽場館「UCC 咖啡館」。博覽會結束後，這間咖啡館也被保存下來，並成為日本唯一的咖啡博物館，並於 1987 年改裝後重新開館。因為飲用咖啡的文化最早是從回教世界傳到全世界，於是博物館的外觀，也改建成如同回教清真寺一般來紀念這段歷史，彷

彿進入這間咖啡博物館參觀，就如同進入咖啡殿堂一樣。

　　館內共有三層，以螺旋式的動線設計，可以先到最高樓層慢慢沿著坡道向下參觀，坡道也很適合推嬰兒車。最高層樓展示室 1「起源」展示咖啡樹苗，也是所有咖啡的起源。接下來的展示室 2 是「栽培」，詳細解說世界上栽種咖啡的分布地及特性，同時也介紹了 UCC 的農園。展示室 3「鑑定」，展示了世界各國的各式咖啡麻袋，以及咖啡鑑定師如何鑑定咖啡等級的方法，展示室 4「焙煎」，詳述了咖啡如何烘焙的過程，也蒐集了各式烘焙機器。

　　展示室 5「抽出」，則是蒐集所有咖啡沖泡過程會用到的器具，各式各樣琳瑯滿目的咖啡壺、磨豆機，都非常特別。最後一個展示室 6「文化」，蒐集跟咖啡相關的文物，例如書籍、音樂等等，也有小孩可以扮家家酒的咖啡杯。最後就是利用一開始進場的品嚐券來喝一杯手沖咖啡，它有固定的時間提供品嚐。1 樓也有紀念品專區，販賣不少特別的咖啡相關器具。

❶ UCC 總部在附近 ❷ 外型如同回教清真寺 ❸ 1 樓的 UCC coffee Road ❹ 1 樓為咖啡文化展示區 ❺ 蒐羅世界各地咖啡麻袋

雖然 UCC 咖啡博物館裡只有咖啡可以品嚐，沒有小孩可以喝的飲品，但在 1 樓有一間 UCC coffee Road 咖啡廳，可以帶孩子去喝個果汁吃冰淇淋，大人也能在那裡品嚐各式咖啡，繼續此地的咖啡之旅！

❶ 現沖現泡手沖咖啡
❷ 品嚐不同種類咖啡豆
❸ 展示許多相關文物

🔍 UCC 咖啡博物館（目前休館中，請注意官網公佈再開放時間）

地址	〒 650-0046 神戶市中央區港島中町 6 丁目 6-2
電話	078-302-8880
營業時間	10：00 ～ 17：00（最後入場 16：30）
休館日	每週一、12 月 29 日～ 1 月 4 日

官網

哺乳室　尿布檯　展區禁止飲食　餐飲區　投幣式儲物櫃　停車場　紀念品商店　10:00~17:00　週一 12/29~1/4

年齡	全年齡適合
參觀時間	2 小時
嬰兒車	可推嬰兒車進入，有斜坡可推嬰兒車，若需搭手扶梯參觀請先詢問櫃台寄放嬰兒車
飲食	有餐廳（只有飲料沒有餐點），展區禁止飲食
停車場	有

入場費	費用
成人	¥300
國中生以下	免費

館內可見咖啡豆做成的哥吉拉

🚃 交通指南

三宮駅搭乘港灣人工島線（ポートライナー）到「南公園駅」下車

C10 神戶港／神戶港塔（目前整修中）
神戶ポートタワー

鄰近景點： C1 神戶麵包超人博物館
C16 神戶 Harborland：MOSAIC/UMIE

地圖 QR code

戶外景點

　說到神戶，大部份人都會想到神戶港的夜景，而神戶自古以來也因為它的港口，使其成為日本最重要的港灣之一。這裡為日本最早開放對外國通商的五個港口之一，讓神戶能很快地吸收外國最新流行資訊及擁有國際化氛圍，而座落港口邊的神戶港塔，更是神戶港美景中不可或缺的一棟建築物。

　1868 年神戶因幕府與美英法俄荷簽訂安政五國條約而開港，漸漸成為日本很重要的工商大城。之後於神戶港中突堤建造神戶港塔，並於 1963 年落成啟用，外型採用日本雙面鼓的造型，因為建築中間部份相對比較細，因此又被稱為「鐵塔中的美女」，是日本第一座點燈的建築物。

　神戶港塔於 2009 年到 2010 年整修，2010 年重新開放，2014 年更被選入日本登錄有形文化財。神戶港塔總共高度為 108 公尺，在塔高 91 公尺處設有展望台，可以從這邊眺望神戶港灣的美景。如果想從另一個角度欣賞神戶港，建議可以從 Umie 購物中心，或神戶麵包超人博物館附近眺望，景色也很棒！

❶ 神戶港的風景迷人 ❷ 神戶港夜景吸引各國觀光客 ❸ 也可以搭船夜遊 ❹ 從不同角度眺望都很美 ❺ 以日本鼓為外型的神戶港塔

❶ 有機會可以來神戶港塔參觀 ❷ 可眺望神戶港風景 ❸ 眺望神戶港海天一色的景致

🔍 **神戶港塔**（目前整修中，再開放時間以官網為準）

地址	〒650-0042 神戶市中央區波止場町 5 － 5
電話	078-391-6751
營業時間	3 月～ 11 月 9：00 ～～ 21：00（最後入場 20：30）
	12 月～ 2 月 9：00 ～ 19：00（最後入場 18：30）
休館日	無休館日

官網

 尿布檯　 參觀區禁止飲食　 嬰兒車租借　 餐飲區　 投幣式儲物櫃　 停車場　 紀念品商店　 9:00~21:00 9:00~19:00　 無休館

年齡	全年齡適合	參觀時間	2 小時
嬰兒車	嬰兒車需寄放在 1 樓	飲食	有餐廳
停車場	有		

入場費

	費用
成人（高中生以上）	¥700
國中生、小學生	¥300
0 歲～未上小學	免費

1 樓有嬰兒車專用放置處

🚃 **交通指南**

市營地下鐵海岸線到「みなと元町駅」下車走 5 分鐘

搭 JR 或阪神到「元町駅」下車走 10 分鐘

搭 CITY LOOP 觀光巴士在 17 號中突堤下車，神戶港塔就在下車不遠處

C11 神戶三宮中心街、花時計、東遊園地

神戶三宮センター街

地圖 QR code

戶外景點

　從神戶三宮站一直往南邊的港口區走去，是一整區很好逛街的地點，同時又有神戶具代表性的標記「花時計」。再往南走，還有一個非常寬廣舒暢的東遊園地。推著嬰兒車帶孩子沿著這條路散步過去，能感受到神戶的寬闊與悠閒氣氛，也會讓人越來越喜歡這個地方。

神戶三宮中心街

　從三宮站的十字路口往 SOGO 跟 O1O1 百貨走去，會發現在 O1O1 百貨旁邊有一條狹長的商店街，這裡就是神戶三宮中心街（神戶三宮センター街）。裡面有非常多商家，包括電器、服飾、書店、雜貨、餐廳等等，當地人也喜歡來這裡購物逛街。

　因為人行步道有屋頂，就算下雨天也很適合來這邊逛街。品牌共有 ABC MART、FLYING TIGER COPENHAGEN、SERIA、淳久堂書店、JINS、各式藥妝等等，還有很多店鋪，都可以上神戶三宮中心街查詢。

❶ 神戶三宮站附近很熱鬧 ❷ 花時計是神戶地標
❸ 逛商店街下雨天也不用怕 ❹ 這裡幾乎所有品牌都有 ❺ 來這邊可以買得很開心

神戶三宮中心街
店鋪查詢

花時計、東遊園地

神戶的花時計就位於神戶市政府（市役所）北邊，距離神戶三宮中心街不遠。花時計是因為當時神戶市政府要建造新的廳舍，同時間也設計了花時計，於 1957 年啟用。目前所見的花時計是 1976 年改建的第二代花時計，上面的圖案會隨著神戶的活動而重新設計，有不同的圖樣。花時計上頭的時針，是靠著新廳舍屋頂的太陽能發電設備來運轉的，很符合環保標準。來神戶有機會也來造訪一下花時計吧！

再往神戶市政府南邊走去，會發現一整片公園綠地，這裡就是東遊園地。佔地 2.7 公頃的廣大綠地，當初開設的目的是專門提供在神戶居住的外國人使用，於 1868 年剛開始的名稱叫做「外國人居留遊園」。當時也引進了許多外國的運動，例如足球、橄欖球、保齡球等等，到現在還是很多神戶人假日喜歡帶小孩來此運動的好去處。公園內也設立了阪神大地震的紀念雕像，讓神戶世世代代都能記得這次天災，並從地震中再度重生。

❶ 花時計圖案會改變喔 ❷ 東遊園地是神戶人的休閒場所 ❸ 假日時很多人會來此休閒 ❹ 阪神大地震的紀念雕像

花時計地圖

🚋 交通指南

從 JR、阪神三宮站出來後往南走就可到達

C12 北野異人館街／北野異人館星巴克

鄰近景點： C5 神戶布引香草園

地圖 QR code

戶外景點

在神戶作為首批向外國開放的港口之後，來到神戶的外國人也越來越多，因此神戶也特別開闢了外國人居留地，作為外國人來神戶可建造房舍及居住的區域，而北野異人館街就是其中一個開放外國人居住的地方。

在十九世紀末、二十世紀初，神戶北野區的山坡地上一棟棟帶有各國特色的建築物被建造起來，形成了神戶北野區最特殊的風景。後來雖然經過 1995 年阪神大地震的破壞，大概有三成的房舍損毀，但是經過神戶人努力重建後，目前本區有 40 幾間外國人房舍留下，部份開放參觀，來到神戶的遊客也多半會來這區走走，體驗當時外國人的特色建築。

北野異人館街目前有 16 間房屋可以參觀，除了 C17 北野工房及餐廳帕拉斯汀邸免費入場外，其他的都要付門票。門票組合方式很多，有分為固定三館共通、二館券跟八館共通券等等，琳瑯滿目，端看你想要看哪個館再決定買哪種套票。

比較多遊客會選擇風見雞館、萌黃館兩間參觀，這兩館推出共通套票￥650 還滿划算的。

❶ 這區建築都很有特色 ❷ 不可思議的領事館 ❸ 可購買數館共通套票

風見雞館（風見鶏の館）

這間風見雞館原先為德國商人湯瑪士自用宅邸，當初在 1904 年建成時，是以新巴洛克風格來設計；以紅磚為外牆，屋頂上有隻公雞雕像因此得名。整體住宅共有兩層，可以看到客廳、飯廳、書房、臥室等。從參觀風見雞館的過程中，也可以看到當時外國人在日本生活的情形。

❶ 風見雞館為紅磚建築 ❷ 館內可參觀當時的家具佈置 ❸ 歐式家飾餐廳 ❹ 很有歐洲小鎮的氛圍

🔍 風見雞館（風見鶏の館）

地址	〒 650-0002 兵庫縣神戶市中央區北野町 3 丁目 13 － 3
營業時間	9：00 ～ 18：00
休館日	6 月及 2 月第一個星期二
票價	單館參觀￥500（高中生以下免費） 購買與萌黃館兩館共通券￥650

官網

❶ 外觀為黃綠色的萌黃館 ❷ 建築外觀很清新 ❸ 歐式佈置的餐廳 ❹ 兒童房很可愛 ❺ 此處無人工售票口，採售票機購票

萌黃館（萌黄の館）

萌黃館又稱 Sharp 之家，因為最早的主人就是美國領事 Sharp 先生，其為宅邸，於 1903 年建造而成。萌黃館早年的外牆是白色的，後來重新整修時塗成黃綠色（日文叫做萌黃色），於是這裡就被暱稱為萌黃館。

其他還有法蘭西館、英國館、芳香之家、神戶北野美術館、北野外國人俱樂部、神戶不可思議的領事館等等，如果有興趣的人可以參考上面的套票表，規劃一下參觀行程。建議來此之前可以先至神戶觀光中心拿一張地圖，會比較清楚各個北野異人館的所在地。

🔍 **萌黃館（萌黄の館）**

地址	〒 650-0002 兵庫縣神戶市中央區北野町 3-10-11
營業時間	9:00 ～ 18:00（最後入館時間 17：45）
休館日	2 月第三個星期週三、週四
票價	單館參觀￥400（高中生以下免費），購買與風見雞館兩館共通券￥650。萌黃館為自動售票機售票，如欲購買兩館共通券請洽風見雞館。

官網

- 北野異人館街門票共通券一覽表

施設名稱	門票（大人）	門票（兒童）	7館共通	3館共通	2館
風見雞館	¥500	高中生以下免費			●
萌黃館	¥400	高中生以下免費			●
萊茵館	免費	免費			
魚鱗之家 · 魚鱗美術館	¥1050		●		
山手八番館	¥550		●		
北野外國人俱樂部	¥550		●		
坡道上的異人館（原中國領事館）	¥550		●		
英國館	¥750		●		
洋館長屋（法蘭西館）	¥550		●		
貝恩之家	¥550		●		
神戶錯覺詭計藝術不可思議的領事館	¥800				
芳香之家 荷蘭館	¥700			★	
維也納 奧地利之家	¥500			★	
丹麥館	¥500			★	
神戶北野美術館	¥500				
柏拉圖裝飾美術館（義大利館）	¥700				
北野工房之街	免費				
異人館 帕拉斯汀邸	免費（餐廳）				

- ● 2館共通券費用為 ¥650
- ★ 3館共通券費用為 ¥1400
- ● 7館共通券費用為 ¥3000
- ※ 目前兒童票價各館都未公告，請以現場為準。
- ※ 所有票價以該館公告為準，票價可能會有調整。

北野異人館共通
票價查詢

北野異人館星巴克

在北野異人館街的外國人宅邸中，有間一定要造訪的宅邸，就是北野異人館星巴克咖啡館。這間座落在北野物語館的星巴克，是日本星巴克咖啡館中的概念店之一。這間為 1907 年建造的兩層樓木造建築，當初為美國人擁有，不過在 1995 年阪神大地震時，這棟建築物受到嚴重損毀，2001 年於現址重建，2009 年才在這裡開設星巴克咖啡店。

它是目前日本登錄有形文化財裡唯一一間外國人宅邸，外表以白色及深綠色為主，每個角落都很有歷史感。沿著木造階梯走入 1 樓的櫃台區，深咖啡色的大廳讓人覺得十分舒服。往 2 樓走去，則是由一間間不同特色的房間所組成，有的角落有舒服的沙發，有的角落可以看街景，可以選擇自己喜歡的地方坐下喝杯咖啡，非常推薦來此點杯飲料、歇腳休息一下。

❶ 北野異人館星巴克咖啡館 ❷ 座落於北野物語館 ❸ 為兩層樓的木造建築 ❹ 裡面有許多很棒的空間 ❺ 各處都很有特色 ❻ 書香與咖啡香處處 ❼ 有機會來品嚐咖啡

地址	〒 650-0002 兵庫縣神戶市中央區北野町 3-1-31 北野物語館
電話	078-230-6302
營業時間	08：00 ～ 22：00

官網

🚆 **交通指南**

從 JR、阪神三宮站走過來約 15 分鐘（但都是上坡很累），建議搭乘 CITY LOOP 觀光巴士到北野異人館站下車，再徒步參觀北野異人館區。

C13 鐵人 28 號像

鄰近景點： C7 神戶市立須磨海浜水族園

地圖 QR code

戶外景點

神戶市裡還有一個動漫迷都想去朝聖的地方，也是孩子們會很喜歡的景點，它就是位於新長田站附近的鐵人 28 號像。

《鐵人 28 號》漫畫為出身神戶的漫畫家橫山光輝所創作，後來改編成動畫，風靡全日本。在發生阪神大地震之後，神戶經歷了好一陣子蕭條時期，在新長田附近的商店街也面臨同樣境遇。後來有人發起「KOBE 鐵人 PROJECT」活動，希望藉由橫山光輝所創作的鐵人 28 號，讓新長田站周遭商店再度復甦。

2009 年於新長田車站南面的若松公園

內，便建造了一座巨大的鐵人 28 號像，高度為 18 公尺，威風凜凜，遂成為當地地標，也吸引許多動漫迷前來，許多到神戶的遊客特別來到新長田，就是為了要跟鐵人 28 號合照。2016 年 11 月鐵人 28 號重新整修完畢後，大家現在去神戶新長田看到的鐵人 28 號顏色更加鮮豔又威風！

在鐵人 28 號像後面的若松公園裡有一區兒童遊樂設施，裡面有溜滑梯、盪鞦韆、搖搖馬之類的遊具，如果帶孩子來看鐵人 28 號，也可以順道來這邊玩耍！

❶ 鐵人 28 號像為新長田地標 ❷ JR 新長田站 ❸ 從後面看也很有魄力 ❹ 在鐵人 28 號後面有遊戲區
❺ 孩子會玩得不亦樂乎 ❻ 可以帶孩子來此放電

地址　〒 653-0038 神戶市長田區若松町 6-3 若松公園內

電話　全年開放

🚃 交通指南

JR「新長田駅」、地下鐵西神山手線「新長田駅」下車後走 5 分鐘

C14 有馬溫泉／太閣之湯

鄰近景點： C4 有馬玩具博物館

地圖 QR code

戶外景點

　　有馬溫泉自古以來就是日本著名的溫泉，並稱日本三大古湯之一。這裡是關西最有名的溫泉，因為豐臣秀吉曾來此泡湯，而讓有馬溫泉更加出名，也是所有溫泉迷一定要造訪的日本溫泉之一。如果有機會來神戶，千萬不要錯過這裡！

　　有馬溫泉共有三種，分別為含鐵及鹽分的鹽化物泉、富含鐳的放射能泉、富含碳酸的碳酸氫鹽泉。其中鹽化物泉與空氣接觸而變褐色，被稱為「金泉」，其他溫泉水較透明的則被稱為「銀泉」。來這邊一定要好好享受這些擁有特別功效的泉水。

　　從神戶電鐵的「有馬溫泉站」沿著坡道往上走，沿路會看到好幾家溫泉旅館，跟販賣溫泉餅的商家。有馬溫泉的名產就是用碳酸泉為原料做出的碳酸煎餅，薄脆好吃，有許多種口味，現場製作的更好吃，也別忘了買些伴手禮回家。

　　之後繼續往上坡走，就會看到著名的金之湯（需付費使用），旁邊也有個半露天足湯，能讓人免費使用。 C4 有馬玩具博物館在金之湯對面，可以帶孩子去參觀。如果還有腿力的人，可以在溫泉街區尋找有馬溫泉的泉源，主要泉源包括：天神泉源、有明泉源、炭酸泉源、太閣泉（飲泉場）、極樂泉源、御所泉源、妬泉源等。

❶ 有馬溫泉為日本三大古湯之一 ❷ 搭乘神戶電鐵來此 ❸ 販賣許多相關商品的溫泉商店街 ❹ 於玩具博物館對面的足湯 ❺ 太閣之湯正門 ❻ 大浴場入口 ❼ 現烤的溫泉餅非常好吃

太閣之湯

　　來有馬溫泉不知道要選高價的溫泉旅館，還是其他溫泉設施泡湯就好，我推薦你來太閣之湯這間主題式溫泉樂園。太閣之湯擁有有馬地區最大型溫泉主題設施，可以只買門票入場泡湯，不用住宿也可以。來到這裡泡湯，太閣之湯會提供你浴衣，連小孩的都有。這裡有露天溫泉、三溫暖、岩盤浴、蒸氣浴等各種 SPA，有馬溫泉著名的金泉、銀泉、碳酸泉（人工）等泉水都能體驗得到，裡面也有餐廳、休息室、賣場、遊樂室等等，孩子也能玩得很開心。如果想要找個溫泉設施消磨半天，太閣之湯很適合全家人一起來享受泡湯樂趣。

❶ 銀泉溫泉魚體驗好有趣
❷ 館內有許多美食可選擇

🔍 太閣之湯

地址	〒 651-1401 神戶市北區有馬町池の尻 292-2
電話	078-904-2291
營業時間	10：00 ～ 23：00（最後入館為 22：00）
休息日	2018 年之後休館日請查詢官網

官網

入場費

（皆為未稅價格）	平日	週末、國定假日	特定日期
成人	¥2640	¥2860	¥2970
小學生	¥1239	¥1430	¥1430
幼兒（3 ～ 5 歲）	¥440	¥550	¥550
0 ～ 3 歲	免費		

※ 有紋身者無法進入泡湯，請注意！
※ 太閣之湯部份設施需另行付費
※ 特定日期為元旦（1/1 ～ 1/3）、黃金週、于蘭盆節（8/13 ～ 8/15）
如果從大阪出發到神戶太閣之湯，可以選購有馬溫泉太閣之湯交通套票。
票價皆包括交通費、神戶電鐵（新開地～有馬溫泉來回）、太閣之湯門票。
無兒童票版本，僅限外國遊客購買。

	費用
阪急電鐵版套票（從京都或大阪出發）	成人 ¥2850
阪神電鐵套票（從大阪出發）	成人 ¥2650

有馬溫泉太閣之湯
電車套票官網

🚋 交通指南

1. 電車：搭乘神戶電鐵到「有馬溫泉駅」下車後，轉搭接駁車至太閣之湯（建議轉搭接駁車比較容易到達）

2. 巴士：從神戶三宮附近的三宮・ミント神戶巴士乘車處，搭乘阪急巴士、神戶巴士或 JR 巴士直接到有馬溫泉下車

太閣之湯的接駁車
班次請至官網查詢

C15 六甲山滑雪園

鄰近景點：C14 有馬溫泉／太閣之湯

地圖 QR code

戶外景點

1

2

3

如果在冬天來到關西，想帶孩子去體驗滑雪或玩雪，除了京都琵琶湖的滑雪場之外，就屬六甲山滑雪園了。對於初學者來說，或只是想要當天來回玩雪的家庭，我比較推薦去神戶的六甲山滑雪園，因為它算是離市區最近的滑雪場，一日來回完全沒問題，所有設備也都可以現場租借。京都琵琶湖滑雪場就交通來說相對遠了些，建議可以先去六甲山累積一點經驗之後，再進階挑戰其他滑雪場。

神戶六甲山滑雪園是位於神戶東北方六甲山上的滑雪樂園，也是日本第一座人工造雪滑雪場。它的交通便利，從神戶三宮地區搭車／換纜車／山上巴士一路上山，車程大概只要 1 小時就能到，而且所有交通工具班次接得很好，可以一日來回，不需要在山上住宿，是想滑雪者方便的選擇。

交通

去六甲山滑雪園的交通要從 JR 六甲道站搭 16 號公車→六甲山纜車站轉搭上山纜車→山上巴士→到達六甲山滑雪園門口，全部車程約 1 小時。雖然要換很多種交通工具，但其實不會花太多時間。且推薦利用划算的交通套票，可以視自身需求購買。

4

5

❶ 來神戶帶孩子去學滑雪吧 ❷ 六甲山滑雪園 ❸ 神戶最方便到達的滑雪場 ❹ 16 號公車 ❺ 六甲山纜車 ❻ 六甲山纜車站 ❼ 六甲山山上巴士

6

7

	六甲山觀光套票 Rokkosan Tourist Pass	六甲山纜車滑雪 coupon 六甲ケーブルスキークーポン
購買對象	外國觀光客（持外國護照）	無限制
是否有含門票	無（但可折價）	有
價格	成人票 ¥1200 （無兒童票，6-12 歲兒童於搭乘時 直接付兒童票價）	成人票 ¥2200 兒童票 ¥1100
內含交通券	16 號公車、六甲山纜車、山上巴士 （皆為來回）及入場折扣（不包含入園門票）	六甲山纜車、山上巴士 （皆為來回）及入場門票
購買地點	關西國際機場的 KANSAI TOURIST INFORMATION CENTER，或是在阪神電車 service center(神戶三宮駅) 等 7 個地點	六甲山纜車站購買 （每年六甲山滑雪園開園時 特定區間販售）
官網		

※ 出發前請查詢官網票價與規定是否有變更。

玩雪

　　來六甲山滑雪園如果只想玩雪還滿簡單的，服裝只需自備厚的防水外套、厚防水手套、雪靴、帽子等保暖物品，就能玩得很開心，不用特別租滑雪衣。在神戶六甲山滑雪園內有一區是滑雪區，另一區是玩雪區「雪樂園」，兩區完全分開，不用擔心安全問題，現場的工作人員也可以協助你。

　　雪樂園每天開放時間為 9:00 ～ 17:00，裡面分為玩雪 / 堆雪人區、雪橇區、活動遊戲區、餐廳、休息室等等。雪橇可以直接在雪樂園租借。在租滑雪板的旁邊區域有個滑草區，也可以用雪橇來玩耍。雪樂園區定時會舉行活動，例如跟六甲山的代表人物黑白雪人一起玩猜拳遊戲（じゃんけん大会）、雪地尋寶遊戲（宝さがしゲーム）等等，另外還有一個小孩坐輪胎滑下來的遊戲，只有週末假日才有。現場如果有帶挖沙工具能玩得很開心，若沒有帶也沒關係，現場有好幾個雪人製作器可以用來堆雪人。

❶ 有滑草區也有玩雪區 ❷ 雪橇現場能夠租借 ❸ 還會有吉祥物出來跟小孩一起玩

滑雪 / 租雪衣雪鞋

　　如果打算帶孩子來滑雪，若完全沒滑雪經驗建議還是找教練教學比較安全。現場都能租雪衣、雪褲、手套、滑雪鞋、雪板（帽子跟眼鏡沒有出租，但可現場買），因為配套方案很多，請以官網方案為準。

　　六甲山滑雪園特別有為 3 歲到 6 歲幼兒開設滑雪團體課程，有固定時段，必須先行報名。分成 7 人內的一般團體課程及私人團體幼兒課程（3 人內），兩者都有特定時間，費用則包含滑雪板、頭盔費用，但租衣服不包含喔！費用詳見官網的 School（スクール）最準確。另外也有專門提供給小學生、大人的團體滑雪課程，想要自組私人課程（5 名以內）也可以，直接線上報名或提早至現場報名即可。因為滑雪衣物鞋子著裝還滿費時間的，建議在課程開始前至少一個小時前到達比較好。另外六甲山滑雪園沒有中文教練，教練會以簡單的英文及日文來教學。

🔍 六甲山滑雪園

地址	〒 657-0101 神戶市灘區六甲山町北六甲 4512-98
電話	078-891-0366
營業時間	12 月初 3 或 4 月，滑雪區 週一～週四 9:00 ～ 17:00 週五、 假日 9:00 ～ 22:00，雪樂園玩雪區 9:00 ～ 17:00（最後入場）

官網

 哺乳室　 尿布檯　 餐飲區　 投幣式儲物櫃　 停車場　 紀念品商店　 12 月初～3 或 4 月　 無休館

年齡	全年齡適合	參觀時間	4 小時～全天
嬰兒車	可推嬰兒車進入，但往來交通不好推嬰兒車，建議不要攜帶	飲食	有餐廳
停車場	有		

入場費

白天 9:00 ～ 16:30、週末 9:00 ～ 15:30（不包含園內滑雪纜車費）

成人（國中生以上）	¥2200
小孩（3 歲～小學生）	¥1100
0 ～ 3 歲	免費

週五～週日、假日 16:00 ～ 21:30（包含園內纜車費）

成人（國中生以上）	¥2700
小孩（3 歲～小學生）	¥1600
0 ～ 3 歲	免費

🚃 交通指南

阪急電鐵「六甲駅」或 JR「六甲道駅」或阪神電鐵「御影駅」，下車後換搭 16 號公車到六甲山纜車（六甲ケーブル）換搭纜車上山，再搭接駁山上公車就能到滑雪園了。

C16 神戶 Harborland：MOSAIC/UMIE

鄰近景點： C1 神戶麵包超人博物館
C10 神戶港 / 神戶港塔

雨天ok!

地圖 QR code

神戶除了三宮跟元町地區適合逛街之外，在港區從 JR 神戶站延伸到港邊的 Harborland，也是一整片的購物樂園。尤其以 UMIE 跟 MOSAIC 這兩間購物中心最適合全家大小一起來逛，裡面也有些嬰童用品品牌，能讓爸媽買得很開心。

神戶 Harborland 是由土地再開發計畫而重獲新生的大型商業設施，原先這裡的土地為舊國有鐵路湊川貨物站遺址，後來於 1992 年陸續開幕了不少商業設施跟觀光景點，其中包括 UMIE 跟 MOSAIC 這兩間購物中心，還有位於 MOSAIC 裡的 C1 神戶麵包超人博物館。這裡因為面積廣大，又靠港灣，天氣好時來這邊散步或逛商場都很舒服。

UMIE

UMIE 是在 2013 年開業的大型商場，共分為三棟：北館（NORTH MALL）、南館（SOUTH MALL）跟 MOSAIC。原先由其他購物中心改建而成，後來搖身一變成為神戶港區最有人氣的購物中心。北館 4 樓有 Babies Я Us、3 樓有 UNIQLO、5 樓有 GU，南館則以流行服飾居多。在商場內也有餐廳跟美食街。

UMIE 的商場採用大片玻璃，能在晴天時讓大片自然光灑入，逛起街來讓人倍感舒適。不過麵包超人博物館不在這棟，得要再走到更靠近港邊的 MOSAIC。

❶ Harborland 真的很好逛 ❷ 從 JR 神戶站走地下連通道能到達 ❸ 沿路也有麵包超人像 ❹ UMIE 為港區最有人氣的購物中心 ❺ 裡面品牌種類很多 ❻ 來這裡逛街很舒服 ❼ 也有許多兒童設施

MOSAIC

MOSAIC 也隸屬於 UMIE 底下，但它更靠近港邊運河，對面就是神戶港塔。這裡的規劃跟 UMIE 稍有不同，是採比較外國購物中心的專賣店方式來經營。MOSAIC 裡面的商店多半以餐飲為主，很多神戶人會特別到這裡來用晚餐欣賞夜景；神戶麵包超人博物館則開設在 MOSAIC 同一棟樓裡。

❶ MOSAIC 靠近港邊 ❷ 採專賣店方式規劃 ❸ 逛起來感覺不同 ❹ 裡面也有 kitty land ❺ 神戶著名的甜點店 Frantz

🔍 神戶 Harborland：MOSAIC/UMIE

地址	〒 650-0044 神戶市中央區東川崎町 1 丁目 7 番 2 号
電話	078-382-7100
營業時間	10：00 ～ 21：00（各店稍有不同）
休館日	無

官網

哺乳室	尿布檯	嬰兒車租借	餐飲區	投幣式儲物櫃	停車場	10:00~21:00	無休館

年齡	全年齡適合
參觀時間	3 小時～一天
嬰兒車	可推嬰兒車進入
飲食	有餐廳
停車場	有

UMIE 跟 MOSAIC 之間有連通道

🚃 交通指南

神戶地下鐵「ハーバーランド駅」、JR「神戶駅」下車後走約 5 ～ 10 分可達

C17 北野工房～體驗型工房

北野工房のまち

鄰近景點： C12 北野異人館街／北野異人館星巴克

地圖 QR code

雨天 ok!

　　北野異人館街的樓房大部份都要付門票才能參觀，其中不需付門票的景點不多，北野工房算是其中一個可以隨意進去參觀的地方。這裡的前身是北野小學校，因為學生數減少而後廢校。為了讓這棟建築重生，神戶市於 1998 年重新將這裡規劃成商店及手作體驗工房，裡面有餐廳跟小吃，讓北野小學校能在全新規劃下繼續發光發亮。

　　北野工房裡面共有兩層樓，建築為典型的小學校舍水泥建築，但木製樓梯非常有復古風。裡面總共有 21 間商店，各種類型都有，設有電梯等設施，推嬰兒車來逛街也算方便。

　　1 樓有幾間神戶名產食品店，例如 111 室的神戶北野旭屋精肉店，就在 1 樓剛進門轉角處，裡面專賣高級的神戶牛，跟神戶牛相關周邊產品。如果想花少少錢吃吃看神戶牛的滋味，也可以買一個 270 日幣的神戶牛可樂餅來嚐嚐，現炸的多汁又美味。104 室的神戶 Frantz 也是來神戶必買的壺布丁跟甜點，再去 106 室嚐嚐神戶紅茶的滋味。

1

2

3

4

5

6

7

　　2 樓比較多服飾、雜貨跟手作類商店。我滿推薦 212 室的 Kobe INK 物語 by NAGASAWA 這家文具店，裡面可以找到一些特別的設計感文具。如果想坐下來喝杯咖啡的話，203 室北野咖啡也是個好選擇。

❶ 神戶牛可樂餅值得嚐嚐 ❷ 位於北野異人館區的北野工房 ❸ 為舊小學校舍改建 ❹ 這裡為商店跟手作工房 ❺ 神戶北野旭屋精肉店 ❻ Frantz 必買的壺布丁 ❼ 有許多商店可逛

　　為何會叫作體驗型工房呢，因為幾乎每間店鋪都有推出參觀者實際體驗手作的項目（需預約），例如 1 樓的 102 室神戶南京町皇蘭，推出可以自己做包子的體驗課程；203 室北野咖啡也有彩繪咖啡等課程。在 1 樓的 105 室神戶市立北野小學校資料室裡，也展示了舊北野小學校的相關文物，這間從 1931 年建造的建築，於 1996 年廢校，走過了超過一甲子的年歲，很推薦進來這個資料室參觀。

❶ 2 樓服飾雜貨較多　❷ Kobe INK 物語文具店　❸ 203 室北野咖啡　❹ 1 樓的北野小學校資料室

🔍 北野工房～體驗型工房

地址	〒 650-0004 神戶市中央區中山手通 3 丁目 17 番地 1 号
電話	078-221-6868
營業時間	10：00 ～ 18：00
休館日	12 月 27 日～ 1 月 2 日，另有不定時休館，請查詢官網

官網

🍽 餐飲區　🚗 停車場　🕙 10:00~18:00　📅 12/27~1/2

年齡	全年齡適合	參觀時間	2 小時
嬰兒車	可推嬰兒車進入	飲食	有餐廳
停車場	有	入場費	免費

這裡很值得順道來逛逛

🚃 交通指南

從 JR、阪神三宮站走過來約 15 分鐘（但都是上坡很累），建議搭乘 CITY LOOP 觀光巴士到北野工房のまち站下車，再徒步參觀北野異人館區。

Chapter 6

奈良
小而優雅的景點

奈良交通概括／實用交通票卡

從大阪到奈良有兩條電車路線可以利用，一條是近鐵奈良線，另一條是 JR 關西本線（JR 大和路線）。如果從京都到奈良，可以利用 JR 奈良線，另一條則是近鐵京都線。無論搭哪條近鐵到奈良，都會到達近鐵奈良站，若搭 JR 到奈良，到達的車站則是 JR 奈良站，這兩個車站並不相同，也有點距離，請特別注意。

近鐵奈良離奈良町跟春日大社比較近，JR 奈良站下車的話則需要步行較久的距離才能到市區（約 10 分鐘），如果可以的話，建議選擇近鐵會比較方便。但如果你持有的是 JR 鐵路套票，搭到 JR 奈良站也無妨。

❶ 近鐵奈良站　❷ JR 奈良站　❸ 奈良觀光中心　❹ 奈良的吉祥物
❺ 奈良近鐵站離市區比較近　❻ 可至車站索取地圖

近鐵周遊券

近鐵奈良或 JR 奈良站之外，在奈良市區內就沒有電車路線了。要到奈良其他景點得靠雙腳走路或是搭乘公車，但由於奈良景點離車站也不遠，遊客多半還是選擇步行。

如果選擇來往奈良的交通票券，可以使用近鐵周遊券，這個周遊券包括從大阪、京都到奈良的近鐵路線，還有奈良市巴士。

請注意一日券跟二日券使用的區間不同，二日券需連續使用。但實際精算一下，若你只有利用它搭乘來回各一趟的話，買這種周遊券並不划算，除非是來回三趟以上（以一日券的情形來算），所以買周遊券之前一定要精算才好。

近鐵周遊券 KINTETSU RAIL PASS

搭乘	近鐵電車	
使用範圍	大阪、京都、奈良＋奈良市巴士 1、2 日券，可利用區間不同	

票價		大人	兒童
	1 日券	￥1500	￥750
	2 日券	￥2500	￥1250
	※2 日券需連續使用		

官網（中文）

奈良 100 元周遊巴士

暢遊奈良各大景點有一種 100 元巴士可搭，日文名叫ぐるっとバス。在近鐵奈良站跟 JR 奈良站外都有站牌可搭乘。它共分為兩條路線，一條紅線往奈良公園（如果要去東大寺、春日大社搭這條），另一條藍線往平城宮跡（請注意此路線不會到達東大寺、春日大社）。

它運行的時間一年都有，並非每天行駛，一般為週末及國定假日才會行駛，在連假或賞楓、賞櫻期間也會每天都運行，如果不想走路的人可以利用這種 100 元巴士，票價為每趟 100 日幣。兩種車輛的間隔發車時間為 15-20 分鐘，還算滿方便的。

❶ 往奈良公園的 100 元巴士　❷ 路線圖標示的很清楚

奈良 100 元周遊巴士官網，可查詢運行日期

除了 100 元周遊巴士之外，在近鐵奈良站跟 JR 奈良站外的 1 號公車亭，也有奈良循環巴士可搭到熱門景點。於 JR 奈良站可搭乘「市內循環・外」，在近鐵奈良站外可搭乘「市內循環・外」跟「中循環・外」，這兩種巴士都有到達東大寺及春日大社，可用 IC 卡刷、投現（單程￥210）或購買一日券（奈良公園・西の京世界遺產 1-Day Pass：大人￥500、小孩￥250，可於 JR 奈良觀光案內所、近鐵奈良觀光案內所購買）。

奈良 100 元
周遊巴士官網

市內循環・外
巴士路線圖

中循環・外
巴士路線圖

奈良親子住宿

近鐵奈良站附近

雖然較少遊客會住在奈良，多半以大阪、京都當日來回奈良，
但是奈良是個很有特色的城市，如果有機會待比較久，會發現奈良很值得多住幾天細細品味。
奈良的住宿相對來說比較便宜，但選擇也比較少。

◆◆

平價：雙人房價為一晚一萬五日幣以下（約台幣 4000 以下）

奈良日航飯店
ホテル日航奈良

`單人房` `雙人房` `雙床房`
`三人房` `四人房`

兒童免費：6 歲以下

奈良日航飯店離 JR 奈良站非常近。這間飯店很豪華，但價格比其他日航飯店還要便宜一些，房間數多、面積大，住起來很舒服。可事先預約嬰兒床跟兒童裕袍。

・地　　址：〒 630-8122 奈良縣奈良市三条本町 8-1
・電　　話：0742-35-8831
・地鐵站：JR 奈良站

 官網　　 訂房　　 地圖

奈良 Super Hotel Lohas
スーパーホテル Lohas・
JR 奈良駅

`單人房` `雙人房` `雙床房`
`三人房`

兒童免費：6 歲以下

這間飯店位於 JR 奈良站出口附近，離車站非常近，也是物美價廉的住宿好選擇。提供天然溫泉可泡湯，及附有免費早餐可享用。一床可帶一位未上小學兒童免費入住，但 Super Hotel 對未上小學兒童免費入住規定繁多細微，所以如果是兩大兩小的情形，或甚至小孩人數更多，需要寫 email 跟飯店聯絡確認。

・地　　址：〒 630-8122 奈良縣奈良市三条本町 1 番 2 號
・電　　話：0742-27-9000
・地鐵站：JR 奈良

 官網　　 訂房　　 地圖

D1 東大寺

鄰近景點： D2 春日大社
D3 奈良萬葉植物園
D4 奈良公園

戶外景點

地圖 QR code

　來奈良必去的景點就是東大寺。它肅穆莊嚴的佛寺建築、寺中 15 公尺高的佛像、鑽過去就能祈求無病無災的大佛鼻孔，以及奈良的代表奈良小鹿們，都讓東大寺成為各國觀光客來到奈良的必去景點。

　我自己去過東大寺好幾次，每次去感覺都不太一樣，但不變的是都一樣好玩。光是通往東大寺的那段路上會經過許多小鹿的「攻擊」，雖然想發揮人類智慧避開牠們，但又看到一些人被小鹿圍攻的場面，就有趣地讓人忍不住會心一笑。而孩子們的印象裡，也總會把去奈良＝找小鹿畫上等號。在通往東大寺的路上，全程都是新奇有趣的冒險旅程。

❶ 奈良一定要參觀的東大寺 ❷ 往東大寺路上很多小鹿 ❸ 各國觀光客都會來此參觀 ❹ 一不小心就會成為鹿群圍攻對象 ❺ 孩子對小鹿又愛又怕 ❻ 沿途都有不少人在賣鹿仙貝 ❼ 鹿屎專門清潔車

1

東大寺是 728 年由聖武天皇建立，距今已經有將近一千三百年歷史。東大寺內供奉的是盧舍那佛（釋迦牟尼佛），佛像於西元 743 年開始鑄造，752 年正式啟用。東大寺是全國 68 所國分寺的總寺院，因為建在當時首都平城京（位於奈良）的東邊，於是名為東大寺。不過東大寺歷經多次火災及地震，目前的寺廟為後來重建而成。

從近鐵站一路往東大寺走來，會先經過奈良公園，之後左轉進入東大寺的參道。參道上可以看到歷史悠久的南大門，目前的南大門為鎌倉時代重建而成，門內安置仁王像，以五間三戶二重門的構造建築而成，可以細細觀賞它的建築工法及構造。不過寺方也建議大家不要在南大門階梯上頭拿餅乾餵小鹿，因為會造成院方清掃困難，請大家特別留意。

2

3

❶ 大佛殿為世界現存最大木造建築　❷ 南大門位於通往東大寺參道上　❸ 若推嬰兒車者可從另一個入口進入

再往內走就會經過中門，需要在此購買門票。推嬰兒車或輪椅者，可以先購買門票後再往左手邊坡道進入，有需要協助可以詢問警衛。沒有推嬰兒車的遊客，可以直接從中門進出即可。

接著就來到莊嚴肅穆的大佛殿。大佛殿又稱金堂，大佛殿正面寬度 57 公尺、深 50 公尺、高 41 公尺，為世界現存最大的木造建築。大佛殿經過兩次戰火燒毀，現今為江戶時期重建的建築，也是日本國寶之一。殿內供奉盧舍那佛（釋迦牟尼佛），也是大家熟知的奈良大佛像，以及虛空藏菩薩像、如意輪觀音菩薩像及多聞天像、廣目天像。

大佛殿內還有一個重要的參觀景點，就是位於大佛殿東北位置的一根柱子。柱子底下開了一個 30×37 公分的方形孔洞，原先的用意是因為佛殿的東北方為鬼門方，在柱子下面開洞可以讓邪氣流出。但後來演變成傳說：孔洞大小剛好是奈良大佛鼻孔大小，如果能鑽過這個「大佛的鼻孔」就能保佑無病無災。

❶ 推嬰兒車參觀路線還算滿方便 ❷ 大佛殿裡還供奉著其他佛像 ❸ 奈良大佛像

　　鑽洞的任務對小孩來說根本是一小片蛋糕，但常常看到大人在那邊鑽到還需要別人幫忙拔出來；據說有人研究過，要將身體轉向孔洞的對角線會比較容易出來，硬鑽常常會卡住。

　　東大寺真的是個很推薦的奈良景點，很適合爸媽帶小孩來參拜。找個好天氣散步到東大寺，絕對會留下很棒的回憶。

一定要來鑽一下大佛的鼻孔喔

東大寺

地址	〒 630-8587 奈良市雑司町 406-1
電話	0742-22-5511
營業時間	8：00 ～ 17：00（因不同季節會稍有調整，請見官網）
休館日	無休

官網

尿布檯　寺內禁止飲食　紀念品商店　8:00~17:00　無休

年齡	全年齡適合
參觀時間	2 小時
嬰兒車	可推嬰兒車進入，從中門購票後往左手邊坡道進入

入場費

	費用
成人（國中生以上）	￥600
小學生	￥300
0 歲～未上小學	免費

奈良小鹿雖可愛，但也要小心喔

🚃 交通指南

JR 大和路線・近鐵奈良線「奈良駅」下車走過來約 20 分左右，或於車站前搭乘市內循環巴士到「大仏殿春日大社前」下車走路 5 分鐘

D2 春日大社

鄰近景點： D1 東大寺
D3 奈良萬葉植物園
D4 奈良公園

地圖 QR code

戶外景點

　春日大社也是許多人來到奈良會參觀的神社景點，不過春日大社境內階梯不少，神社與神社間也有坡道階梯，如果推嬰兒車的爸媽想去春日大社參拜，可能要考慮一下。

　春日大社舊稱春日神社，建於西元710年，由奈良時代初期的大臣藤原不比等所建造。春日大社內部供奉武甕槌命、經津主命、天兒屋根命和比賣神，這裡也是全日本1000座春日神社的總本社，被登入世界文化遺產之列。相傳武甕槌命是乘著白鹿出現，鹿因此成為神的使者，也是奈良人崇敬鹿的傳統由來。

　從一之鳥居到二之鳥居的表參道路上，周圍是茂密的樹林及許多石燈籠，還有許多等著被餵食的鹿兒們。途中也會經過 D3 奈良萬葉植物園，每逢紫藤花季節非常值得入園觀賞。

　從二之鳥居進入南門後，就進入了春日大社境內。春日大社境內為迴廊式建築，境內都是以朱紅色柱子跟白色牆面構成。往裸正殿走去，其中供奉著春日大社四大神明，第一殿為武甕槌命、第二殿為經津主命、第三殿為天兒屋根命、第四殿為比賣神。在櫻花盛開及紫藤花時期，春日大社都是遊客喜愛造訪的景點。

❶ 朱紅色的春日大社 ❷ 入口的一之鳥居 ❸ 春日大社境內階梯不少 ❹ 二之鳥居 ❺ 沿路有許多鹿出沒 ❻ 購買御守的販賣處

　　沿著禦正殿迴廊在北迴廊的「藤浪之屋」，有著三千個吊掛燈籠，這裡也是春日大社的參觀重點。每年的 2 月 3 日、8 月 14 日跟 15 日，都會舉辦「節分萬燈籠節」，會將春日大社境內的燈籠全都點亮，非常好看！

　　如果還想繼續深入參觀的，可以往春日大社右方的若宮神社參拜。若宮神社境內共有 15 間大小神社，都是沿著階梯拾級而上。每年的 12 月 15 ～ 18 日會舉辦春日若宮御祭；當初是為了祈求健康與豐收而舉辦，這個祭典歷經一千多年來從未間斷。如果想觀賞傳統儀式的人，也可以挑選這個時節來參拜。

❶ 吊掛燈籠十分著名　❷ 春日大社歷史悠久

🔍 春日大社

地址	〒 630-8212 奈良市春日野町 160
電話	0742-22-7788
營業時間	夏季（4 月～ 9 月）6：00 ～ 18：00
	冬季（10 月～ 3 月）6：30 ～ 17：00
休館日	無休

官網

 尿布檯　 神社內禁止飲食　 餐廳　 停車場　 紀念品商店　 6:00~18:00 6:30~17:00　 無休

年齡	全年齡適合
嬰兒車	不方便推嬰兒車，境內階梯很多
停車場	有

參觀時間　2 小時

飲食　　有餐廳，神社內禁止飲食

入場費

	國寶殿費用
成人	￥500
大學、高中生	￥300
國中生、小學生	￥200

🚊 交通指南

JR 大和路線・近鐵奈良線「奈良駅」下車走過來約 20 分左右，或於車站前搭乘市內循環巴士到「春日大社表參道」下車走路 10 分鐘

D3 奈良萬葉植物園

鄰近景點： D1 東大寺　D2 春日大社　D4 奈良公園

地圖 QR code

戶外景點

從一之鳥居往春日大社的表參道上，會經過一間萬葉植物園，這裡是昭和七年（1932年）由昭和天皇決定開設的一間，以古代詩集《萬葉集》為主題的植物園，而後撥款於春日大社境內興建萬葉植物園。《萬葉集》為日本最早的和歌集，書中收錄了許多詩歌，許多詩歌都是藉由花草樹木的主題來書寫，書中所提到的植物也是後代植物學者研究的標的。

萬葉植物園內佔地 3 公頃，園內共有300 多種植物，其中多種植物植栽都是以《萬葉集》為主題，約有180 種與《萬葉集》相關的植物。在萬葉植物園裡每年 4 月底～5 月初最重要的觀覽場所就是藤花了。園內有一區「藤園」共種植了 200 多株藤花，其中有不同品種，在藤花開放時非常美麗，也吸引了許多人前來參觀。每年的 5 月 5日下午 1 點會在萬葉植物園水池中央設置舞台，舉行兒童節萬葉雅樂會，表演日本古典雅樂，只需要買門票入場即可，非常值得來此觀禮。

❶ 奈良萬葉植物園 ❷ 萬葉植物園裡有個水池 ❸ 萬葉植物園的藤花非常有名

🔍 奈良萬葉植物園

地址	〒 630-8212 奈良市春日野町 160　電話　0742-22-7788
營業時間	3 月～ 10 月 9：00 ～ 17：00（最後入場 16：30）
	11 月～ 2 月 9：00 ～ 16：30（最後入場 16：00）
休館日	3 月～ 11 月無休、12 月～ 2 月 每週一休息

官網

年齡	全年齡適合　參觀時間　1 小時
嬰兒車	可推嬰兒車進入

尿布檯

園區禁止飲食

9:00~17:00
9:00~16:30

3 月~11 月無休
12 月~2 月週一

入場費

	費用
成人（國中生以上）	￥500
小學生	￥250
0 歲～未上小學	免費

🚃 交通指南

JR 大和路線・近鐵奈良線「奈良駅」下車走過來約 20 分左右，
或於車站前搭乘市內循環巴士到「春日大社表參道」下車走路 5 分鐘

D4 奈良公園

地圖 QR code

戶外景點

鄰近景點： D1 東大寺　D2 春日大社　D3 奈良萬葉植物園

　　許多遊客來奈良都會想去奈良公園走走，卻總是搞不清楚奈良公園的範圍在哪裡？也因為它實在太過廣大，加上沒圍欄又不收門票，也難怪遊客搞不清楚自己身處的地方到底算不算奈良公園。

　　其實奈良公園佔地非常廣大，總面積共達 502 公頃，包括猿沢池、荒池、春日野、若草山、花山、芳山等地，其中興福寺、東大寺、春日大社、奈良國立博物館的佔地也可以算是奈良公園的一部份。所以基

本上如果你到奈良來觀光，所站的地點十之八九都屬於奈良公園的區域。

　　奈良公園在明治 13 年（1880 年）開園，奈良公園大部份為國有地，奈良縣無償借用管理。奈良公園是賞梅、賞櫻、賞楓的景點，其中的「片岡梅林」，是許多遊客在賞梅時節專程前來的景點。奈良公園更被選定為日本櫻名所 100 選之一，在奈良公園裡也有上千頭鹿居住著。

1

2

3

4

5

❶ 奈良公園佔地廣大 ❷ 猿沢池也在奈良公園境內 ❸ 在公園內很常遇見小鹿 ❹ 賞櫻賞梅賞楓時期很受歡迎 ❺ 奈良公園片岡梅林

🔍 奈良公園

開放時間　**全年開放無入場費**

🚃 交通指南

JR 大和路線・近鐵奈良線「奈良駅」下車走過來約 15 分左右

官網

奈良公園即時花況，可上此網站查詢

D5 奈良町資料館／庚申堂／中谷堂麻糬

奈良町資料館
地圖 QR code

從近鐵奈良站往南邊猿沢池走過來，再往奈良南邊的歷史街町地區稱為奈良町。奈良町全部範圍共有 49 公頃，其中座落著傳統町家建築、神社寺廟等等，是一區能夠貼近奈良人生活及傳統的街區。

這裡從平城京時代就開始發展起來，於江戶時期發展為商業區域，又因二次世界大戰時期這裡遭受轟炸的損害較少，於是許多傳統町家得以保存下來，在 1990 年將這裡指定為「奈良町都市景觀形成地區」。

每次來奈良，我不一定會去東大寺或春日大寺參觀，但我一定會來奈良町走走，因為這裡可是庶民的寶庫，裡面有許多傳統店家、美食餐廳、開放參觀的古老町家、傳統神社，豐富的文化寶藏，讓我每次來到這裡都會多挖掘到一些有趣的景點。

奈良町資料館

奈良町裡有一間保存良好的町家：奈良町資料館，於 1985 年開設，其中收集了不少佛像、包括庚申神青面金剛，以及大正時期的廣告招牌等等。最主要的是能參觀奈良町的傳統町家，裡面也會有不定時展覽。

奈良町資料館中也販賣奈良家戶會吊掛在屋簷下的「身代猿」（身代わり猿），這種紅身白頭的小布偶，是奈良人所信仰的趨吉避凶小物，每家有幾個人就會購買幾隻身代猿來吊掛。遊客也可以買回家掛，當作紀念。

❶ 古色古香的奈良町 ❷ 裡面有許多懷舊風景 ❸ 也有不少特色咖啡廳 ❹ 奈良人家戶會掛身代猿 ❺ 奈良町資料館 ❻ 其中有不定時展覽

奈良町資料館

地址	奈良県奈良市西新屋町 14-2
營業時間	10：00 ～ 17：00　無休
入場費	免費

官網

庚申堂

庚申堂為位於奈良町資料館斜對面的一間寺堂。其中祭祀庚申信仰的青面金剛像，相傳可以祈求無病無災。在寺堂屋簷下掛了很多身代猿，在神社前面還有一隻猴子石像捧著石缽，上面刻著庚申堂字樣。這裡平時不對外開放，但依舊可以向內參拜，尤其受到屬猴者信眾歡迎。

庚申堂
地圖 QRcode

中谷堂麻糬

位於奈良三条通往猿沢池的路上，有一家十分推薦的麻糬店，叫做中谷堂，其中所販賣的艾草紅豆麻糬（よもぎ餅），常常吸引大批人潮等待購買。中谷堂的艾草紅豆麻糬餅皮是現打的，非常柔軟好吃，尤其是剛剛做好立刻咬下，滋味更是美妙。

中谷堂會出名的原因還有一個，中谷堂的老闆曾經上日本電視冠軍秀節目贏得全國製作麻糬王冠軍，他最著名的就是高速打麻糬的神技，在週末假日不定時會有表演，技術高超，百聞不如一見。

❶ 可參觀奈良傳統建築及文物　❷ 庚申堂祭祀青面金剛像　❸ 屋簷下掛了很多身代猿　❹ 非常熱門的中谷堂

中谷堂麻糬

地址	奈良県奈良市橋本町 29
營業時間	10：00 ～ 19：00（不定時休息）

官網

地圖 QRcode

地圖 QR code

雨天ok!

D6 奈良市格子之家

奈良市ならまち格子の家

鄰近景點： D5 奈良町資料館／庚申堂／中谷堂麻糬
D7 奈良町繁華之家／中川政七本店 遊中川
D8 奈良町機械玩具博物館／大佛布丁

　　奈良的傳統町家通常都被建造成長條形，由於自江戶時代房屋課稅制度是以房子在馬路上寬度為準，於是將房子蓋成長條形是當時民眾為了要減輕稅金的設計方式。

　　奈良市格子之家也是長條形町家的格局，外觀以木條裝飾，於是便被稱為格子之家。這裡是之前的商人住宅，其中的建築構造完整被保存下來，裡面有庭院，還有奧之間、中之間、店之間、倉庫等町家格局。

　　進入裡面的房間參觀需要脫鞋；慢慢走在町家內欣賞著建築，悠遊於庭園中，也能欣賞町家如何採光的智慧。隨著階梯往 2 樓，還能欣賞 2 樓的木造空間，讓人不禁聯想起過往町家住戶的生活樣貌。

❶ 奈良市格子之家 ❷ 為傳統町家建築 ❸ 長條形的建築有其歷史意義

🔍 奈良市格子之家

地址　　　〒 630-8332 奈良市元興寺町 44 番地
營業時間　9：00 ～ 17：00
休館日　　每週一及 12 月 26 日～ 1 月 5 日

官網

參觀區禁止飲食　9:00~17:00　每週一 12/26~1/5

年齡　　　全年齡適合　　　參觀時間　2 小時
嬰兒車　　嬰兒車需折收起來放在庭院內
入場費　　免費

🚃 交通指南

JR 大和路線・近鐵奈良線「奈良駅」下車往奈良町方向走

屋內還保有傳統的灶台

D7 奈良町繁華之家／中川政七本店 遊中川

雨天ok!

鄰近景點： D5 奈良町資料館／庚申堂／中谷堂麻糬
D6 奈良市格子之家
D8 奈良町機械玩具博物館／大佛布丁

奈良町繁華之家

奈良町繁華之家是一棟 1917 年建造的傳統町家，保存情形良好，目前開放為免費參觀景點。不僅可以看到町家的傳統建築，奈良町繁華之家裡面的房間構造，比之前介紹的 D6 奈良市格子之家還要更大更複雜。

一進入奈良町繁華之家，映入眼簾的是長條形的廚房區域，裡面還保有傳統的炭火灶。脫了鞋進入房間內參觀，主屋裡面共有 6 間房間，全都鋪有榻榻米；房間的另一側為寬廣的長條形庭院，佔了房屋幾乎1/3 的面積，也讓這間町家充滿庭院之樂。奈良町繁華之家不時會舉行各類活動，也有以 24 節氣為主所舉辦的活動，讓奈良町繁華之家變得活絡，很推薦來此參觀。

地址	〒 630-8333 奈良市中新屋町 5
營業時間	9：00 ～ 17：00
休館日	每週三
入場費	免費

官網

地圖 QRcode

中川政七本店 遊中川

中川政七為 1716 年創立的紡織品老舖傳統工藝店，但現今大家聽到中川政七這個商號，可能不會想到傳統織品，而是對它旗下推陳出新的傳統工藝創新商品有印象。一間有著三百年歷史的老店，也需要與時俱進，2008 年第十三代中川淳社長接管以來，中川政七不斷嘗試新的走向，也成為日本傳統工藝再創新的高設計感產品代名詞，目前在日本各地都開設有數間中川政七商店。

位於奈良町的中川政七本店，賣場空間寬廣，其中也有許多可愛的產品等待你細細去發掘，如果來奈良町，請找機會來此逛逛。

❶ 奈良町繁華之家 ❷ 這裡的庭院很美 ❸ 招牌就有奈良小鹿 ❹ 設計商品很有質感

地址	〒 630-8221 奈良縣奈良市元林院町 22
電話	0742-25-2188
營業時間	10：00 ～ 18：30

官網

地圖 QRcode

D8 奈良町機械玩具博物館／大佛布丁

奈良町からくりおもちゃ館／まほろば大仏プリン

雨天ok!

鄰近景點： D5 奈良町資料館／庚申堂／中谷堂麻糬
D6 奈良市格子之家　D7 奈良町繁華之家／中川政七本店 遊中川

奈良町機械玩具博物館

位於奈良町的巷弄內，有一間很適合帶孩子去參觀的町家，叫作奈良町機械玩具博物館（奈良町からくりおもちゃ館）。座落於日本明治 23 年（西元 1890 年）所建造的町家建築裡，於 2012 年改成奈良町機械玩具博物館，免費開放自由入場。

其中展示的各種復古玩具，多半是靠著機械機關及木材裝置做成。在這裡參觀町家建築比較不是重點，來到町家裡玩玩具才是。其中展示著十來種木造玩具，每種都歡迎自由動手遊玩，現場有志工爺爺奶奶們帶領，如果有什麼問題都可以詢問他們。

這些機械玩具製作得真的很精巧，實際上玩了之後才發現裡頭細節機關的巧妙，讓博物館內經常洋溢著歡樂的氣息與爽朗的笑聲，無論是剛學步的小嬰兒或是小學生，來到這裡都很開心。

地址	〒 630-8338 奈良市陰陽町 7 番地
電話	0742-26-5656
營業時間	9：00 ～ 17：00
休館日	每週三、12 月 29 ～ 1 月 3 日 可能臨時休館

官網　　　地圖 QRcode

大佛布丁

來到奈良，有一款甜點一定要介紹給大家，它就是發源自奈良的大佛布丁。這間布丁專賣店以大佛頭的可愛版本圖樣為商標，以奈良當地食材，開發出非常美味的布丁。總共有 5 種布丁商品，最受歡迎的是金色蓋子的大佛布丁，另外藍色蓋子的白鹿布丁也是人氣商品。

大佛布丁在奈良共有 5 間專賣店，在近鐵奈良站跟 JR 奈良站內都有店鋪，離奈良町最近的店鋪為近鐵奈良站的本舖。來到奈良請務必買個大佛布丁嚐嚐看喔！

❶ 奈良町機械玩具博物館 ❷ 館內玩具都能動手玩 ❸ 發源於奈良的大佛布丁 ❹ 質地綿密細緻一定要嚐嚐看

地址	〒 630-8215 奈良市東向中町 29 近鐵奈良駅 B1F
營業時間	9：00 ～ 20：00，不定時休息

官網

2AF652X

關西親子遊：大阪、京都、神戶、奈良，大手牽小手，
零經驗也能輕鬆上手自助行【2023-2024 暢銷修訂版】

作　　　者　王晶盈
版面構成　江麗姿
封面設計　走路花工作室

責 任 編 輯　溫淑閔
主　　　編　溫淑閔
行 銷 企 劃　辛政遠、楊惠潔
總 編 輯　姚蜀芸
副 社 長　黃錫鉉
總 經 理　吳濱伶
發 行 人　何飛鵬
出　　　版　創意市集

發　　　行　英屬蓋曼群島商家庭傳媒股份有限公司城邦分公司
　　　　　　歡迎光臨城邦讀書花園
　　　　　　網址：www.cite.com.tw

香港發行所　城邦（香港）出版集團有限公司
　　　　　　香港灣仔駱克道 193 號東超商業中心 1 樓
　　　　　　電話：(852) 25086231
　　　　　　傳真：(852) 25789337
　　　　　　E-mail：hkcite@biznetvigator.com

馬新發行所　城邦（馬新）出版集團
　　　　　　Cite (M) Sdn Bhd
　　　　　　41, Jalan Radin Anum, Bandar Baru Sri Petaling,
　　　　　　57000 Kuala Lumpur, Malaysia.
　　　　　　電話：(603) 90563833
　　　　　　傳真：(603) 90576622
　　　　　　E-mail：services@cite.my

展 售 門 市　台北市民生東路二段 141 號 7 樓
製 版 印 刷　凱林彩印股份有限公司
　　　　　　2024 年 8 月　二版 7 刷
　　　　　　Printed in Taiwan
I S B N　978-626-7149-64-5
定　　　價　450 元

若書籍外觀有破損、缺頁、裝訂錯誤等不完整現象，想要換書、退書，或您有大量購書的需求服務，都請與客服中心聯繫。

客戶服務中心
地址：10483 台北市中山區民生東路二段 141 號 B1
服務電話：(02) 2500-7718、(02) 2500-7719
服務時間：週一至週五 9：30 ～ 18：00
24 小時傳真專線：(02) 2500-1990 ～ 3
E-mail：service@readingclub.com.tw

※ 詢問書籍問題前，請註明您所購買的書名及書號，以及在哪一頁有問題，以便我們能加快處理速度為您服務。
※ 我們的回答範圍，恕僅限書籍本身問題及內容撰寫不清楚的地方，關於軟體、硬體本身的問題及衍生的操作狀況，請向原廠商洽詢處理。

※ 媒體合作、作者投稿、讀者意見回饋，請至：
FB 粉絲團‧http://www.facebook.com/InnoFair
Email 信箱‧ifbook@hmg.com.tw

國家圖書館出版品預行編目資料

關西親子遊：大阪、京都、神戶、奈良,大手牽小手,
零經驗也能輕鬆上手自助行【2023-2024 暢銷修訂版】/ 王晶盈著 .
-- 二版 . -- 臺北市：創意市集出版：城邦文化事業股份有限公司發行, 2023.03
　　面；　公分

ISBN 978-626-7149-64-5(平裝)
1.CST: 旅遊 2.CST: 日本關西

731.7509　　　　　　　　112001460